일본어
기초 어휘

김문수 저

문예림

EST. 1945

저 자 | 김문수

▶ 일본 류우코크대학 대학원 석사/칸사이대학 대학원 박사과정 수료(문학박사)
▶ 칸사이대학 강사, 〈우리 한국어〉 원장

한국어 감수 | 최효선

▶ 일본 류우코크대학 대학원 석/박사 수료(문학박사)
▶ 오오사카 케이자이대학 강사, 〈우리 한국어〉 부원장

일본어 감수 | 우츠노미야 유우코

▶ 한국어 통역사, 〈우리 한국어〉 강사

협력 | 와다 치에코, 이와사키 토키요, 나카야마 이쿠, 오오키타 에츠코, 모리사키 마나미, 와타나베 기미코, 야마다 유리코

▶ 우리 한국어 교실 멤버

일본어 기초어휘

초판 인쇄   2015년 8월 1일
초판 발행   2015년 8월 12일

저자   김문수
발행인   서덕일

펴낸곳   도서출판 문예림
주소   서울시 광진구 능동로 29길 6 문예하우스 101호 (143-837)
전화   (02)499-1281~2
팩스   (02)499-1283
홈페이지   http://www.bookmoon.co.kr
Email   info@bookmoon.co.kr

출판등록   1962년 7월 12일 제 2-110호
ISBN   978-89-7482-841-7 (13730)

　이 책은, 일본 문자(히라가나, 가타카나, 한자)를 학습하시고, 문법도 어느 정도 공부하신 분들을 대상으로 만들어진 것입니다. 여러 분야에 걸친 표현을 생생한 일본어로 수록하였으므로 집중하여 공부하시면 단 시간 내에 다방면의 표현을 효과적으로 익히실 수 있을 것입니다.

　부디 즐겁게 공부하시기 바라며, 이 텍스트가 실생활에서 쓰여지는, 살아 있는 교재가 된다면 기쁘겠습니다.

　이 책을 펴내기 위해 고생해 주신 일본어 담당의 우츠노미야 유우코 씨에게 특히 감사 말씀 드립니다. 그리고 문예림의 서덕일 사장님을 비롯한 스탭 여러분, 언제나 감사합니다.

교우토에서 김 문 수

1. 회화는 되도록 일상적으로 사용되고 있는 표현으로 하였다.

예 元気(げんき)だよ。

祈(いの) ってます。

다만, 쓸 때는 이하처럼 올바르게 써야 한다.

예 「～てる」→「～している」/「～てます」→「～ています」

「～よ、だよ」→「～です」/「～の?」→「～ですか」

「～(する)んです」→「～(し)ます」/「すいません」→「すみません」

「～じゃない」→「～ではない」/「じゃあ」→「それでは」

「すごく」→「非常に(ひじょうに)」/「ちょっと」→「少し(すこし)」

2. 문장 가운데에서 생략할 수 있는 어구는 [   ]로 묶었다.

예 잘 지내세요.

お元気(げんき)で [いてください]。

플렛폼

[プラット] ホーム ([ぷらっと] ほーむ)

3. 문장이나 단어에 다른 표현, 읽는 법이 있는 경우에는 그 어구는 【   】로 묶었다.

예 이치로우씨 一郎(いちろう)さん【一郎君(いちろうくん)】

내일 明日(あす)【あした】

4. 한자는 「常用漢字表(じょうようかんじひょう)]와 2자 이상의 한자를 특수하게 읽는 법이 실려 있는[付表(ふひょう)]에 의한다. 「常用漢字表」는 일반적인 사회 생활에 있어서 현대 일본어를 표현하기 위해 사용되는 한자를 가리키는 것이다. 2010년, 개정되어 지금은 2136자 있다.

5. 「常用漢字表」에 없는 한자나 음훈도 필요한 것은 사용하였다.

예 나비 蝶(ちょう) / 개구리 蛙(かえる) / 늑대 狼(おおかみ)

밤 栗(くり) / 연 凧(たこ) / 기름에 볶다 炒める(いためる)

6. 「常用漢字表」 및 「付表」에 표시되는 한자를 사용했지만, 일반적으로 한자를 사용하지 않는 경우가 많은 것은 〈가나〉로 썼다.

예 있다 ある(有る、在る) / 친구 友だち(友達) /

기쁘다 うれしい(嬉しい)

7. 숫자는 원칙적으로 아라비아 숫자를 사용하였다.

예 3시 3時(さんじ) / 6월 4일 6月 4日(ろくがつよっか)

다만, 다음과 같은 경우에는 한문 숫자를 사용하였다.

예 한번 一度(いちど) / 혼자 一人(ひとり)

차례
目次(もくじ)

차례
目次(もくじ)

01 인사
挨拶(あいさつ)

친구 사이, 가족관계의 2인칭 단수는 상대방의 이름이나 애칭을 부른다. 「너는?」「당신은?」(あなたは? 君(きみ)は?おまえは?)은 사용하지 않는다. 그리고 사회적으로 서열이 있는 사이는 상대방의 성을 부른다.

こんにちは。元気(げんき)。
안녕? 잘 지내니?
元気(げんき)だよ。花子(はなこ)さんは。
잘 지내, 하나코 씨는?
元気(げんき)よ。
잘 지내.

こんにちは。お元気(げんき)ですか。
안녕하세요? 어떻게 지내나요?
ありがとう。元気(げんき)にしています。
고마워요. 잘 지내고 있어요.
山田(やまだ)さんは。
야마다 씨는요?

さようなら、
また 明日(あした)[会(あ)おうね]！
안녕, 내일 또 봐!
さようなら。【じゃあね】
안녕!

친구 사이, 잘 아는 사이의 2인칭 복수는(みんな), 잘 모르는 사이는 皆さん(みなさん), 공식적인 자리, 존칭 형으로는 皆様(みなさま)를 사용한다.

こんにちは、山田(やまだ)さん、いかがお過(す)ごしですか。
안녕하세요, 야마다 씨, 어떻게 지내세요?
お久(ひさ)しぶりです。お蔭様(かげさま)で元気(げんき)にしています。
오래간만입니다. 덕분에 잘 지냅니다.
田中(たなか)さんもお元気(げんき)そうで、何(なに)よりです。
야마다 씨도 건강하셔서서 무엇보다 다행입니다.

こんにちは！みんな、元気(げんき)にしてる。
안녕! 너희들 어떻게 지내니?

🏠 만났을 때 하는 인사

1. 친한 사이

- こんにちは、一郎(いちろう)さん【君(くん)】! 元気(げんき)[にしてる]。
  안녕, 이치로 씨! 어떻게 지내?
- ▶ 元気(げんき)にしているよ。由美(ゆみ)さんは。
  잘 지내. 유미 씨는?
- こんにちは。どうしてる。
  안녕! 어떻게 지내?
- ▶ 元気(げんき)だよ、ありがとう。
  잘 지내, 고마워.

2. 처음 보는 사람이나 격식을 차려야하는 사이

- こんにちは。いかがお過(す)ごしですか。
  안녕하세요. 어떻게 지내세요?
- ▶ ありがとうございます。私(わたし)も元気(げんき)にしています。
  고맙습니다. 저도 잘 지냅니다.

3. 상대방에 상관없이 사용

- おはよう。　　　　　　　　좋은 아침.
- おはようございます。　　　좋은 아침입니다.
- こんにちは。　　　　　　　좋은 점심입니다.
- こんばんは。　　　　　　　좋은 저녁입니다.

🏠 헤어질 때 하는 인사

- じゃあね! 잘 개!
- またね! 또 봐!
- さようなら。 안녕히 가세요.
- さようなら。 안녕히 계세요.
- お元気(げんき)で[いてくださいね]。 잘 지내세요.
- ご健闘(けんとう)を祈(いの)ってます。 건투를 빕니다.
- お休(やす)みなさい。 안녕히 주무세요.
- 明日(あす)【あした】会(あ)いましょう。 내일 봐요!
- 月曜日(げつようび)に会(あ)いましょう。 월요일에 봐요!
- 土曜日(どようび)に会(あ)いましょう。 토요일에 봐요!
- 来週(らいしゅう)会(あ)いましょう。 다음 주에 봐요!
- また会(あ)いましょう。 다음에 봐요!

いい旅行（りょこう）にしてください。
【いい旅（たび）を】
좋은 여행되세요!

メリークリスマス！
메리 크리스마스!

大丈夫（だいじょうぶ）ですか。
【風邪（かぜ）ですか。】
괜찮으세요?

頑張（がんば）って 仕事（しごと）/
勉強（べんきょう）してくださいね。
【頑張ってね】
열심히 일/공부하세요.

どうぞ召(め)し上(あ)がってください。
맛있게 드세요!

乾杯(かんぱい)しましょう。
건배합시다.
健康(けんこう)を祈(いの)って！
건강을 위하여!

🏠 안부를 묻는 질문

- いかがお過(す)ごしですか。어떻게 지내세요?
- どうしてるの。어떻게 지내니?
- お元気(げんき)ですか。어떻게 지내세요?
- 何(なに)かニュースないの。새로운 소식 없니?
- 暮(く)らしはどう。사는 건 어때?
- 変(か)わりはない。별일은 없어?

🏠 안부에 대한 대답

- すごくいいです。아주 좋아요.
- すべてうまくいっています。다 잘 되고 있습니다.
- 特(とく)に変(か)わりはありません。별 일 없습니다.
- どうにかやってます。그럭저럭이요.

- まあまあです。 그럭저럭이요.
- 良(よ)くないです。 좋지 않습니다.
- あまり【大(たい)して】良(よ)くないです。 별로에요.
- 悪(わる)いです。 나쁩니다.

🏠 다양한 인사말

- 気(き)をつけてお帰(かえ)りください。 조심해서 돌아가세요.
- 頑張(がんば)ってね! (일이나 공부하는 사람에게 용기를 북돋아 줄 때)
- 素晴(すばら)しい!【すごい!】 멋지다!
- りっぱだね! 훌륭해!
- よくやったね! 잘했어!
- 新年(しんねん)を迎(むか)え、お幸(しあわ)せをお祈(いの)りしています。
  새해를 맞이하여 행복하시길 바랍니다.
- よいお年(とし)を。 다가오는 새해를 축하 드립니다.
- [新年(しんねん)]明(あ)けましておめでとうございます。
  새해 복 많이 받으세요!
- お誕生日(たんじょうび)おめでとうございます。
  생일 축하해요.
- 敬老(けいろう)の日(ひ)をお祝(いわ)い申(もう)し上(あ)げます。
  【敬老(けいろう)の日(ひ)、おめでとうございます。】
  경로의 날을 축하 드려요!
- 幸運(こううん)を祈(いの)ってるよ。 (시험 때) 행운이 함께 하길.
- 元気(げんき)になってくださいね。 건강 회복하세요.
- 早(はや)くお元気(げんき)になられますよう、お祈(いの)りしています。
  빠른 쾌유를 바랍니다.
- ご迷惑(めいわく)をおかけして、すみません。
  폐를 끼쳐 미안합니다.
- 申(もう)し訳(わけ)ありません。 죄송합니다.
- 失礼(しつれい)します。 실례합니다.
- 幸運(こううん)をお祈(いの)りしています。 행운을 빕니다.
- お幸(しあわ)せをお祈(いの)り申(もう)し上(あ)げます。 행복을 빕니다.
- ご成功(せいこう)を、お祈(いの)りしています。 성공을 기원합니다.
- 私(わたし)の家(いえ)に遊(あそ)びに来(き)てください。
  우리 집에 놀러 오세요.
- ご家族(かぞく)の皆(みな)さんに、よろしくお伝(つた)えください。
  가족들에게 안부 전해 주세요.

- 今日(きょう)は一月(いちがつ)一日(ついたち)である。
  오늘은 1월 1일이다.
▶ [新年(しんねん)] 明(あ)けましておめでとうございます。
  새해 복 많이 받으세요.

- 今(いま)は夕方(ゆうがた)だ。
  지금은 저녁이다.
▶ こんばんは。 안녕하세요.

- 今日(きょう)は私(わたし)の誕生日(たんじょうび)だよ。
  오늘은 내 생일이야.
▶ 誕生日(たんじょうび)おめでとう。
  생일, 축하해.

- 会(あ)えてうれしいです。
  만나서 반가워요.
▶ 私(わたし)も会(あ)えてうれしいです。
  저도 만나서 반갑습니다.

- 食卓(しょくたく)に友達(ともだち)が座(すわ)って食事(しょくじ)をしようとする。
  식탁에 친구들이 앉아서 식사를 하려고 한다.
▶ たくさん食(た)べてね。 많이 먹어.

- 明日(あした)私(わたし)、試験(しけん)があるの。
  내일 난 시험이 있어.
▶ 頑張(がんば)ってね。 시험 잘 봐.

- 今日(きょう)は12月(じゅうにがつ)31日(さんじゅういちにち)である。
  오늘은 12월 31일이다.
▶ よいお年(とし)を。
  좋은 새해 맞이 하세요.

- 風邪(かぜ)を引(ひ)きました。
  감기걸렸어요.
▶ 大丈夫(だいじょうぶ)ですか。
  괜찮아요?

- いかがお過(す)ごしですか。
  어떻게 지내세요?
▶ 元気(げんき)です。ありがとうございます。
  잘 지내요.고마워요.

花子(はなこ)さんを紹介(しょうかい)します。
하나코 씨를 소개합니다.
日本人(にほんじん)です。
일본사람이에요.

ソンミ(そんみ) さん! こちらは一郎(いちろう)さん【君(くん)】だよ。
성미 씨! 이쪽은 이치로 씨야.
一郎(いちろう)さん【君(くん)】! こちらはソンミ(そんみ)さんだよ。
이치로 씨! 이쪽은 성미 씨.

皆（みな）さんこんにちは。自己紹介（じこしょうかい）をします。
여러분 안녕하세요! 자기 소개를 하겠습니다.
私（わたし）の名前（なまえ）は キムユナです。
제 이름은 김유나입니다.
私（わたし）は韓国人（かんこくじん）です。
저는 한국사람입니다.

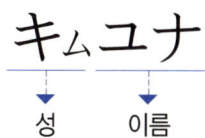

성　　이름

　일본인의 이름은 한국인과 똑같이 성「姓(せい)」(名字【苗字】みょうじ)과 이름(名前 なまえ)으로 이루어진다. 성과 이름을 합쳐서(氏名 しめい)라고 한다. 가족이나 친한 친구 사이에는 이름이나 애칭을 부른다.

예 「一郎(いちろう)」「一郎君(いちろうくん)」「いっちゃん」
　　「花子(はなこ)ちゃん」 등

　가족 이외에는 어렸을 때는 남녀 상관없이 「~ちゃん」, 남자 아이는 「~君(くん)」이라고 부르는 경우가 많지만 사회에 나가면 성에 「さん」을 붙여서 불린다. 공식적인 자리, 처음 만난 사이도 성에 「さん」을 붙여서 부른다.

예 「山田(やまだ)さん」「田中(たなか)さん」 등

　남자는 어른이 되어도 윗사람으로부터 「君(くん)」이라고 불리는 경우가 있다.

예 상사, 스승님, 장인, 장모 등

　성과 이름 전부(풀 네임)로 상대방을 부르는 일은 거의 없다. 풀 네임으로 불리는 것은 공공 시설, 병원, 학교에서 출석을 부를 때 정도다. 친하지 않은 사람을 이름으로 부르는 것은 오히려 실례가 된다고 생각하는 사람이 많으니 주의해야 한다. 회사나 업무에서는 성에 직함을 붙여서 부른다. 그때 직함에 「様(さま)(님)」은 붙이지 않는다. 선생, 회장, 사장 등의 말 자체에 존경의 뜻이 있다고 생각하기 때문이다.

예 「山田会長(やまだかいちょう)」「山田先生(やまだせんせい)」
　　「山田教授(やまだきょうじゅ)」 등

　일본에는 30만 종류의 이름이 있다고 한다. 일본에서 많이 있는 성은 다음과 같다.

(2010년, 많은순으로)

1	佐藤(さとう)	2	鈴木(すずき)	3	高橋(たかはし)
4	渡辺(わたなべ)	5	田中(たなか)	6	伊藤(いとう)
7	山本(やまもと)	8	中村(なかむら)	9	小林(こばやし)
10	斎藤(さいとう)	11	加藤(かとう)	12	吉田(よしだ)
13	山田(やまだ)	14	佐々木(ささき)	15	山口(やまぐち)

16	松本(まつもと)	17	井上(いのうえ)	18	木村(きむら)
19	林(はやし)	20	清水(しみず)		

참고로, 일본은 부부 동성이다. 메이지 31년 공포된 민법으로 부부 동성제가 확립되어, 현재 약 95퍼센트가 결혼 후 남자 쪽의 성이 되고 있다. 1990년경부터 여성의 사회 진출이 왕성해짐에 따라 「선택적 부부 별성 제도」 도입을 요구하는 의견이 고조되고 있지만 아직 법적으로는 실현되지 않고 있다.

🏠 사업상/ 격식을 갖춘 상황

• 田中花子(たなか はなこ) さんを紹介(しょうかい) します。
다나카 하나코 씨를 소개합니다.

▶ こんにちは。お会(あ)い できてうれしいです。
안녕하세요. 만나서 반갑습니다.

🏠 격식을 갖추지 않는 친근한 상황

• 私(わたし) の姉 (あね) の さおりです。
제 누나 사오리입니다.

• 私(わたし) の夫 (おっと) の 健(けん)です。
제 남편 겐입니다.

• 私(わたし) の いとこ の 由紀(ゆき) ちゃんを知(し)ってるの。
내 사촌동생 유키 짱, 알아?

▶ いいえ。会(あ)えてうれしいです、由紀(ゆき)さん。
아니오. 만나서 반가워요, 유키 씨.

• 知(し)り合(あ)えてうれしいです。
알게 되어 기뻐요.

• 由紀(ゆき)ちゃん、こちらは正夫(まさお)さんだよ。
유키짱, 여기는 마사오씨야.

일본에서는 자신에 관한 일을 다른 사람에게 말할 때는 존경형을 쓰지 않는다.
선생 先生(せんせい)이라는 말에는 존경의 의미가 있기 때문에 자기 자신을 말할 경우엔 교사 教師(きょうし)를 사용하는 것이 좋다.

🏠 자신을 소개할 때

- 自己紹介(じこしょうかい)をします。
  제 소개를 하겠습니다.
- 私(わたし)の 名前(なまえ)は中村弘美(なかむら ひろみ)です。
  제 이름은 나카무라 히로미입니다.
- 私(わたし)は日本人(にほんじん)で、日本(にほん)から来(き)た教師(きょうし)です。
  저는 일본인이고, 일본에서 온 선생님입니다.

🏠 응용 대화

Ⓐ お名前(なまえ)は何(なん)ですか。
　이름이 어떻게 되나요?

Ⓑ 私(わたし)の名前(なまえ)は一郎(いちろう)です。
　제 이름은 이치로우입니다.

Ⓐ あなたのお姉(ねえ)さんの名前(なまえ)は何(なん)ですか。
　당신 누나의 이름은 어떻게 되나요?

Ⓑ 姉(あね)の名前(なまえ)は菜々(なな)です。
　누나의 이름은 나나입니다.

Ⓐ こんにちは。
　私(わたし)の名前(なまえ)は山田一郎(やまだ いちろう)です。あなたは。
　안녕하세요. 제 이름은 야마다 이치로우에요. 그쪽은?

Ⓑ 私(わたし)の名前(なまえ)は田中花子(たなか はなこ)です。
　제 이름은 다나카 하나코에요.
　お会(あ)いできてうれしいです。
　만나서 반갑습니다.

Ⓐ 私(わたし)もうれしいです。
　저도 반가워요.
　これから宜(よろ)しくお願(ねが)いします。
　앞으로 잘 부탁합니다.

(A) お名前(なまえ)は何(なん)ですか。
이름이 뭐예요?

(B) 私(わたし)の名前(なまえ)は山本(やまもと)です。山本勇(やまもと いさむ)です。
제 이름은 야마모토입니다. 야마모토 이사무지요.

(A) 名前(なまえ)のつづりを教(おし)えていただけますか。
이름의 철자 좀 가르쳐 주시겠어요?

(B) 山(やま)の山に、読(よ)む本(ほん)という字(じ)の本(もと)です。
산의 야마와 읽는 책의 모토입니다.

(A) 住所(じゅうしょ)は。
주소는요?

일본의 주소는 우편번호(〒), 도시
(市), 동(町), 번지(番地) 순서이다.
봉투는 가로 쓰기와 세로 쓰기의
두 종류가 있다. 표면에 수신인의
주소와 이름, 이면에 발신인의 주소
와 이름, 날짜를 쓴다. 엽서는 표면
에 양쪽 주소와 이름을 쓴다.

> Ⓐ 名前(なまえ)は何(なに)。
> (너) 이름이 뭐야?
> Ⓑ 里奈(りな)よ。あなたは。
> 리나야. 넌?
> Ⓐ 僕(ぼく)は義孝(よしたか)だよ。
> 난 요시타카야.
> Ⓑ どこに住(す)んでるの。
> 어디에 사니?
> Ⓐ 地下鉄駅(ちかてつえき)の近(ちか)くだよ。
> 지하철역 근처야.

주소	住所(じゅうしょ)
거주지	居住地(きょじゅうち)
성과 이름	氏名【姓名】(しめい【せいめい】)
성	姓(せい)
이름	名前(なまえ)
어떤 한자	どんな漢字(かんじ)
이름용 한자	人名用漢字(じんめいようかんじ)
내 이름은 ~입니다.	私(わたし)の名前(なまえ)は ~です。
철자를 하나씩 말하다.	綴(つづ)りを一文字(ひともじ)ずつ言(い)う。

- 세로 쓰기를 할 때, 주소의 번지수는 한문 숫자를 사용한다.
- 수신인 이름에 「様(さま)」를 붙인다. 다만 자신의 스승님에게 쓸 경우에는 「様」 대신 「先生(せんせい)」라고 쓴다.
- 이름은 주소보다 크게 쓴다.

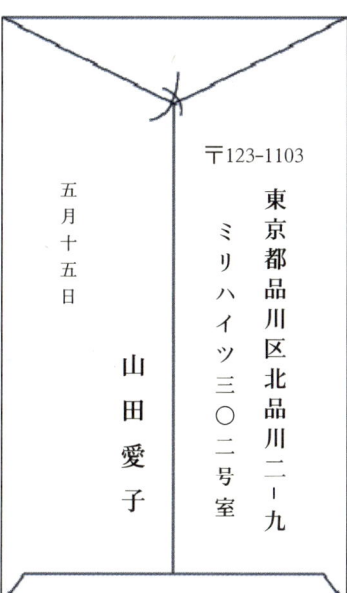

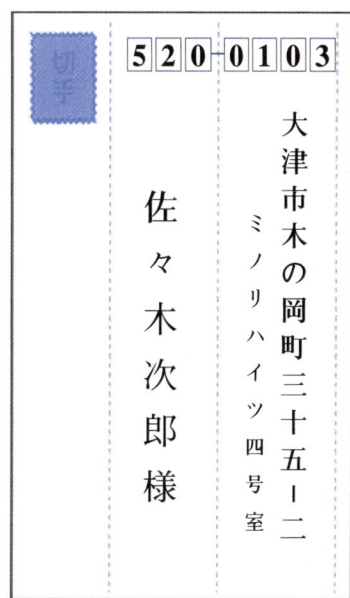

- 가로 쓰기를 할 때, 주소의 번지수는 아라비아 숫자를 사용한다.
- 이름은 주소보다 크게 쓴다.

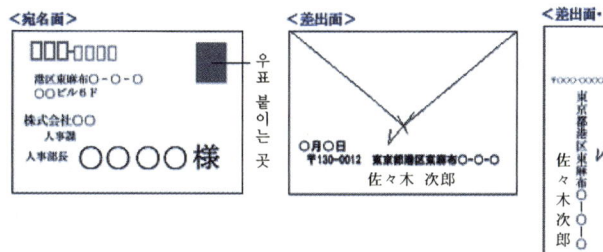

🏠 엽서 쓰는 법

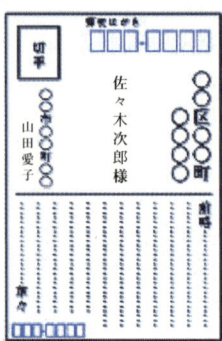

🏠 일본의 토(都), 도우(道), 후(府), 켕(県)

일본은 47개의 〈都(토), 道(도우), 府(후), 県(켕)〉이 있다. 한국의 〈특별시, 광역시, 도〉와 같은 의미이다.

🏠 이름 묻고 답하기

Ⓐ 名前(なまえ)は何(なん)ですか。
이름이 뭐예요?
= 名前(なまえ)は。
이름이 뭐니?

Ⓑ 私(わたし)の名前(なまえ)はユノ(ゆの)です。
제 이름은 윤호입니다.

Ⓐ 名前(なまえ)の綴(つづ)りを言(い)っていただけますか。
이름의 철자를 좀 말해주시겠어요?

Ⓑ ゆん・ほです。
윤호입니다.

Ⓐ 私(わたし)の名前(なまえ)は恵美(えみ)です。あなたは。
제 이름은 에미예요. 당신은요?

Ⓑ 私(わたし)は吉田(よしだ)と言(い)います。吉田勉(よしだつとむ)です。
저는 요시다라고 해요. 요시다 츠토무입니다.

・名前(なまえ)は、何(なん)ですか。 이름이 뭐지요?
・名字(みょうじ)は。 성은요?

Ⓐ どこに住(す)んでいますか。 어디 사세요?
　＝ どこに住(す)んでるの。 어디 사니?
Ⓑ 東京(とうきょう)に / 大阪(おおさか)に住(す)んでいます。
　도우쿄에/ 오오사카에 살아요.
Ⓐ ここから遠(とお)い所(ところ)に住(す)んでいらっしゃるのですか。
　여기서 먼 곳에 사시나요?
Ⓑ いいえ、近所(きんじょ)に住(す)んでいます。
　아니요. 근처에 살아요.
　歩(ある)いて10分(じゅっぷん)の距離(きょり)です。
　걸어서 10분 거리입니다.
Ⓐ 私(わたし)は大阪(おおさか)に住(す)んでいます。あなたは。
　전 오오사카에 살아요. 당신은요?
Ⓑ 私(わたし)は韓国(かんこく)のソウルに住(す)んでいます。
　전 한국 서울에 살아요.
　今(いま)休暇(きゅうか)で京都(きょうと)に来(き)ています。
　지금은 휴가로 교우토에 왔어요.
Ⓐ 住所(じゅうしょ)はどこですか。
　주소가 어떻게 되시죠?
　【住所(じゅうしょ)を教(おし)えていただけますか。】
Ⓑ 青山通(あおやまどお)り12番地(じゅうにばんち)です。
　아오야마 거리 12번지입니다.

　공식적인 장소(관청, 은행, 병원 등)에서 수속이나 신청을 할 때, 「名前(なま
え)は何(なん)ですか。/이름이 뭐예요?」라는 질문을 받으면 성과 이름(氏名/
しめい)을 댄다. 「名前(なまえ)」라는 단어에는 이름뿐만이 아니라 성과 이름
(풀 네임)이라는 뜻도 있기 때문이다. 하지만 개인적으로는 보통 성(姓【名字】
せい【みょうじ】)으로 대답한다. 일본에서는 처음 만난 사람, 별로 친하지 않
은 사람에게는 이름을 알려주지 않는 것이 일반적이다.

〈2과〉에서 설명했 듯이 가족들 사이에서는 애칭으로 부르지만 그 외에도, 부모는 막내아이의 입장에서 맏이를 「お兄(にい)ちゃん」(형, 오빠), 「お姉(ねえ)ちゃん」(누나, 언니)라고 부르는 경우가 많다. 그리고 부모는 아이들 앞에서 서로를 「お父(とう)さん【パパ(ぱぱ)】」(아버지 【아빠】), 「お母(かあ)さん【ママ(まま)】」(어머니 【엄마】)라고 부르는 경우가 많지만, 한국처럼 아이 이름을 엄마나 어머니 앞에 붙이지는 않는다. 요즘은 아이가 있어도 결혼하기 전의 애칭으로 서로 부르는 부부들도 많아지고 있다.

사회에서 사용되는 호칭은 회사 등, 자신이 소속되어 있는 집단의 역할과 계급에 따라 서로를 부른다. 「先生(せんせい) 선생님」이라는 호칭은 학교, 학원 등에서 가르치는 사람뿐만 아니라 의사, 변호사, 회계사, 예술가 등 고도의 전문 지식을 가지고 서비스를 제공하는 일을 하는 사람들에게 쓰이며 일반인에게는 쓰지 않는다. 다만, 정치가도 「先生(せんせい)」라고 불린다.

가정이나 친구 사이에는 애칭이 사용되는 경우가 많다.애칭은 서양 사람들처럼 이름에 따라 정해지는 것이 아니라, 이름·신체 특징·에피소드·성격 등에서 유추된 단어로 붙이기 때문에 다양한 애칭이 있다.

예 성이 「内山(うちやま)」라면 「うっちゃん」「うっちー」,
　이름이 「千恵子(ちえこ)」라면 「ちえ」「ちえちゃん」「ちーこ」「ちこたん」 등.

그리고 지식이 많은 사람에게는 「博士(はかせ) 박사」, 얼굴이 TV나 만화의 등장 인물, 동물과 닮았을 때는 그 이름 등 등, 그 점은 한국과 비슷하다.

04 국가 国家（こっか）/민족 民族（みんぞく）/ 언어 言語（げんご）

私（わたし）は外国人（がいこくじん）の友達（ともだち）が何人（なんにん）かいます。
저는 외국인 친구가 몇 명 있어요.

- 私（わたし）は彼（かれ）とペンパル（ぺんぱる）として知（し）り合（あ）いました。
  나는 그를 펜팔로 알게 되었어요.
- ジョン（じょん）はアメリカ人（あめりかじん）です。
  존은 미국 사람입니다.
- 彼（かれ）は両親（りょうしん）とアメリカ（あめりか）に住（す）んでいます。
  그는 부모님과 미국에 살고 있어요.
- 彼（かれ）は英語（えいご）と日本語（にほんご）を話（はな）します。
  그는 영어와 일본어를 합니다.
- 一郎（いちろう）は日本人（にほんじん）です。
  이치로는 일본 사람이에요.
- 彼（かれ）は東京（とうきょう）に住（す）んでいます。
  그는 도쿄에 살고 있지요.
- 彼（かれ）は日本語（にほんご）を話（はな）します。
  그는 일본어를 해요.
- ツイ（つい）は中国人（ちゅうごくじん）です。
  쯔이는 중국 사람이에요.

- 彼女(かのじょ)は北京(ぺきん)に住(す)んでいます。
  그녀는 북경에 살아요.
- 彼女(かのじょ)は中国語(ちゅうごくご)と英語(えいご)を話(はな)します。
  그녀는 중국어와 영어를 해요.

펜팔	ペンパル(ぺんぱる)【ペンフレンド(ぺんふれんど)】
일본어	日本語(にほんご)
말하다	言(い)う【話(はな)す】
부모	両親(りょうしん)【父母(ふぼ)】
영어	英語(えいご)
한국어	韓国語(かんこくご)
살다	住(す)む
알다	分(わ)かる【知(し)る】
얼굴을 안다	顔見知(かおみし)りである

국가(国家 こっか)		언어(言語 げんご)
러시아	ロシア(ろしあ)	ロシア語(ろしあご)
프랑스	フランス(ふらんす)	フランス語(ふらんすご)
불가리아	ブルガリア(ぶるがりあ)	ブルガリア語(ぶるがりあご)
체코	チェコ(ちぇこ)	チェコ語(ちぇこご)
폴란드	ポーランド(ぽーらんど)	ポーランド語(ぽーらんどご)
스웨덴	スウェーデン(すうぇーでん)	スウェーデン語 (すうぇーでんご)
카자흐스탄	カザフスタン(かざふすたん)	カザフ語(かざふご)・ロシア語(ろしあご)
우즈베키스탄	ウズベキスタン(うずべきすたん)	ウズベク語(うずべくご)・ロシア語(ろしあご)
한국	韓国(かんこく)	韓国語(かんこくご)
미국	アメリカ【米国】(あめりか【べいこく】)	英語(えいご)
독일	ドイツ(どいつ)	ドイツ語(どいつご)
이탈리아	イタリア(いたりあ)	イタリア語(いたりあご)
중국	中国(ちゅうごく)	中国語(ちゅうごくご)
일본	日本(にほん)	日本語(にほんご)
스위스	スイス(すいす)	ドイツ語・フランス語・イタリア語
스페인	スペイン(すぺいん)	スペイン語(すぺいんご)
노르웨이	ノルウェー(のるうぇー)	ノルウェー語(のるうぇーご)
맥시코	メキシコ(めきしこ)	メキシコ語(めきしこご)
네덜란드	オランダ(おらんだ)	オランダ語(おらんだご)
포르투갈	ポルトガル(ぽるとがる)	ポルトガル語(ぽるとがるご)
이란	イラン(いらん)	ペルシャ語(ぺるしゃご)
브라질	ブラジル(ぶらじる)	ポルトガル語(ぽるとがるご)

국가(国家 こっか)		언어(言語 げんご)
오스트리아	オーストリア(おーすとりあ)	ドイツ語(どいつご)
오스트레일리아	オーストラリア(おーすとらりあ)	英語(えいご)
캐나다	カナダ(かなだ)	英語(えいご)・フランス語(ふらんすご)
인도	インド(いんど)	ヒンディー語・英語(えいご)
영국	イギリス【英国】(いぎりす【えいこく】)	英語(えいご)
덴마크	デンマーク(でんまーく)	デンマーク語(でんまーくご)
이스라엘	イスラエル(いすらえる)	ヘブライ語(へぶらいご)・アラビア語(あらびあご)
이집트	エジプト(えじぷと)	アラビア語(あらびあご)
몰도바	モルドバ(もるどば)	モルドバ語(もるどばご)
핀란드	フィンランド(ふぃんらんど)	フィンランド語(ふぃんらんどご)・スウェーデン語(すうぇーでんご)
터키	トルコ(とるこ)	トルコ語(とるこご)
그리스	ギリシャ(ぎりしゃ)	ギリシャ語(ぎりしゃご)

🏠 출신지 묻기

- 国籍(こくせき)はどちらですか?
  국적이 어디신가요?
- どこから来(こ)られたのですか?
  어디에서 오셨나요?

🏠 출신지 말하기

- 私(わたし)は韓国人(かんこくじん)です。
  저는 한국인입니다.
- 私(わたし)は韓国(かんこく)から来(き)ました。
  저는 한국에서 왔습니다.

🏠 대화

Ⓐ 花子(はなこ)さん、ええと、こちらはユナさんです。韓国人(かんこくじん)です。
  하나코 씨, 자, 여긴 유나 씨예요. 한국인이지요.

Ⓑ こんにちは、ユナさん、会(あ)えてうれしいです。
私(わたし)は、日本人(にほんじん)です。
안녕, 유나 씨. 반가워요. 나는 일본인이에요.

Ⓒ 会(あ)えてうれしいです、花子(はなこ)さん。
私(わたし)は日本語(にほんご)も英語(えいご)もよくできません。
반가워요, 하나코 씨. 나는 일본어도 영어도 잘 못해요.

Ⓑ 大丈夫(だいじょうぶ)です。
私(わたし)は韓国語(かんこくご)が全(まった)くできないんですよ。
괜찮아요. 나는 한국어를 전혀 못하는 걸요.

Ⓒ よかったら、私(わたし)が韓国語(かんこくご)を教(おし)えてあげますよ。
원하시면, 내가 한국어를 가르쳐 드리죠.

Ⓐ 中国人(ちゅうごくじん)ですか?
중국 사람이에요?

Ⓑ いいえ、私(わたし)は日本人(にほんじん)です。あなたは?
아니요. 전 일본인이에요. 당신은요?

Ⓐ 私(わたし)は韓国人(かんこくじん)です。
전 한국 사람입니다.

Ⓑ 日本語(にほんご)がお上手(じょうず)ですね。
일본어를 잘 하시는군요!

Ⓐ 私(わたし)は日本語(にほんご)の教師(きょうし)です。
저는 일본어 선생님입니다.

Ⓑ まあ、そうなんですね。
아! 그렇군요.

🏠 대륙과 지역

유라시아　ユーラシア(ゆーらしあ)

유럽　ヨーロッパ(よーろっぱ)

아시아　アジア(あじあ)

아메리카　アメリカ(あめりか)

북아메리카　北アメリカ(きたあめりか)

남아메리카　南アメリカ(みなみあめりか)

아프리카　アフリカ(あふりか)

오세아니아　オセアニア【オーストラリア】(おせあにあ【おーすとらりあ】)

남극　南極(なんきょく)

서양　西洋(せいよう)

중동　中東(ちゅうとう)

극동　極東(きょくとう)

동양　東洋(とうよう)

男性歌手(だんせいかしゅ)
남자 가수

女性歌手(じょせいかしゅ)
여자 가수

女性ダンサー(じょせいだんさー)
여자 댄서

男性ダンサー(だんせいだんさー)
남자 댄서

男性アナウンサー(だんせいあなうんさー)
남자 아나운서

女性アナウンサー(じょせいあなうんさー)
여자 아나운서

郵便配達員(ゆうびんはいたついん)
우체부

医師(いし)
의사

看護師(かんごし)
간호사

判事(はんじ)
판사

運転手(うんてんしゅ)
운전사

警察官(けいさつかん)
경찰

農民【農業従事者】(のうみん
【のうぎょうじゅうじしゃ】)
농부

美容師(びようし)
미용사

キャビンアテンダント(きゃびんあてんだんと)
【スチュワーデス(すちゅわーです)】
스튜어디스

サッカー選手(さっかーせんしゅ)
축구선수

어업 漁業(ぎょぎょう)	
어부 漁師【漁業従事者】(りょうし【ぎょぎょうじゅうじしゃ】)	
소매업 小売業(こうりぎょう)	판매원 販売員(はんばいいん)
공무원 公務員(こうむいん)	정치인 政治家(せいじか)
외교관 外交官(がいこうかん)	경관 警察官(けいさつかん)
소방관 消防官(しょうぼうかん)	해상보안관 海上保安官(かいじょうほあんかん)
법률가 法律家(ほうりつか)	재판관 裁判官(さいばんかん)
변호사 弁護士(べんごし)	검사 検事(けんじ)
세무사 税理士(ぜいりし)	공인회계사 公認会計士(こうにんかいけいし)
의사 医師(いし)	간호사 看護師(かんごし)
약사 薬剤師(やくざいし)	임상검사기사 臨床検査技師(りんしょうけんさぎし)
이학요법사 理学療法士(りがくりょうほうし)	정체사 整体師(せいたいし)
치과위생사 歯科衛生士(しかえいせいし)	수의사 獣医師(じゅういし)
간병복지사 介護福祉士(かいごふくしし)	홈헬퍼 ホームヘルパー(ほーむへるぱー)
교사 教師	대학교수 大学教授(だいがくきょうじゅ)
보육사 保育士(ほいくし)	유치원교사 幼稚園教諭(ようちえんきょうゆ)
학원강사 塾講師(じゅくこうし)	
스포츠인스트럭터 スポーツインストラクター(すぽーついんすとらくたー)	
회사원 会社員(かいしゃいん)	사업가 事業家(じぎょうか)
비서 秘書(ひしょ)	은행원 銀行員(ぎんこういん)
우체국직원 郵便局員(ゆうびんきょくいん)	우체부 郵便配達員(ゆうびんはいたついん)
프로그래머 プログラマー(ぷろぐらまー)	엔지니어 エンジニア(えんじにあ)
전화교환수 電話交換手(でんわこうかんしゅ)	측량사 測量士(そくりょうし)
건축사 建築士(けんちくし)	건축업자 建築業(けんちくぎょう)
목수 大工(だいく)	미장이 左官(さかん)
인테리어코디네이터 インテリアコーディネーター(いんてりあこーでぃねいたー)	
파일럿 パイロット(ぱいろっと)	
캐빈어텐던트(스튜어드/스튜어디스) キャビンアテンダント(きゃびんあてんだんと)	
선원 船員(せんいん)【船乗(ふなの)り】	기관사 機関士(きかんし)
승무원 乗務員(じょうむいん)	차장 車掌(しゃしょう)
정비사 整備士(せいびし)	호텔맨 ホテルマン(ほてるまん)
영양사 栄養士(えいようし)	요리사 調理師(ちょうりし)
음식점원 飲食店 店員(いんしょくてん てんいん)	초밥요리사 寿司職人(すししょくにん)
웨이트리스 ウエイトレス(うえいとれす)	웨이터 ウエイター(うえいたー)
포도주감별사 ソムリエ(そむりえ)	파티시에 パティシエ(ぱてぃしえ)
미용사 美容師(びようし)	이발사 理容師(りようし)【床屋(とこや)】
메이크업아티스트 メークアップアーティスト(めーくあっぷあーてぃすと)	
에스티티션 エステティシャン(えすててぃしゃん)	
네일아트전문가 ネイリスト(ねいりすと)	
트리머 トリマー(とりまー)	
메이드(하우스키버) 家政婦(かせいふ)【お手伝(てつだ)いさん】	

부동산중개업자 不動産仲介業者(ふどうさんちゅうかいぎょうしゃ)【不動産屋(ふどうさんや)】	
청소부 清掃員(せいそういん)	경비원 警備員(けいびいん)
꽃가게 花屋(はなや)	정원사 庭師(にわし)【植木屋(うえきや)】
투어가이드 ツアーコンダクター(つあーこんだくたー)【添乗員(てんじょういん)】	
아나운서 アナウンサー(あなうんさー)	저널리스트 ジャーナリスト(じゃーなりすと)
신문기자 新聞記者(しんぶんきしゃ)	작가 作家(さっか)
프로듀서 プロデューサー(ぷろでゅーさー)	카피라이터 コピーライター(こぴーらいたー)
일러스트레이터 イラストレーター(いらすとれいたー)	만화가 漫画家(まんがか)
영화감독 映画監督(えいがかんとく)	시나리오라이터 シナリオライター(しなりおらいたー)
배우 俳優(はいゆう)	성우 声優(せいゆう)
카메라맨 カメラマン(かめらまん)	
패션디자이너 ファッションデザイナー(ふぁっしょんでざいなー)	
모델 モデル(もでる)	음악가 音楽家(おんがくか)
피아니스트 ピアニスト(ぴあにすと)	가수 歌手(かしゅ)
작사가 作詞家(さくしか)	작곡가 作曲家(さっきょくか)
예술가 芸術家(げいじゅつか)	화가 画家(がか)
도예가 陶芸家(とうげいか)	조각가 彫刻家(ちょうこくか)
스포츠선수 スポーツ選手(すぽーつせんしゅ)	야구선수 野球選手(やきゅうせんしゅ)
복서 ボクサー(ぼくさー)	씨름장사 ［相撲］力士([すもう]りきし)
골퍼 ゴルファー(ごるふぁー)	심판 審判[員](しんぱん[いん])
통역사 通訳[者](つうやく[しゃ])	번역가 翻訳家(ほんやくか)
승려 僧侶(そうりょ)【お坊(ぼう)さん】	신사의 신관 神主(かんぬし)
신부 神父(しんぷ)	목사 牧師(ぼくし)

🏠 **직업 묻고 답하기**

• 職業(しょくぎょう)は何(なん)ですか。
  직업이 무엇인가요?

▶ 講師(こうし)です。
  강사입니다.

▶ サムソン(さむそん)で働(はたら)いています。
  삼성에서 일합니다.

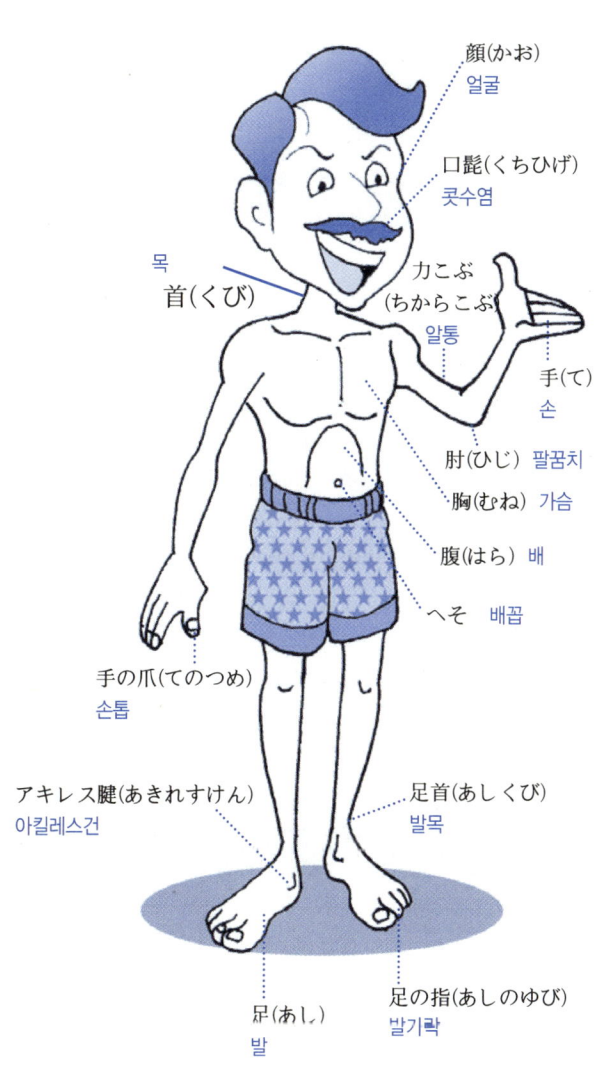

顔（かお）
얼굴

口髭（くちひげ）
콧수염

목
首（くび）

力こぶ
（ちからこぶ）
알통

手（て）
손

肘（ひじ） 팔꿈치
胸（むね） 가슴
腹（はら） 배

へそ 배꼽

手の爪（てのつめ）
손톱

アキレス腱（あきれすけん）
아킬레스건

足首（あしくび）
발목

足（あし）
발

足の指（あしのゆび）
발가락

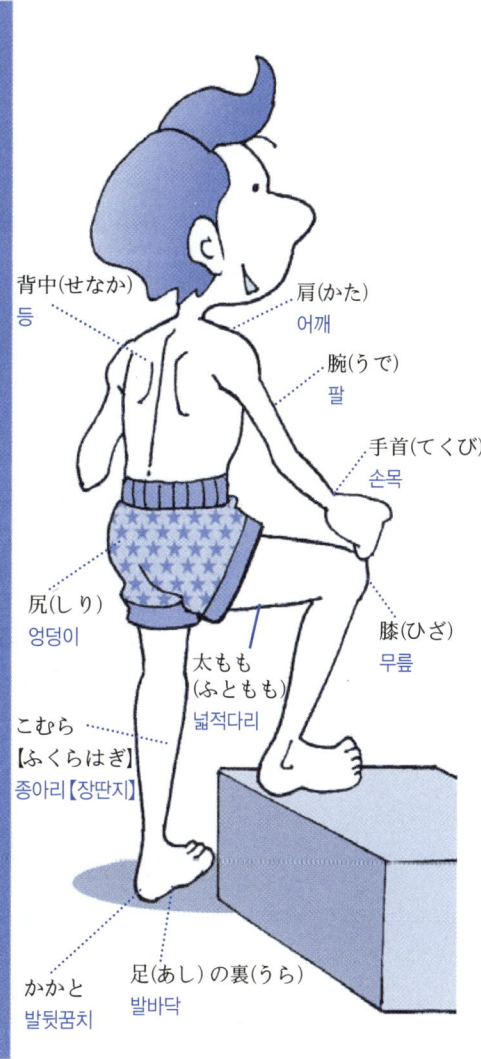

背中（せなか）
등

肩（かた）
어깨

腕（うで）
팔

手首（てくび）
손목

尻（しり）
엉덩이

太もも
（ふともも）
넓적다리

膝（ひざ）
무릎

こむら
【ふくらはぎ】
종아리【장딴지】

かかと
발뒷꿈치

足（あし）の裏（うら）
발바닥

🏠 신체 묘사

살찐　太(ふと)った	뚱뚱한　でっぷり太(ふと)った
비만한　肥満(ひまん)した	포동포동한　ふっくらとした
호리호리한　すらっとした【ほっそりした】	
깡마른　痩(や)せこけた【痩((や)せ細(ほそ)った】	
날씬한　スマート(すまーと)な【すらりとした】	
건장한　たくましい	

🏠 체내기관

혈관　血管(けっかん)	림프관　リンパ管(りんぱかん)
신경　神経(しんけい)	뼈　骨(ほね)
근육　筋肉(きんにく)	피부　皮膚(ひふ)
심장　心臓(しんぞう)	뇌　脳(のう)
기관　気管(きかん)	폐　肺(はい)
척추　脊髄(せきずい)	혀　舌(した)
위　胃(い)	대장　大腸(だいちょう)
신장　腎臓(じんぞう)	췌장　膵臓(すいぞう)
간장　肝臓(かんぞう)	방광　膀胱(ぼうこう)
동맥　動脈(どうみゃく)	피　血(ち)
정맥　静脈(じょうみゃく)	목구멍　喉(のど)
맹장　盲腸((もうちょう)	힘줄　腱(けん)【筋(すじ)】

🏠 얼굴 묘사

곧은 코　まっすぐな鼻(はな)	들창 코　獅子鼻(ししばな)
두터운 입　分厚(ぶあつ)い唇(くちびる)	얇은 입　薄(うす)い唇(くちびる)
움푹한 눈　[落(お)ち]くぼんだ目(め)	넓은 이마　広(ひろ)い額(ひたい)
좁은 이마　狭(せま)い額(ひたい)	주먹코　団子鼻(だんごばな)
콧날이 오똑한 코　鼻筋(はなすじ)が通(とお)った鼻(はな)	
매부리코　鷲鼻(わしばな)【かぎ鼻(ばな)】	
동그란 눈　丸(まる)い目(め)【どんぐりまなこ】	
찢어진 눈　切(き)れ長(なが)の目(め)	
주걱턱　しゃくれ顎(あご)	
긴 속눈썹　長(なが)いまつ毛(げ)	짧은 속눈썹　短(みじか)いまつ毛(げ)
일자 눈썹　まっすぐな眉毛(まゆげ)	각진 눈썹　角(かく)ばった眉毛(まゆげ)

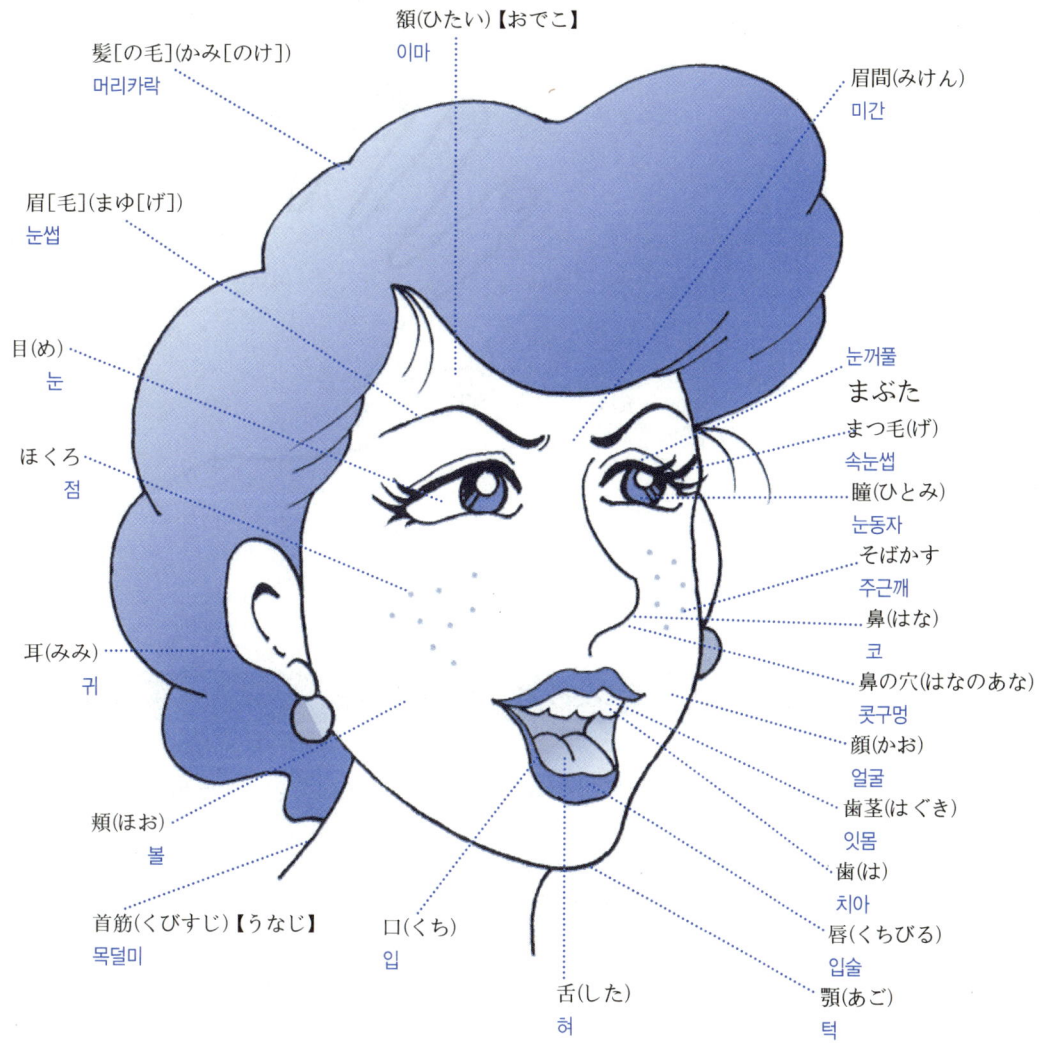

額(ひたい)【おでこ】
이마

髪[の毛](かみ[のけ])
머리카락

眉間(みけん)
미간

眉[毛](まゆ[げ])
눈썹

目(め)
눈

ほくろ
점

耳(みみ)
귀

頬(ほお)
볼

首筋(くびすじ)【うなじ】
목덜미

口(くち)
입

舌(した)
혀

눈꺼풀
まぶた
まつ毛(げ)
속눈썹
瞳(ひとみ)
눈동자
そばかす
주근깨
鼻(はな)
코
鼻の穴(はなのあな)
콧구멍
顔(かお)
얼굴
歯茎(はぐき)
잇몸
歯(は)
치아
唇(くちびる)
입술
顎(あご)
턱

엷은 색 머리 薄(うす)い色(いろ)の髪(かみ)	
짙은 색 머리 濃(こ)い色(いろ)の髪(かみ)	
검은 머리 黒(くろ)い髪(かみ)【黒髪(くろかみ)】	
금발머리 金髪頭(きんぱつあたま)	
짙은 갈색 머리 濃(こ)い茶色(ちゃいろ)の髪(かみ)	
밝은색의 明(あか)るい色(いろ)の	새하얀 真白(まっしろ)な
회색의 灰色(はいいろ)の	밤색의 栗色(くりいろ)の
다갈색의 茶褐色(ちゃかっしょく)の	허옇게 센 白髪(しらが) になった
희끗희끗한 白(しろ)い色(いろ)が混(ま)じった	
희끗희끗한 머리 ごま塩頭(しおあたま)	

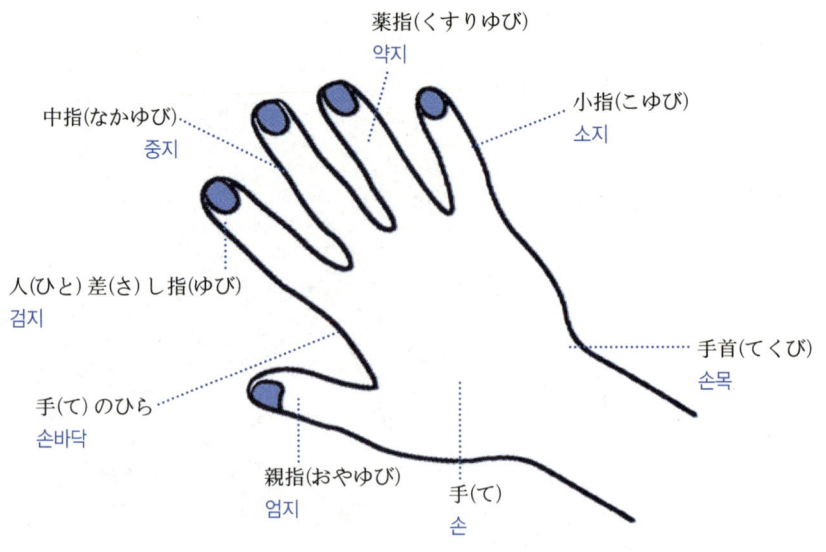

薬指(くすりゆび)
약지

小指(こゆび)
소지

中指(なかゆび)
중지

人(ひと) 差(さ) し指(ゆび)
검지

手(て) のひら
손바닥

手首(てくび)
손목

親指(おやゆび)
엄지

手(て)
손

🏠 **외모를 평가하는 표현들**

💾 **긍정적 평가(肯定的 評価 こうていてきひょうか) / 대상(対象 たいしょう)**

멋진 素敵(すてき) な	사람 人(ひと)
매혹적인 魅惑的(みわくてき) な	얼굴 顔(かお)·눈 目(め)
근사한 素敵(すてき)な【いかした】	사람 人(ひと)
매력 있는 魅力(みりょく)がある	외모 外見(がいけん)
놀랄만한 驚(おどろ)くほどの	몸매 体(からだ) つき【スタイル】

아름다운 美(うつく)しい	사람 人(ひと)
호감이 가는 好感(こうかん) が持(も)てる	사람 人(ひと)
좋은 인상의 好印象(こういんしょう)の	얼굴 顔(かお)
사랑스러운 愛(あい)らしい	얼굴 顔(かお)

표정이 풍부한 表情豊(ひょうじょうゆた)かな	얼굴 顔(かお)
눈처럼 하얀 雪(ゆき)のように白(しろ)い	얼굴 顔(かお)
거무스레한 浅黒(あさぐろ)い	피부 皮膚(ひふ)

가느다란 か細(ぼそ)い	손 手(て)
아름다운 美(うつく)しい	다리 足(あし)·얼굴 顔(かお) 등
정연한 整(ととの)った	얼굴 顔(かお)
매끄럽고 예쁜 つるんときれいな	피부 肌(はだ)·얼굴 顔(かお)

📘 부정적 평가(否定的評価 ひていてきひょうか)

혐오스런	嫌悪感(けんおかん) を感(かん) じる		
끔찍한	ぞっとする	추한	醜(みにく) い
꺼림칙한	嫌(いや) な感(かん) じの	못생긴	不細工(ぶさいく) な
호감이 안 가는	好感(こうかん) が持(も) てない		
나쁜 인상의	悪印象(あくいんしょう) の		
초라한	みすぼらしい	볼품 없는	貧相(ひんそう) な
거무스름한	黒(くろ) ずんだ		

🏠 신체 부위를 이용한 표현

- 頭(あたま)が切(き)れる。 머리가 영민하다.
- 頭【腰】(あたま【こし】)が低(ひく)い。 누구에게나 정중하고 겸손하다.
- 頭(あたま)に来(く)る。 화가 나다.
- 頭(あたま)を抱(かか)える。 매우 곤란하다.
- 顔(かお)が広(ひろ)い。 발이 넓다.
- 顔(かお)が立(た)つ。 체면이 서다.
- 目星(めぼし)を付(つ)ける。 눈독을 들이다.
- 大目(おおめ)に見(み)る。 너그러이 봐 주다.
- 喉(のど)から手(て)が出(で)る。 몹시 갖고 싶은 욕망이 일어나다.
- 歯(は)が立(た)たない。 상대방을 당할 수 없다.
- 奥歯(おくば)に物(もの)が挟(はさ)まる。
  생각하는 바를 분명히 말하지 않고 어물거리다.
- 目(め) から鱗(うろこ)が落(お)ちる。
  어떤 일이 계기가 되어 지금까지 몰랐던 것을 갑자기 알게 되다.
- 顎(あご)で使(つか)う。 고만한 태도로 사람을 부리다.
- 腕(うで)が上(あ)がる。 기술이나 실력이 늘다.
- 胸(むね)をふくらませる。 희망이나 기대로 가슴이 부풀다.
- 腹(はら)が立(た)つ。 화가 나다.
- へそを曲(ま)げる。 기분이 나빠져서 삐치다.
- へそで茶(ちゃ)を沸(わ)かす。 우스꽝스럽다.
- 足(あし)を洗(あら)う。 나쁜 일에서 손을 떼다.
- 尻(しり)が青(あお)い。 미숙하여 제 구실을 못하다.

徒手体操(としゅたいそう)
맨손체조

腕(うで)を上(あ)げる。
팔을 든다.

足(あし)を広(ひろ)げて立(た)つ。
다리를 벌리고 선다.

腰(こし)を前(まえ)に曲(ま)げる。
허리 앞으로 구부린다.

片足(かたあし)を持(も)ち上(あ)げる。
한쪽 다리를 들어 올린다.

腕(うで)を横(よこ)に広((ひろ)げる。
팔을 옆으로 펼친다.

足(あし)を揃(そろ)えて上(あ)げる。
다리를 모아 든다.

頭(あたま)を一回転(いっかいてん)させる。
머리를 한 바퀴 돌린다.

頭(あたま)を下(さ)げる。
머리를 숙인다.

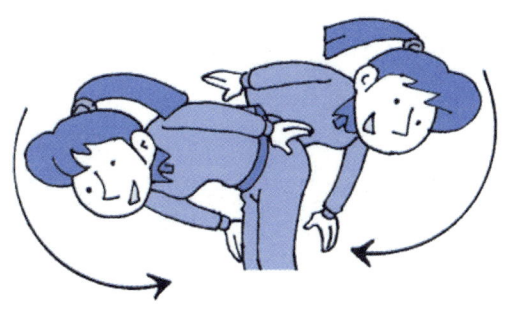

上体(じょうたい)を左右(さゆう)に曲(ま)げる。
상체를 오른쪽과 왼쪽으로 숙인다.

手(て)をついたまま横(よこ)になった状態
(じょうたい)で上体(じょうたい)を起(お)こす。
손을 짚은 채로 누운 상태에서 상체를 위로 올린다.

横(よこ)になる。
눕는다.

立(た)ち上(あ)がる。
일어선다.

立(た)っている。
서 있다.

座(すわ)る。
앉는다.

座(すわ)っている。
앉아 있다.

🏠 감각

- 視覚(しかく)
  시각

- 聴覚(ちょうかく)
  청각

- 嗅覚(きゅうかく)
  후각

- 触覚(しょっかく)
  촉각

- 味覚(みかく)
  미각

- 視力(しりょく)はどうですか。
  시력이 어떻게 됩니까?

- 章子(あきこ)は視力【目】(しりょく【め】)がいいです。
  아키코는 시력이 좋아요.

- 私(わたし)は近視(きんし)です。
  저는 근시입니다.

- 私(わたし)は遠視(えんし)です。
  저는 원시입니다.

- 浩二(こうじ)は視力障害者(しりょくしょうがいしゃ)です。
  何(なに)も見(み)えません。
  고우지는 시력 장애자예요. 아무것도 안 보여요.

- 私(わたし)は目(め)が悪(わる)いです。
  眼鏡(めがね)をかけたり、[コンタクト]レンズ([こんたくと]れんず)を
  つけます。
  저는 눈이 나빠요. 안경을 끼거나 렌즈를 끼지요.

- 一輝(かずき)は耳(みみ)がいいです。
  가즈키는 귀가 밝아요.

- 清(きよし)は耳(みみ)がよく聞(き)こえません。
  彼(かれ)は聴覚障害者(ちょうかくしょうがいしゃ)です。
  기요시는 귀가 잘 안들려요. 그는 청각장애자예요.

07 병원 病院（びょういん）/ 약국 薬局（やっきょく）

医師シンポジウム（いししんぽじうむ）
의사 심포지움

耳鼻咽喉科医[師]
（じびいんこうかい[し]）
이비인후과의사

産婦人科医[師]（さんふじんかい[し]）
산부인과의사

内科医[師]（ないかい[し]）
내과의사

眼科医[師]（がんかい[し]）
안과의사

外科医[師]（げかい[し]）
외과의사

歯科医[師]（しかい[し]）
치과의사

精神科医[師]（せいしんかい[し]）
정신과의사

整形外科医[師]（せいけいげかい[し]）
성형외과의사

小児科医[師]（しょうにかい[し]）
소아과의사

皮膚科医[師]（ひふかい[し]）
피부과의사

심장의 循環器科医[師](じゅんかんきかい[し])	
마취과의사 麻酔科医[師](ますいかい[し])	
방사선과의사 放射線科医[師](ほうしゃせんかい[し])	
비뇨기과의사 泌尿器科医[師](ひにょうきかい[し])	
구강외과의사 口腔外科医[師](こうくうげかい[し])	
수의사 獣医[師](じゅうい[し])	

🏠 진료에 관한 표현

구급 救急(きゅうきゅう)	인공호흡 人工呼吸(じんこうこきゅう)
혈압 血圧(けつあつ)	체온 体温(たいおん)
청진 聴診(ちょうしん)	심전도 心電図(しんでんず)
봉합 縫合(ほうごう)	피검사 血液検査(けつえきけんさ)
링거주사 点滴(てんてき)	마취 麻酔(ますい)
흡입 吸入(きゅうにゅう)	대변검사 便検査(べんけんさ)
소변검사 尿検査(にょうけんさ)	따뜻한 찜질 温湿布(おんしっぷ)
시력검사 視力検査(しりょくけんさ)	
X선사진 エックス線写真(えっくすせんしゃしん)【レントゲン[写真]】(れんとげん[しゃしん])	

🏠 종합병원

(입원실이 있는) 병원 病室(びょうしつ)がある病院(びょういん)	
접수처 受付(うけつけ)	등록접수처 登緑窓口(とうろくまどぐち)
번호표 番号票(ばんごうひょう)	진료기록카드 カルテ(かるて)
의료보험증 [医療]保険証(「いりょう]ほけんしょう)	진찰카드 診察券(しんさつけん)
초진 初診(しょしん)	재진 再診(さいしん)
외래환자 外来患者(がいらいかんじゃ)	입원환자 入院患者(にゅういんかんじゃ)
의사 医師(いし)	간호사 看護師(かんごし)
검사기사 検査技師(けんさぎし)	약사 薬剤師(やくざいし)
약방문 処方箋(しょほうせん)	약국 薬局(やっきょく)
진찰실 診察室(しんさつしつ)	처치실 処置室(しょちしつ)
수술실 手術室(しゅじゅつしつ)	방사성실 放射線室(ほうしゃせんしつ)
인공투석실 人工透析室(じんこうとうせきしつ)	호스피스 ホスピス(ほすぴす)
병실 病室(びょうしつ)	단기종합정밀건강진단 人間ドック(にんげんどっく)
재활원 リハビリテーション室(りはびりてーしょんしつ)	간호사대기실 ナースステーション(なーすすてーしょん)
문병 お見舞い(みまい)	매점 売店(ばいてん)

개인이 하는 규모가 작은 병원을 의원 医院(いいん), 클리닉 クリニック(くりにっく)이라고 한다.

🏠 증상

징조 兆(きざ)し	징후 兆候(ちょうこう)
발열 発熱(はつねつ)	통증 痛(いた)み
쇠약 衰弱(すいじゃく)	오한 悪寒(おかん)
혈압 血圧(けつあつ)	불면 不眠(ふみん)
마비 麻痺(まひ)	발작 発作(ほっさ)
경련 痙攣(けいれん)	기절 気絶(きぜつ)【失神(しっしん)】
중독 中毒(ちゅうどく)	구토 嘔吐(おうと)【구역질 吐き気(はきけ)】
기침 咳(せき)	콧물 鼻水(はなみず)
습진 湿疹(しっしん)	부증 むくみ
상처 傷(きず)	타박상 打撲傷(だぼくしょう)
골절 骨折(こっせつ)	화상 火傷(やけど)
벌레물림 虫刺(むしさ)され	변비 便秘(べんぴ)
설사 下痢(げり)	

🏠 병

감기 風邪(かぜ)	기관지염 気管支炎(きかんしえん)
독감 インフルエンザ(いんふるえんざ)	신종플루 新型インフルエンザ(しんがたいんふるえんざ)
폐렴 肺炎(はいえん)	천식 喘息(ぜんそく)
결핵 結核(けっかく)	당뇨병 糖尿[病](とうにょう[びょう])
고혈압 高血圧[症](こうけつあつ[しょう])	고지방혈증 高脂血症(こうしけっしょう)
심장마비 心臓麻痺(しんぞうまひ)	심근경색 心筋梗塞(しんきんこうそく)
위장염 胃腸炎(いちょうえん)	식도염 食道炎(しょくどうえん)
위궤양 胃潰瘍(いかいよう)	간염 肝炎(かんえん)
빈혈 貧血(ひんけつ)	꽃가루알러지 花粉症(かふんしょう)
두통 頭痛(ずつう)	불면증 不眠症(ふみんしょう)
우울증 うつ病(びょう)	건망증 健忘症(けんぼうしょう)
알츠하이머병 アルツハイマー[病](あるつはいまー[びょう])	
뇌경색 脳梗塞(のうこうそく)	암 癌(がん)
골다공증 骨粗(こつそ)しょう症(しょう)	허리디스크 ぎっくり腰(ごし)
관절염 関節炎(かんせつえん)	피부염 皮膚炎(ひふえん)
뇌염 脳炎(のうえん)	홍역 麻疹(はしか)
풍진 風疹(ふうしん)	
볼거리 おたふくかぜ【流行性耳下腺炎(りゅうこうせいじかせんえん)】	
맹장염 盲腸[炎](もうちょう[えん])【虫垂炎(ちゅうすいえん)】	

조제약 調剤薬(ちょうざいやく)	수면제 睡眠薬(すいみんやく)
항생제 抗生剤(こうせいざい)【抗生物質(こうせいぶっしつ)】	
해열진통제 解熱鎮痛剤(げねつちんつうざい)	기침약 咳止(せきど)め【鎮咳薬(ちんがいやく)】
변비약 便秘薬(べんぴやく)	설사약 下痢止(げりど)め【止瀉剤(ししゃざい)】
완화제 筋弛緩剤(きんしかんざい)	진정제 鎮静剤(ちんせいざい)
비타민 ビタミン剤(びたみんざい)	영양제 栄養剤(えいようざい)
약봉투 薬袋(くすりぶくろ)	약병 薬瓶(くすりびん)
식전 食前(しょくぜん)	식후 食後(しょくご)
취침전 就寝前(しゅうしんまえ)	알약 錠剤(じょうざい)
내복약 飲(の)み薬(ぐすり)【内服薬(ないふくやく)】	가루약 粉薬(こなぐすり)
캡슐 カプセル(かぷせる)	물약 水薬(みずぐすり)【すいやく】
시럽 シロップ(しろっぷ)	한방약 漢方薬(かんぽうやく)
외용약 外用薬(がいようやく)	연고 軟膏(なんこう)
파스 湿布(しっぷ)	
피부보호용 로숀 皮膚保護用ローション(ひふほごようろーしょん)	
안약 目薬(めぐすり)【点眼薬(てんがんやく)】	좌약 座薬(ざやく)
빨아먹는약 吸入薬(きゅうにゅうやく)	구세액 うがい薬(ぐすり)
주사액 注射液(ちゅうしゃえき)	소독약 消毒薬(しょうどくやく)
반창고 絆創膏(ばんそうこう)	붕대 包帯(ほうたい)
가제 ガーゼ(がーぜ)	탈지면 脱脂綿(だっしめん)
요오드팅크 ヨードチンキ(よーどちんき)	체온계 体温計(たいおんけい)
생리대(생리용냅킨) ナプキン(なぷきん)	보충제 サプリ[メント](さぷり[めんと])
콘돔 コンドーム(こんどーむ)	

「薬局(やっきょく) 약국」에는 크게 세 종류가 있다. 하나는 의료기관 내에서 약을 조제하는 곳, 또 하나는 최근 의약분업 추진으로 [원외 처방]을 하는, 의료기관이 써준 약 처방문으로 약을 만드는 조제약국, 세번째는 조제는 하지 않고 의약품을 판매하는 약국이다. 세번째에 해당하는 대형 약국에서는 생활 용품, 화장품, 식품까지 다양한 물건들을 싸게 판매하고 있다.

🏠 치과에서 쓰는 용어

치아 歯(は)	신경 神経(しんけい)
충치 虫歯(むしば)	치석 歯石(しせき)
윗니 上(うえ)の歯(は)	아랫니 下(した)の歯(は)
오른쪽 위 右側(みぎがわ)の上(うえ)	
왼쪽 아래 左側(ひだりがわ)の下(した)	

크라운(치관) 被(かぶ)せ物(もの) 【クラウン(くらうん) 歯冠(しかん)】
봉 詰(つ)め物(もの)
가공의치 ブリッジ(ぶりっじ)
틀니 入(い)れ歯(ば)
임시로 씌운 봉 仮(か)り詰(づ)め
임플란트 インプラント(いんぷらんと)
이를 빼다 歯(は)を抜(ぬ)く。
크라운을 벗기다 クラウン(くらうん)をはがす。
크라운을 씌우다 クラウン(くらうん)を被(かぶ)せる。
이를 봉해 넣다 歯(は)に詰(つ)め物(もの)を詰(つ)めておく。

🏠 아픈 곳 묻고 답하기

- どうしましたか。
  무슨 일이에요?

- どこが痛(いた)いですか。
  어디가 아프세요?

- 足(あし)が痛(いた)いです。
  다리가 아파요.

- 手(て)の指(ゆび)を切(き)りました。
  손가락을 베었어요.

- 血(ち)が出(で)ます。
  피가 나요.

- 悪寒(おかん)がします。
  오한이 나요.

- 胃(い)がむかむかします。
  속이 메쓰꺼워요.

- 体温(たいおん)を測(はか)ってください。
  체온을 재세요.

- 聴診器(ちょうしんき)を当(あ)てますので、服(ふく)をまくり上(あ)げて【めくり上げて】ください。
  청진기를 댈테니 옷을 위로 올리세요.

- 息(いき)を止(と)めてください。
  숨을 참고 계세요.

- 深(ふか)く息(いき)を吐(は)いてください。
  숨을 깊이 내쉬세요.

- 腕(うで)を動(うご)かしただけでも痛(いた)いです。
  팔을 움직이기만 해도 아픕니다.

- レントゲン(れんとげん)を撮(と)らなければなりません。
  엑스레이를 찍어야 합니다.

- レントゲン写真(れんとげんしゃしん)を持(も)って、私(わたし)の所(ところ)に来(き)てください。
  엑스레이 사진을 가지고 제게 오세요.

- 理学療法室(りがくりょうほうしつ)に行(い)ってください。
  물리치료실로 가세요.

- 一日三回(いちにちさんかい)、一錠(いちじょう)ずつ飲(の)んでください。
  하루에 세 번, 한알 씩 드세요.

- 食後(しょくご)30分(さんじゅっぷん)に、錠剤(じょうざい)を飲(の)んでください。
  식후 30분 있다가 알약을 드세요.

- 一日三回(いちにちさんかい)、一匙(ひとさじ)ずつ服用(ふくよう)してください。
  하루에 세 번, 한 숟가락씩 복용하세요.

- うがい薬(ぐすり)でうがいをしてください。
  가글로 목을 소독하세요.

08 주일과 달
週と月(しゅうとつき)

カレンダー(かれんだー)
달력

1 いちがつ

S	M	T	W	T	F	S
			1	2	3	4
5	6	7	8	9	10	11
12	13	14	15	16	17	18
19	20	21	22	23	24	25
26	27	28	29	30	31	

2 にがつ

S	M	T	W	T	F	S
1	2	3	4	5	6	7
8	9	10	11	12	13	14
15	16	17	18	19	20	21
22	23	24	25	26	27	28

3 さんがつ

S	M	T	W	T	F	S
1	2	3	4	5	6	7
8	9	10	11	12	13	14
15	16	17	18	19	20	21
22	23	24	25	26	27	28
29	30	31				

4 しがつ

S	M	T	W	T	F	S
			1	2	3	4
5	6	7	8	9	10	11
12	13	14	15	16	17	18
19	20	21	22	23	24	25
26	27	28	29	30		

5 ごがつ

S	M	T	W	T	F	S
					1	2
3	4	5	6	7	8	9
10	11	12	13	14	15	16
17	18	19	20	21	22	23
24	25	26	27	28	29	30
31						

6 ろくがつ

S	M	T	W	T	F	S
	1	2	3	4	5	6
7	8	9	10	11	12	13
14	15	16	17	18	19	20
21	22	23	24	25	26	27
28	29	30				

7 しちがつ

S	M	T	W	T	F	S
			1	2	3	4
5	6	7	8	9	10	11
12	13	14	15	16	17	18
19	20	21	22	23	24	25
26	27	28	29	30	31	

8 はちがつ

S	M	T	W	T	F	S
						1
2	3	4	5	6	7	8
9	10	11	12	13	14	15
16	17	18	19	20	21	22
23	24	25	26	27	28	29
30	31					

9 くがつ

S	M	T	W	T	F	S
	1	2	3	4	5	
6	7	8	9	10	11	12
13	14	15	16	17	18	19
20	21	22	23	24	25	26
27	28	29	30	31		

10 じゅうがつ

S	M	T	W	T	F	S
				1	2	3
4	5	6	7	8	9	10
11	12	13	14	15	16	17
18	19	20	21	22	23	24
25	26	27	28	29	30	31

11 じゅういちがつ

S	M	T	W	T	F	S
1	2	3	4	5	6	7
8	9	10	11	12	13	14
15	16	17	18	19	20	21
22	23	24	25	26	27	28
29	30					

12 じゅうにがつ

S	M	T	W	T	F	S
	1	2	3	4	5	
6	7	8	9	10	11	12
13	14	15	16	17	18	19
20	21	22	23	24	25	26
27	28	29	30	31		

🏠 주간 일정표

월	月曜日(げつようび)	일본어 공부 日本語(にほんご)の勉強(べんきょう)
화	火曜日(かようび)	한자공부 漢字(かんじ)の勉強(べんきょう)
수	水曜日(すいようび)	집안일 家事(かじ)
목	木曜日(もくようび)	운동 運動(うんどう)
금	金曜日(きんようび)	독서 読書(どくしょ)
토	土曜日(どようび)	쇼핑 買(か)い物(もの)
일	日曜日(にちようび)	영화감상 映画鑑賞(えいがかんしょう)

🏠 유용한 표현

- 毎分(まいふん)【一分(いっぷん)ごと】 매분마다
- 毎時間(まいじ)【一時間(いちじかん)ごと】 매시간마다
- 毎日(まいにち) 매일
- 水曜日(すいようび)ごとに 수요일마다
- 毎週(まいしゅう) 매주
- 毎月(まいつき) 매달
- 毎年(まいとし) 매년
- 毎朝(まいあさ) 매일 아침
- 夕方(ゆうがた)ごとに 저녁마다
- 休日(きゅうじつ)ごとに 휴일마다
- 祝日(しゅくじつ)ごとに 쉬는 날마다
- 一日一回(いちにちいっかい)
  하루에 한 번
- 一週間(いっしゅうかん)に、二回(にかい)
  일주일에 두 번
- 一週間後(いっしゅうかんご)
  일주일 뒤
- 一年(いちねん)に五回(ごかい)
  일년에 나섯 번
- 一週間前(いっしゅうかんまえ)
  일주일 전
- 再来週(さらいしゅう)の月曜日(げつようび)に
  다다음주 월요일에
- 3月(さんがつ)のある土曜日(どようび)に
  3월 어느 토요일에
- 毎週日曜日、休業(まいしゅうにちようび、きゅうぎょう)
  일요일마다 휴업

春（はる）は暖（あたた）かい。
봄은 따뜻하다.
木（き）には花（はな）が咲（さ）き始（はじ）める。
나무에는 꽃이 피기 시작한다.

夏（なつ）は暑（あつ）い。
여름에는 덥다.
人々（ひとびと）は海辺（うみべ）に行（い）く。
사람들이 해변가로 간다.

秋（あき）は涼（すず）しい。
가을에는 서늘하다.
落（お）ち葉（ば）が散（ち）る。
낙엽이 떨어진다.

冬（ふゆ）は寒（さむ）い。
겨울에는 춥다.
体（からだ）が凍（こご）える。
몸이 언다.

따뜻하다 暖（あたた）かい	덥다 暑（あつ）い
시원하다 / 서늘하다 涼（すず）しい	쓸쓸하다 肌寒（はださむ【はださむ】）い
춥다 寒（さむ）い	꽃샘추위 花冷（はなびえ）
얼다 凍（こご）える【凍（こお）る】	청명하다 晴（は）れ渡（わた）っている
꾸물거리는 날씨 ぐずついた天気（てんき）	낙엽 落（お）ち葉（ば）
무덥다 蒸（む）し暑（あつ）い	습하다 じめじめする
꽃이 지다 花（はな）が散（ち）る。	떨어진다 落（お）ちる【散（ち）る】

雪(ゆき)が降(ふ)る。
눈이 온다.
人々(ひとびと)が雪(ゆき)だるまを作
(つく)って雪合戦(ゆきがっせん)をする。
사람들이 눈사람을 만들고 눈싸움을 한다.

雨(あめ)が降(ふ)る。
비가 온다.
天気(てんき)が湿(しめ)っぽい。
날씨가 습하다.

風(かぜ)が吹(ふ)く。
바람이 분다.
人々(ひとびと)が凧(たこ)をあげる。
사람들이 연을 날린다.

天気(てんき)が良(よ)い。
날씨가 좋다.
人々(ひとびと)が散歩(さんぽ)をする。
사람들이 산책을 한다.

太陽(たいよう)が出(で)る。
햇볕이 난다.
人々(ひとびと)が日焼(ひや)けする。
사람들이 선탠을 한다.

雲(くも)がかかる。
구름이 끼었다.
雨(あめ)が降(ふ)るだろう。
비가 오겠다.

凍(こお)りついた路面(ろめん)だ。
빙판이다.
自動車(じどうしゃ)が滑(すべ)る。
자동차들이 미끄러진다.

기후 気候(きこう)	기온 気温(きおん)
온도 温度(おんど)	습도 湿度(しつど)
영하 零下(れいか)【氷点下(ひょうてんか)】	해 太陽(たいよう)
햇볕 日光(にっこう)【日(ひ)】	구름 雲(くも)
비 雨(あめ)	바람 風(かぜ)
눈 雪(ゆき)	무지개 虹(にじ)
서리 霜(しも)	고드름 つらら
안개 霧(きり)【もや、霞(かすみ)】	이슬비 霧雨(きりさめ)
눈이 온다 雪(ゆき)が降(ふ)る	비가 온다 雨(あめ)が降(ふ)る
바람이 분다 風(かぜ)が吹(ふ)く	우박이 내린다 雹(ひょう)が降(ふ)る
얼다 凍(こお)る	결빙하다 氷(こおり)が張(は)る
미끄러지다 滑(すべ)る	썬탠하다 日焼(ひや)けする
열사병 熱中症(ねっちゅうしょう)	열대야 熱帯夜(ねったいや)
눈사람 雪(ゆき)だるま	눈싸움 雪合戦(ゆきがっせん)
성에 流氷(りゅうひょう)	빙판 凍(こお)りついた路面(ろめん)
천둥 雷(かみなり)	벼락 雷(かみなり)【落雷(らくらい)】
번개 稲妻(いなずま)【稲光(いなびかり)】	뇌우 雷雨(らいう)
태풍 台風(たいふう)	폭풍우 暴風雨【嵐】(ぼうふうう【あらし】)

🏠 온도 묻고 답하기

일본은 영하로까지 온도가
떨어지는 일이 없기 때문에
〈영상 몇 도〉라는 말을 쓰지 않고
〈몇 도〉라고만 한다.

- 今(いま)何度(なん)ですか。
지금 몇 도인가요?
- 12度(じゅうにど)です。
영상 12도요.
- 氷点下(ひょうてんか)【零下(れいか)】5度(ごど)です。
영하 5도요.

🏠 날씨 묻고 답하기

- 天気(てんき)はどうですか。
날씨가 어떤가요?
▶ よい天気(てんき)です。
날씨가 좋아요.
▶ 悪(わる)いです。
나빠요.
▶ 暗(くら)くてじめじめしています。
우중충해요.
▶ 暖(あたた)かいです。
포근해요.
▶ 暑(あつ)いです。
더워요.
▶ 涼(すず)しいです。
선선해요.
▶ 寒(さむ)いです。
추워요.

🏠 날씨 표현

- 明日(あす)【あした】の天気(てんき)はどうでしょうか。
내일 날씨가 어떨까요?
▶ 明日(あす)【あした】は寒(さむ)いでしょう。
내일은 추울 거예요.
- 風(かぜ)が吹(ふ)く。
바람이 분다.
- 雨(あめ)が降(ふ)る。
비가 온다.

- 雪(ゆき)が降(ふ)る。
  눈이 온다.
- 太陽(たいよう)が出(で)る。
  햇볕이 난다.
- 雲(くも)が出(で)た。【雲(くも)がかかった】
  구름이 끼었다.
- 霧(きり)が立(た)ち込(こ)めた。
  안개가 끼었다.
- 車(くるま)の窓ガラス(まどがらす)に霜(しも)が降(お)りた。
  차 유리에 성에가 끼었다.
- 気(き)を付(つ)けて! 地面(じめん)が凍(こお)ってる。
  조심해! 빙판이야.
- 夕立(ゆうだち)がある。
  소나기가 온다.
- 虹(にじ)がかかった。
  무지개가 떴다.
- 雪(ゆき)が降(ふ)ります。
  눈이 와요.
- 雹(ひょう)が降(ふ)ります。
  우박이 내려요.
- 雨(あめ)が降(ふ)ります。
  비가 와요.
- 雷(かみなり)の音(おと)が聞(き)こえる。
  천둥소리가 들린다.
- 稲妻(いなずま)が走(はし)る。
  번개가 친다.
- 木(き)に雷(かみなり)が落(お)ちました。
  나무가 벼락을 맞았어요.
- 空(そら)が曇(くも)っています。
  하늘이 흐렸어요.
- 暗(くら)いです。
  어두워요.
- 風(かぜ)が非常(ひじょう)に強(つよ)く吹(ふ)く。
  바람이 아주 강하게 분다.
- 時速(じそく)100km(ひゃっきろ[めーとる])で吹(ふ)く。
  시속 100km로 분다.
- 雷雨(らいう)が打(う)ち付(つ)けた。
  벼락이 쳤다.

🏠 기후

🟦 세계의 기후 구분 (世界(せかい)の気候区分(きこうくぶん))

- 熱帯気候(ねったいきこう)　　　　　　　열대기후
- 乾燥帯気候(かんそうたいきこう)　　　건조기후
- 温帯気候(おんたいきこう)　　　　　　온대기후
- 冷帯気候(れいたいきこう)　　　　　　냉대기후
- 寒帯気候(かんたいきこう)　　　　　　한대기후

🟦 일본의 기후 구분(日本(にほん)の気候区分(きこうくぶん))

- 北海道気候(ほっかいどうきこう)
  홋카이도 기후
- 太平洋岸式気候(たいへいようがんしききこう)
  태평양안식 기후
- 日本海岸式気候(にほんかいがんしききこう)
  일본해안식 기후
- 内陸性気候(ないりくせいきこう)
  내륙성 기후
- 瀬戸内式気候(せとうちしききこう)
  세토내식 기후
- 南西諸島気候(なんせいしょとうきこう)
  남서제도 기후

- あなたの国(くに)はどんな気候(きこう)ですか。
  당신 나라의 기후는 어떤가요?

ズボン(ずぼん)
바지

ポロシャツ(ぽろしゃつ)
폴로티

ギャザースカート(ぎゃざーすかーと)
주름치마

ワンピース(わんぴーす)
원피스

カラー(からー)【襟(えり)】
칼라

ジャージ(じゃーじ)
츄리닝

タートル[ネック]
(たーとる[ねっく])
목폴라(터틀넥)

ブラウス(ぶらうす)
블라우스

スーツ(すーつ)
치마 정장

コート(こーと)
외투

アイロン(あいろん)
다리미

반소매	半袖(はんそで)	노슬리브	ノースリーブ(のーすりーぶ)
긴소매	長袖(ながそで)	청바지	ジーパン(じーぱん)
티셔츠	Tシャツ【ティーシャツ】(てぃーしゃつ)	치마	スカート(すかーと)

ジャンパー(じゃんぱー)【ジャンバー(じゃんばー)】
점퍼

パーカー(ぱーかー)
파카

ワイシャツ(わいしゃつ)
와이셔츠

半ズボン(はんずぼん)
반바지

袖なしシャツ(そでなししゃつ)
민소매셔츠

スーツ(すーつ)
정장

レインコート(れいんこーと)
비옷

ハンガー(はんがー)
옷걸이

상의 上着(うわぎ)	하의 ズボン(ずぼん)、スカート(すかーと) など
면 블라우스 綿ブラウス(めんぶらうす)	실크 블라우스 シルクブラウス(しるくぶらうす)
레이스 달린 블라우스 レース(れーす)付(つ)きブラウス(ぶらうす)	
스웨터 セーター(せーたー)	가디간 カーディガン(かーでぃがん)
풀오버 プルオーバー(ぷるおーばー)	니트재킷 ニットジャケット(にっとじゃけっと)
멜빵바지 つりズボン(ずぼん)	가죽 점퍼 皮ジャン[バー](かわじゃん[ばー])
털달린 점퍼 ファー(ふぁー)付(つ)きジャンバー(じゃんばー)	
트렌치 코트 トレンチコート(とれんちこーと)	모피코트 毛皮コート(けがわこーと)
양피 외투 ムートンコート(むーとんこーと)	후드 파카 [フード]パーカー([ふーど]ぱーかー)
스웨트 スウェットスーツ(すうぇっとすーつ)【トレーニングウエア(とれーにんぐうえあ)】	
방수점퍼 防水ジャンパー(ぼうすいじゃんぱー)	스키복 スキーウェア(すきーうえあ)

- 食事会(しょくじかい)に、どんな服(ふく)を着(き)るつもりなの。
  회식 때 어떤 옷을 입을 거니?
- 私(わたし)は黒(くろ)いワンピース(わんぴーす)を着(き)るつもり。
  난 검은색 원피스를 입을거야.
- ここでコート(こーと)を脱(ぬ)ぐことができます。
  여기서 외투를 벗으실 수 있습니다.
- 私(わたし)は服(ふく)を着替(きがえ)ます。
  나는 옷을 갈아 입어요.
- ひとみは、いつも服(ふく)のセンス(せんす)がいい。
  히토미는 항상 옷을 잘 입는다.
- よく似合(にあ)います。
  잘 어울려요.
- 浩太(こうた)は流行(りゅうこう)を追(お)う。
  고우타는 유행을 따른다.
- 流行(りゅうこう)に乗(の)り後(おく)れた。
  유행에 뒤졌다.
- 服(ふく)がすごく大(おお)きいです。
  옷이 너무 커요.
- きついです。
  옷이 끼어요.
- 小(ちい)さいです。
  작아요.
- 幅(はば)が広(ひろ)いです。
  넓어요.
- 短(みじか)いです。
  짧아요.
- 長(なが)いです。
  길어요.

🏠 할인

• バーゲンセール(ばーげんせーる)	바겐세일
• 現金[払い]割引(げんきん[ばらい]わりびき)	현금 지불시 할인
• 訳(わけ)あり品(ひん)割引(わりびき)	물품 이상시 할인
• 割引可能(わりびきかのう)	가격 조정 가능
• お得意様割引(とくいさまわりびき)	주고객 할인
• 超過額(ちょうかがく)払(はら)い戻(もど)し	초과액 환불

🏠 복장

- 簡素(かんそ)な服装(ふくそう)
  간소한 복장
- 着飾(きかざ)った服装(ふくそう)
  차려 입은 복장
- 普段着(ふだんぎ)
  평상복
- 外出着(がいしゅつぎ)【よそ行(ゆ)き】
  외출복
- 正装(せいそう)
  정장

🏠 의복

- 紳士服(しんしふく)
  신사복
- 婦人服(ふじんふく)
  여성복
- パーティードレス(ぱーてぃーどれす)
  파티복
- 運動着(うんどうぎ)
  운동복
- 作業服(さぎょうふく)
  작업복
- 制服(せいふく)
  제복
- 結婚衣装(けっこんいしょう)
  결혼 의상
- 着物(きもの)【和服(わふく)】
  일본 옷(기모노)

11 속옷 下着(したぎ)/ 소품들 小物(こもの)

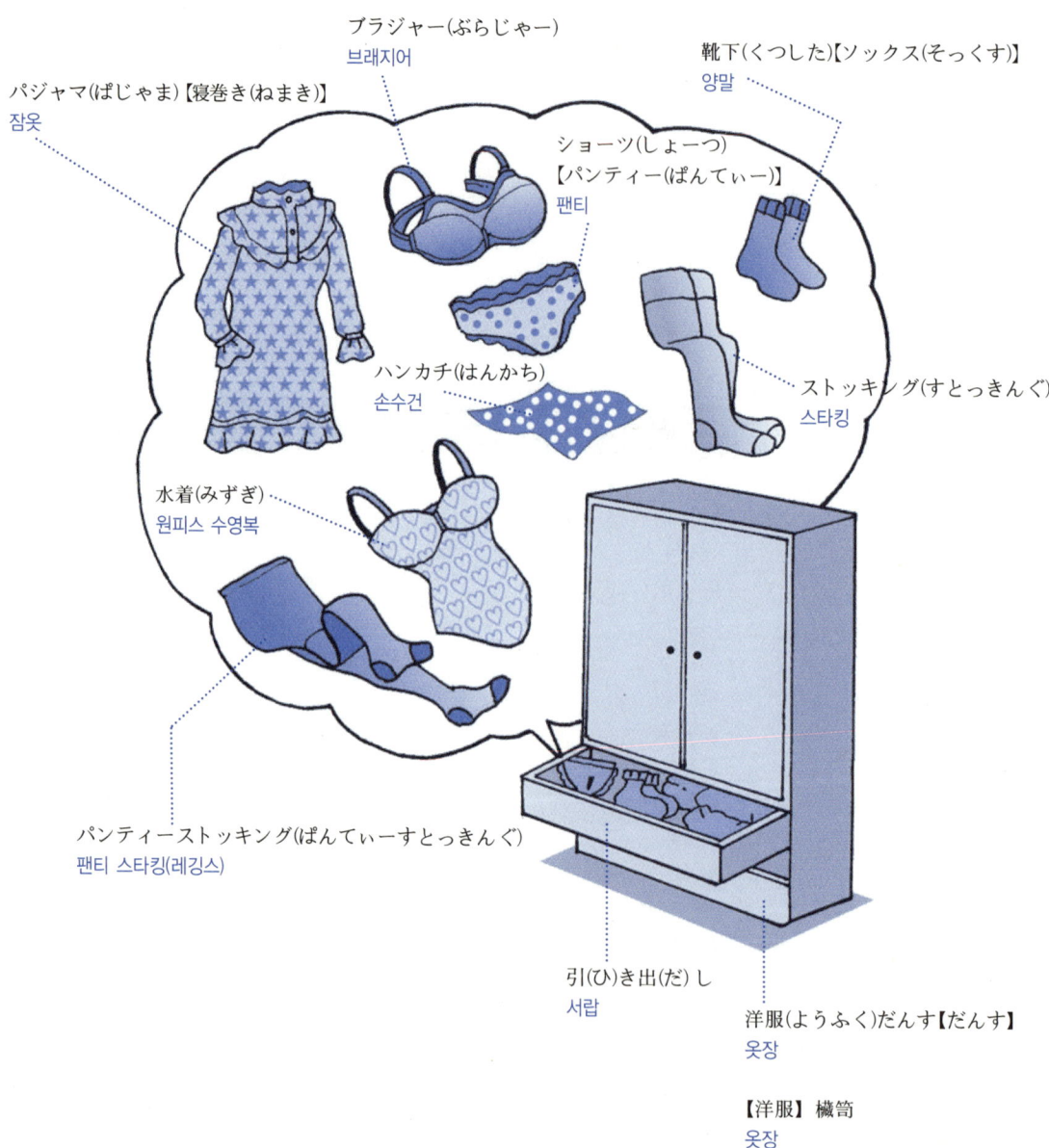

パジャマ(ぱじゃま)【寝巻き(ねまき)】
잠옷

ブラジャー(ぶらじゃー)
브래지어

靴下(くつした)【ソックス(そっくす)】
양말

ショーツ(しょーつ)
【パンティー(ぱんてぃー)】
팬티

ハンカチ(はんかち)
손수건

ストッキング(すとっきんぐ)
스타킹

水着(みずぎ)
원피스 수영복

パンティーストッキング(ぱんてぃーすとっきんぐ)
팬티 스타킹(레깅스)

引(ひ)き出(だ)し
서랍

洋服(ようふく)だんす【だんす】
옷장

【洋服】 橢笥
옷장

비키니	ビキニ(びきに)	실내복	部屋着(へやぎ)【ルームウェア(るーむうぇあ)】
나이트 가운	［ナイト］ガウン([ないと]がうん)	목욕 가운	バスローブ(ばすろーぶ)
스카프	スカーフ(すかーふ)	손수건	ハンカチ(はんかち)

ブリーフ(ぶりーふ)
남자 팬티

手袋(てぶくろ)
장갑

海水パンツ(かいすいぱんつ)【海パン(かいぱん)】
남자 수영복

革ベルト(かわべると)
혁대

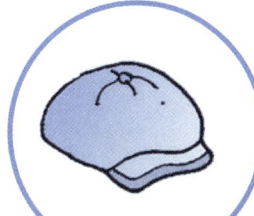

ベレー帽(べれーぼう)
베레모

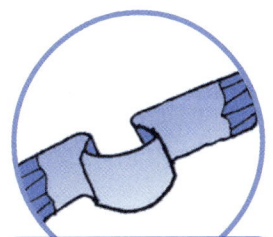

マフラー(まふらー)
목도리

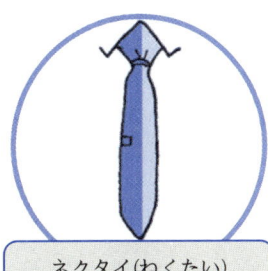

ネクタイ(ねくたい)
넥타이

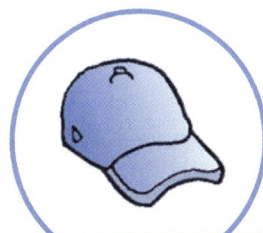

野球帽(やきゅうぼう)
챙 있는 모자

麦(むぎ)わら帽子(ぼうし)
밀짚 모자

毛糸(けいと)の帽子(ぼうし)
【ニット帽(にっとぼう)】
털모자

나비 넥타이	蝶ネクタイ(ちょうねくたい)
넥타이 핀	[ネク]タイピン([ねく]たいぴん)
커프스 단추	カフスボタン(かふすばたん)
중산모	山高帽[子](やまたかぼう[し])
모피 모자	毛皮(けがわ)の帽子(ぼうし)
벙어리 장갑	ミトン(みとん)
숄	ショール(しょーる)
멜빵	ズボンつり(ずぼんつり)【サスペンダー(さすぺんだー)】
(무릎까지 올라 오는) 긴 양말	ハイソックス(はいそっくす)
망사 스타킹	網タイツ(あみたいつ)
앞치마	エプロン(えぷろん)

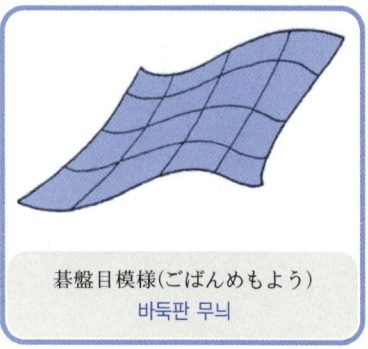

碁盤目模様(ごばんめもよう)
바둑판 무늬

縞模様(しまもよう)【ストライプ(す
とらいぷ)】 **줄무늬**

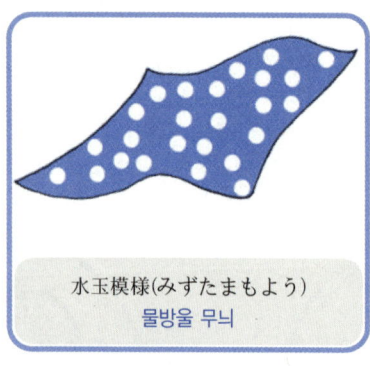

水玉模様(みずたまもよう)
물방울 무늬

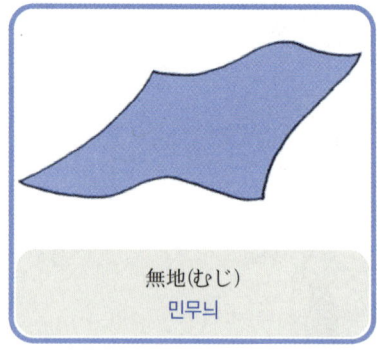

無地(むじ)
민무늬

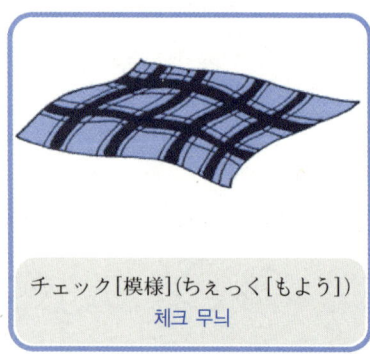

チェック[模様](ちぇっく[もよう])
체크 무늬

12

신발과 가방 履物(はきもの)と鞄(かばん) / 장신구 装身具(そうしんぐ)

運動靴(うんどうぐつ)
운동화

ハイヒール(はいひーる)
뾰족 구두

紳士靴(しんしぐつ)
신사 구두

サンダル(さんだる)
샌들

スリッパ(すりっぱ)
슬리퍼

ハンドバッグ(はんどばっぐ)
핸드백

書類かばん(しょるいかばん)
【ブリーフケース(ぶりーふけーす)】
서류 가방

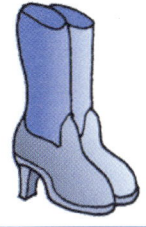

ブーツ(ぶーつ)
부츠

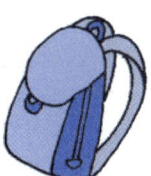

リュック[サック](りゅっく[さっく])
배낭

旅行鞄(りょこうかばん)
여행용 가방

앵글 부츠	ショートブーツ(しょーとぶーつ)		
캔버스화	キャンバスシューズ(きゃんばすしゅーず)【スニーカー(すにーかー)】		
굽이 있는 여성용 샌들	ヒールサンダル(ひーるさんだる)		
숄더백	ショルダーバッグ(しょるだーばっぐ)	펌프스	パンプス(ぱんぷす)
구두약	靴墨(くつずみ)【靴クリーム(くつくりーむ)】	우화	雨靴(あまぐつ)【レインシューズ(れいんしゅーず)】
초등학생용 책가방	ランドセル(らんどせる)	장화	長靴(ながぐつ)
신발끈	靴(くつ)ひも	굽	靴(くつ)のかかと【ヒール(ひーる)】
굽을 갈다	靴(くつ)のかかとを取(と)り替(か)える	구두 밑창	靴底(くつぞこ)
구두를 닦다	靴(くつ)を磨(みが)く		

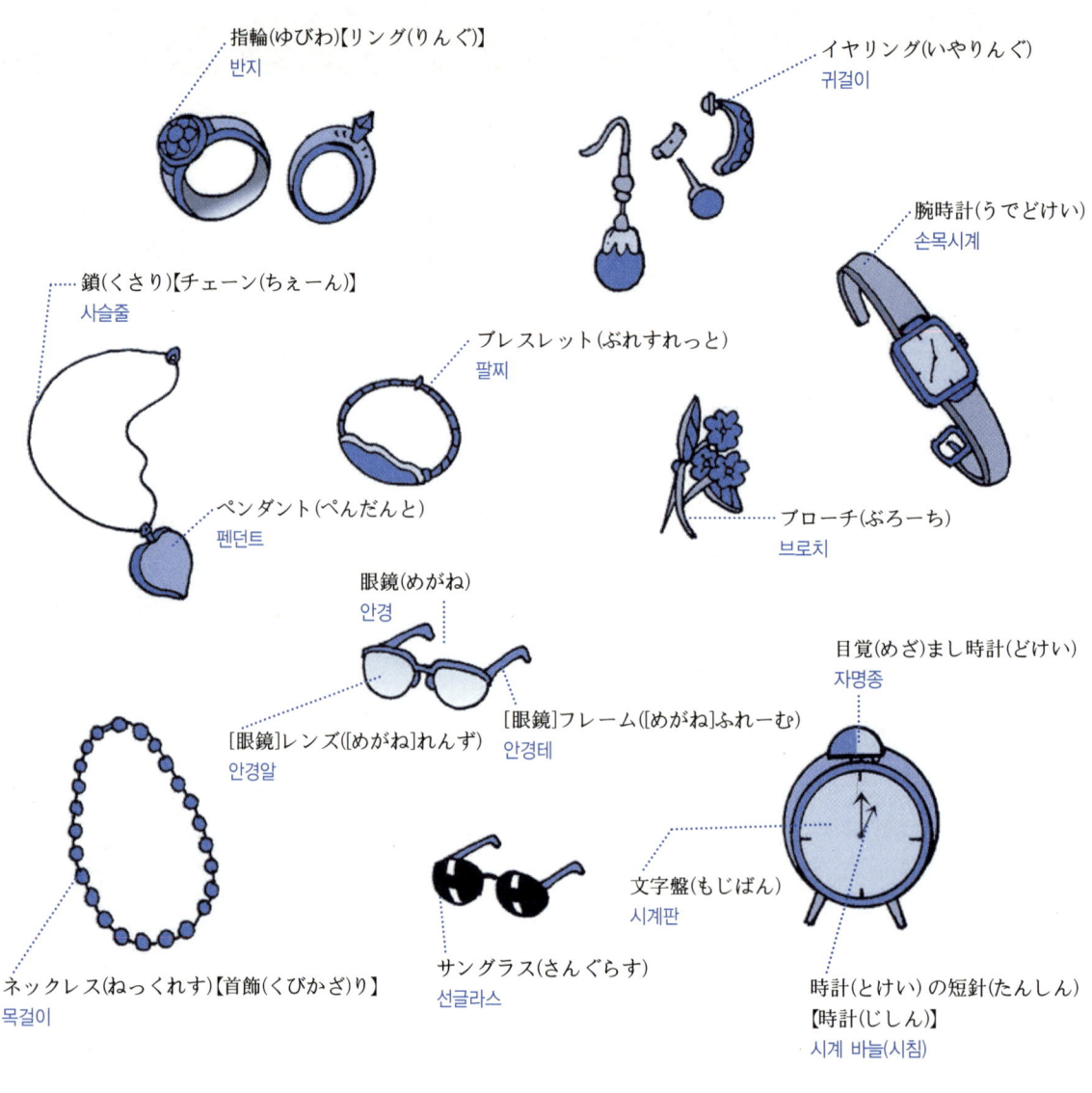

指輪(ゆびわ)【リング(りんぐ)】
반지

イヤリング(いやりんぐ)
귀걸이

腕時計(うでどけい)
손목시계

鎖(くさり)【チェーン(ちぇーん)】
사슬줄

ブレスレット(ぶれすれっと)
팔찌

ペンダント(ぺんだんと)
펜던트

ブローチ(ぶろーち)
브로치

眼鏡(めがね)
안경

目覚(めざ)まし時計(どけい)
자명종

[眼鏡]レンズ([めがね]れんず)
안경알

[眼鏡]フレーム([めがね]ふれーむ)
안경테

文字盤(もじばん)
시계판

ネックレス(ねっくれす)【首飾(くびかざ)り】
목걸이

サングラス(さんぐらす)
선글라스

時計(とけい)の短針(たんしん)
【時計(じしん)】
시계 바늘(시침)

뱃지	バッジ(ばっじ)
(사슬 모양의) 팔찌	鎖(くさり)のブレスレット(ぶれすれっと)
발찌	アンクルブレスレット(あんくるぶれすれっと)
핸드폰	携帯電話(けいたいでんわ)
전자시계	電子時計(でんしどけい)
초침	秒針(びょうしん)
분침	分針(ふんしん)【長針(ちょうしん)】

- 散歩(さんぽ)のために運動靴(うんどうぐつ)を履(は)く。
  산책하기 위해 운동화를 신는다.
- ストッキング(すとっきんぐ)をはく。 스타킹을 신는다.
- ワンピース(わんぴーす)を着(き)る。 원피스를 입는다.
- 手袋(てぶくろ)をはめる。 장갑을 낀다.
- 眼鏡(めがね)をかける。 안경을 쓴다.
- 帽子(ぼうし)をかぶる。 모자를 쓴다.

사이즈 묻고 답하기

신발 가게(靴屋 くつや)

- 足(あし)のサイズ(さいず)はいくつですか。
  발 치수가 얼마인가요?
- ▶ 23.5(にじゅうさんてんご)です。
  23.5입니다.

옷가게(洋服店 ようふくてん)

일본에서는 주로 신발 사이즈는 cm(센티미터)로, 옷은 5~21까지의 숫자 혹은 SS, S, M, L, LL, 3L 등의 알파벳으로 표시된다.

- サイズ(さいず)はおいくつですか。
  사이즈가 어떻게 되나요?
- ▶ 9号(きゅうごう)です。
  9호입니다.

입어보기/신어보기/써보기/끼워보기

- 着(き)てみても/履(は)いてみても/かけてみても/はめてみてもいいですか。
  입어 봐도/ 신어 봐도/ 써 봐도/ 껴 봐도 되나요?

- ▶ もちろんです。試着室(しちゃくしつ)はあちらです。
  물론이지요. 탈의실은 저기입니다.

- 靴(くつ)はぴったりです/小(ちい)さいです/ぶかぶかです/大(おお)きいです。
  신발이 잘 맞아요/ 작아요/ 헐렁해요/ 커요.

🏠 재료

금 金(きん)【ゴールド(ごーるど)】	은 銀(ぎん)【シルバー(しるばー)】
동 銅(どう)【ブロンズ(ぶろんず)】	돌 石(いし)
보석 宝石(ほうせき)	진주 真珠(しんじゅ)【パール(ぱーる)】
다이아몬드 ダイアモンド(だいあもんど)	루비 ルビー(るびー)
사파이어 サファイア(さふぁいあ)	에메랄드 エメラルド(えめらるど)
마노 瑪瑙(めのう)	공작석 孔雀石(くじゃくせき)
호박 琥珀(こはく)	금도금 金鍍金(きんめっき)
은도금 銀鍍金(ぎんめっき)	
자수정 紫水晶(むらさきずいしょう)【アメジスト(あめじすと)】	
상아 象牙(ぞうげ)	산호 珊瑚(さんご)
고무 ゴム(ごむ)	가죽 革(かわ)
나무 木(き)	철 鉄(てつ)
도자기 陶磁器(とうじき)	면 木綿(もめん)
마 麻(あさ)	모 毛(け)
실크 シルク(しるく)【絹(きぬ)】	나이론 ナイロン(ないろん)
폴리에스텔 ポリエステル(ぽりえすてる)	폴리우레탄 ポリウレタン(ぽりうれたん)

🏠 맘에 든다/ 맘에 들지 않는다

- 気(き)に入(い)りました。
  맘에 들어요.
- 気(き)に入(い)りません。
  맘에 들지 않아요.

🏠 어울린다/ 어울리지 않는다

- これ、私(わたし)によく似合(にあ)っていますか。
  이거 제게 잘 어울리나요?
- ▶ はい、とてもよく似合(にあ)っています。
  예, 아주 잘 어울려요.

- これは私(わたし)に/［あなたに］似合(にあ)いません。
  이건 나에게/ 당신에게 어울리지 않아요.

- このブラウス(ぶらうす)を見(み)せてください。
  이 블라우스를 보여 주세요.
- この背広(せびろ)を見(み)せてもらえませんか。
  이 양복을 볼 수 있을까요?
- それを買(か)います。
  그걸로 살게요.
- もう少(すこ)し大(おお)きい/小(ちい)さいサイズ(さいず)のものをください。
  더 큰/ 작은 사이즈로 주세요.
- 領収書(りょうしゅうしょ)を書(か)いてください。
  영수증을 써 주세요.

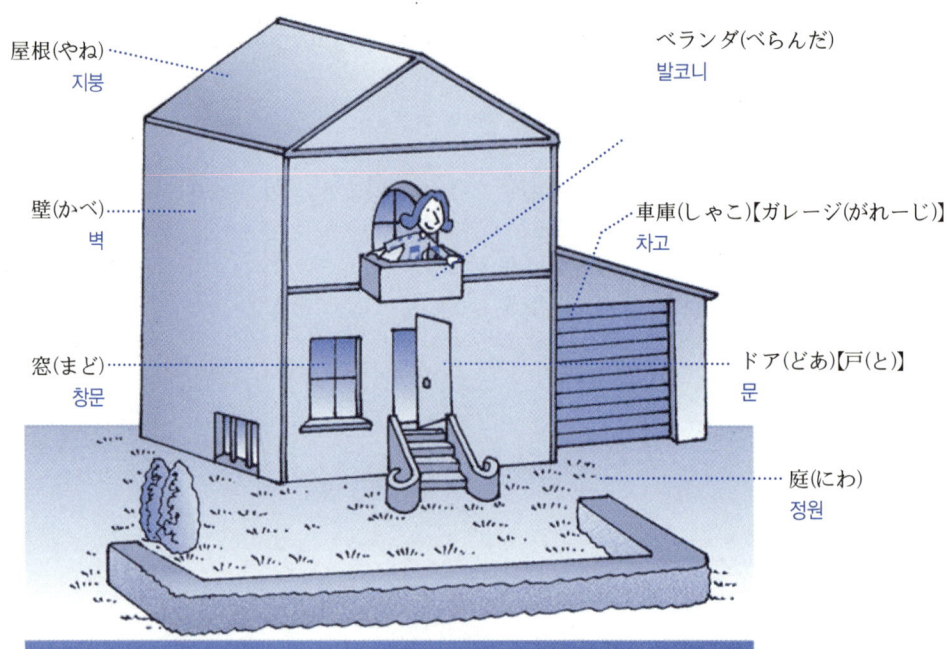

屋根（やね）
지붕

ベランダ（べらんだ）
발코니

壁（かべ）
벽

車庫（しゃこ）【ガレージ（がれーじ）】
차고

窓（まど）
창문

ドア（どあ）【戸（と）】
문

庭（にわ）
정원

食堂（しょくどう）【キッチン（きっちん）】
식당

トイレ（といれ）
화장실

浴室（よくしつ）【［お］風呂（［お］ふろ）】
욕실

居間（いま）
거실

部屋（へや）
방

현관 玄関（げんかん）	천정 天井（てんじょう）
입구 入口（いりぐち）	복도 廊下（ろうか）
바닥 床（ゆか）	계단 階段（かいだん）
1층 一階（いっかい）	2층 二階（にかい）
침실 寝室（しんしつ）	서재 書斎（しょさい）
아이들 방 子供部屋（こどもべや）	세면소 洗面所（せんめんじょ）
부엌 台所（だいどころ）【キッチン（きっちん）】	부엌문 勝手口（かってぐち）
창고 倉庫（そうこ）	지하실 地下室（ちかしつ）
다락방 屋根裏部屋（やねうらべや）【ロフト（ろふと）】	굴뚝 煙突（えんとつ）
수도관 水道管（すいどうかん）	가스관 ガス管（がすかん）
전기 電気（でんき）	개별 난방 個別暖房（こべつだんぼう）
중앙 난방 セントラルヒーティング（せんとらるひーてぃんぐ）	

- どこにお住(す)まいですか。
  어디 사십니까?
▶ 私(わたし)は 駅(えき)から 1キロ(いちきろ)/ 5分(ごふん)離(はな)れた所(ところ)に住(す)んでいます。
  저는 역에서 1킬로/ 5분 떨어진 곳에 살고 있습니다.

- 6丁目(ろくちょうめ)に住(す)んでいます。
  6가에 삽니다.
- 京都(きょうと)から車(くるま)で 1キロ(いちきろ)の距離(きょり)に住(す)んでいます。
  교토에서 차로 1시간 거리에 삽니다.

- お宅(たく)は駅(えき)からどのくらいかかりますか。
  댁은 역에서 얼마나 걸립니까?
▶ 駅(えき)から一時間以上(いちじかんいじょう)かかります。
  역에서 한 시간이 더 걸립니다.

- 鎌倉(かまくら)の周(まわ)りには、きれいでいろいろな高級住宅(こうきゅうじゅうたく)が多(おお)い。
  가마쿠라 외곽에는 예쁘고 다양한 고급주택이 많다.
- 彼(かれ)は 2階家(にかいや)に/1階(いっかい)に住(す)んでいる。
  그는 2층 집에/1층에 산다.
- アパート(あぱーと)は三つ(みっつ)の部屋(へや)で構成(こうせい)されている。
  아파트는 방 세 칸으로 되어 있다.
- 部屋(へや)の窓(まど)は南側(みなみがわ)に開(あ)いている。
  방의 창문은 남쪽으로 나 있다.
- 狭(せま)い廊下(ろうか)が玄関(げんかん)から台所(だいどころ)まで、そして浴室(よくしつ)とトイレ(といれ)につながる。
  좁은 복도가 현관에서 부엌으로 그리고 욕실과 화장실로 이어진다.
- 賃貸アパート(ちんたいあぱーと)を探(さが)すため、私(わたし)は新聞〈広告〉面(しんぶん〈こうこく〉めん)で〈売(う)り物件(ぶっけん)〉と〈賃貸(ちんたい)〉欄(らん)を調(しら)べてみる。
  월세나 전세로 나와 있는 아파트를 찾기 위해, 나는 신문 〈광고〉면에서 〈팔기〉와 〈월세/전세〉란을 살펴본다.
- 私(わたし)は、高(たか)い家賃(やちん)を払(はら)う。家賃(やちん)は、毎月一日(まいつきついたち)に支払(しはら)わなければならない。
  나는 비싼 집세를 낸다. 집세는 매달 1일에 지불해야 한다.
- マンション(まんしょん)は、いろいろな共用施設(きょうようしせつ)を備(そな)えている。
  맨션은 다양한 편의 시설을 갖추고 있다.

🏠 주거형태

건물　建物(たてもの)	빌딩　ビルディング(びるでぃんぐ)
집　家(いえ)	단층집　平屋(ひらや)【一階建(いっかいだ)て】
고층 주택　高層住宅(こうそうじゅうたく)	단독 주택　一戸建て[住宅](いっこだて[じゅうたく])
공동 주택　集合住宅(しゅうごうじゅうたく)	아파트　アパート(あぱーと)
맨션　マンション(まんしょん)	
원룸 아파트　ワンルーム[マンション](わんるーむ[まんしょん])	
두가구 주택　二世帯住宅(にせたいじゅうたく)	

🏠 주거 관련 용어들

저택　邸宅(ていたく)	오두막집　あばら家(や)
별채　離(はな)れ	별장　別荘(べっそう)
통나무집　丸太小屋(まるたごや)【ログハウス(ろぐはうす)】	방갈로　バンガロー(ばんがろー)
기숙사　寄宿舎(きしゅくしゃ)【寮(りょう)】	룸메이트　ルームメイト(るーむめいと)
복덕방　不動産屋(ふどうさんや)	팔집　売[り]家(うりいえ)【うりや】
세놓을 집　貸家(かしや)	집세　家賃(やちん)
분양 맨션　分譲マンション(ぶんじょうまんしょん)	임대 맨션　賃貸マンション(ちんたいまんしょん)
집주인　家主(やぬし)	세입자　借家人(しゃくやにん)
광고　広告(こうこく)	계약　契約(けいやく)
보증금　保証金(ほしょうきん)【敷金(しききん)】	*사례금　礼金(れいきん)
소개비　仲介料(ちゅうかいりょう)	관리비　管理費(かんりひ)
가스비　ガス代(がすだい)	전기비　電気代(でんきだい)
수도비　水道代(すいどうだい)	주차장　駐車場(ちゅうしゃじょう)
남향　南向(みなみむ)き	*다타미방 6조　和室 6畳(わしつろくじょう)
리모델링　リフォーム(りふぉーむ)【改装(かいそう)】	
오토록 시스템　オートロック(おーとろっく)	
관리인실　管理人室(かんりにんしつ)	
승강기　エレベーター(えれべーたー)	
아파트를 임대하다　アパート(あぱーと)を賃貸(ちんがし)する。	
아파트를 임차하다　アパート(あぱーと)を賃借(ちんがり)する。	

*사례금/ 방을 빌릴 때, 잘 이용하겠다는 인사로서 집주인에게 인사차 지불하는 돈
　한국에는 없는 시스템으로, 요즘 일본도 없어지는 추세이다.
*다타미 1조는 약 180×90cm

- 私(わたし)は今(いま)、寮(りょう)に住(す)んでいなくて、学校(がっこう)に近(ちか)いアパート(あぱーと)を借(か)りて、住(す)んでるよ。
  난 지금 기숙사에 살지 않고 학교에서 가까운 아파트에 세들어 살고 있어.
- アパート(あぱーと)は 3階(さんかい)だよ。
  아파트는 3층이야.
- 引(ひ)っ越(こ)し 祝(いわ)いに来(き)てね。
  집들이에 와줘.
- もう何年(なんねん)にもなる韓国(かんこく)から来(き)た夫婦(ふうふ)が、アパート(あぱーと)を借(か)りて住(す)んでるよ。
  벌써 몇년째 한국에서 온 부부가 아파트에 세들어 살고 있어.
- その人(ひと)たちは、一か月前(いっかげつまえ)に新市街地(しんしがいち)に引(ひ)っ越(こ)したよ。
  한달 전에 그 사람들은 신시가지로 이사했어.
- アパート(あぱーと)の家賃(やちん)は 幾(いく)らですか。
  아파트 월세는 얼마에요?
- 部屋(へや)を賃貸(ちんたい)にしているのですか。
  방을 세 놓으시나요?
- どのくらい部屋(へや)を借(か)りられるつもりですか。
  방을 얼마동안 빌리실 거에요?

Ⓐ 恵美(えみ)ちゃん、引(ひ)っ越(こ)ししたんだって。
  에미쨩, 이사했다며?
Ⓑ うん。学校(がっこう)の近(ちか)くに。
  응, 학교 가까운 곳으로.
Ⓐ 広(ひろ)さはどのくらい。 얼마나 넓어?
Ⓑ 1LDK(わんえるでぃーけー)だよ。 1LDK야.
Ⓐ 何階(なんかい)なの。 몇 층인데?
Ⓑ 2階(にかい)。 2층.
Ⓐ 土曜日(どようび)に引(ひ)っ越(こ)し祝(いわ)いをしようと思(おも)うから、必(かなら)ず来(き)てね。
  토요일에 집들이하려고 하니까 꼭 와.
Ⓑ わかった。行(い)くね。 알았어. 갈께.

14 방 部屋(へや)/ 거실 居間(いま)

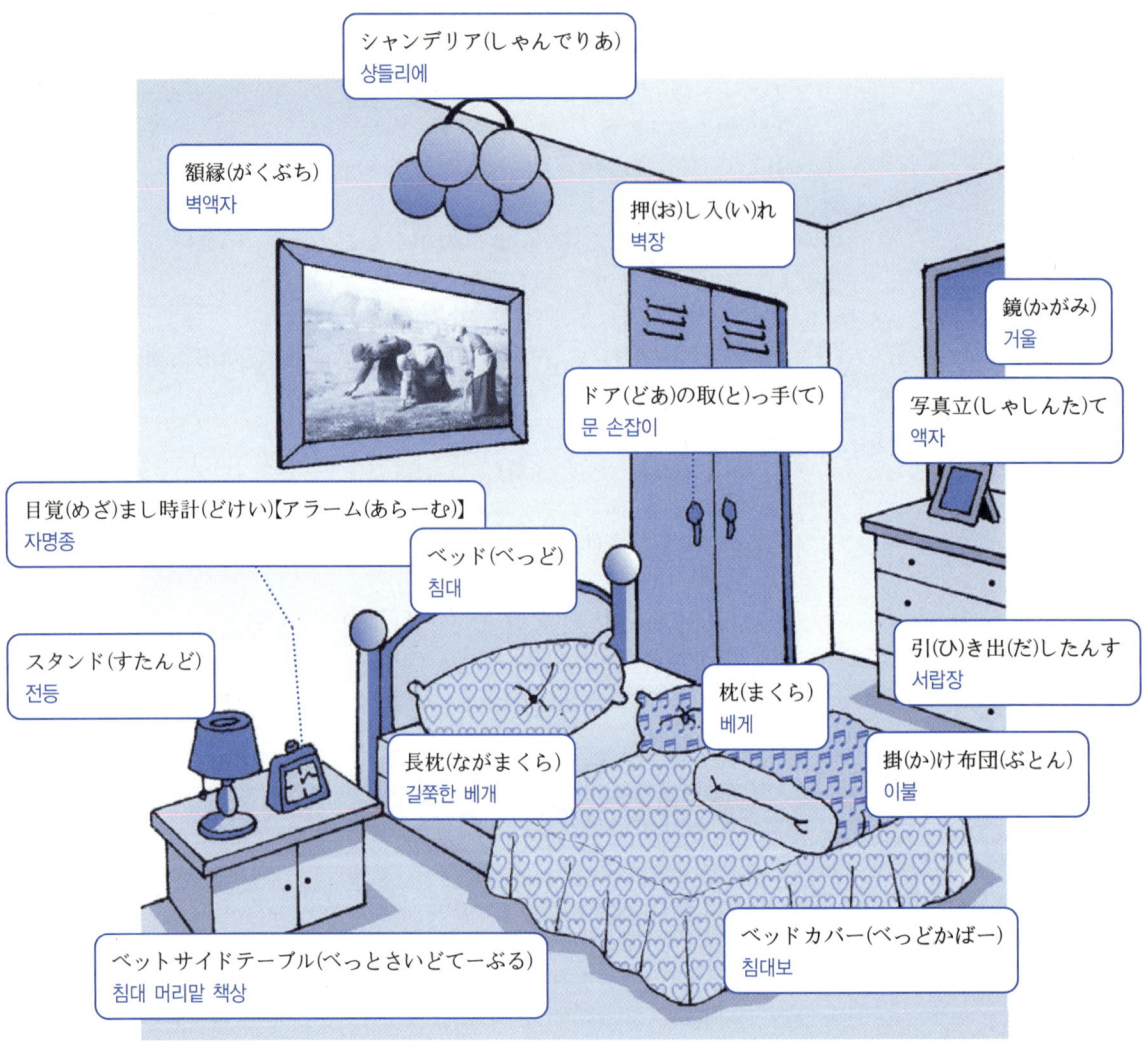

シャンデリア(しゃんでりあ)
샹들리에

額縁(がくぶち)
벽액자

押(お)し入(い)れ
벽장

鏡(かがみ)
거울

ドア(どあ)の取(と)っ手(て)
문 손잡이

写真立(しゃしんた)て
액자

目覚(めざ)まし時計(どけい)【アラーム(あらーむ)】
자명종

ベッド(べっど)
침대

スタンド(すたんど)
전등

枕(まくら)
베게

引(ひ)き出(だ)したんす
서랍장

長枕(ながまくら)
길쭉한 베개

掛(か)け布団(ぶとん)
이불

ベットサイドテーブル(べっとさいどてーぶる)
침대 머리맡 책상

ベッドカバー(べっどかばー)
침대보

유아용 침대	ベビーベッド(べびーべっど)	아린이용 침대	子供用ベッド(こどもようべっど)
더블베드	ダブルベッド(だぶるべっど)	싱글베드	シングルベッド(しんぐるべっど)
옷장	衣装(いしょう)だんす	전기담요	電気毛布(でんきもうふ)
접는 의자	折(お)りたたみ椅子(いす)	히터	ヒーター(ひーたー)【暖房器(だんぼうき)】
워크인클로짓	ウォークインクローゼット(うぉーくいんくろーぜっと)		
에어컨	エアコン(えあこん)		
베갯보	枕カバー(まくらかばー)		
시트	シーツ(しーつ)		

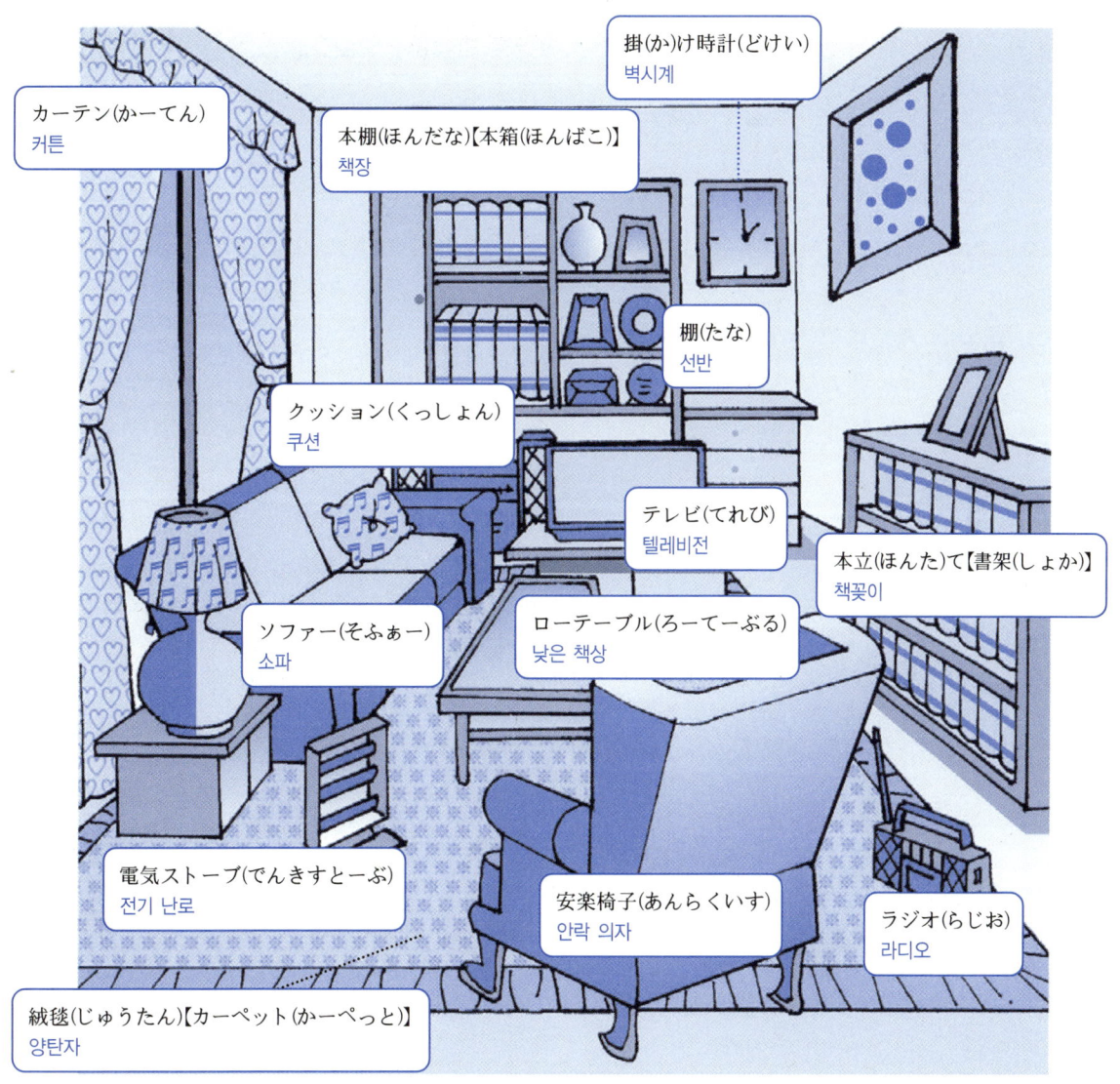

掛(か)け時計(どけい)
벽시계

カーテン(かーてん)
커튼

本棚(ほんだな)【本箱(ほんばこ)】
책장

棚(たな)
선반

クッション(くっしょん)
쿠션

テレビ(てれび)
텔레비전

本立(ほんた)て【書架(しょか)】
책꽂이

ソファー(そふぁー)
소파

ローテーブル(ろーてーぶる)
낮은 책상

電気ストーブ(でんきすとーぶ)
전기 난로

安楽椅子(あんらくいす)
안락 의자

ラジオ(らじお)
라디오

絨毯(じゅうたん)【カーペット(かーぺっと)】
양탄자

오디오 オーディオ(おーでぃお)	
DVD 레코더 DVDレコーダー(でぃーぶいでぃーれこーだー)	
메거진랙 マガジンラック(まがじんらっく)	공기 청정기 空気清浄機(くうきせいじょうき)
형광등 蛍光灯(けいこうとう)	찬장 食器棚(しょっきだな)
재떨이 灰皿(はいざら)	전화 電話(でんわ)
콘센트 コンセント(こんせんと)	피아노 ピアノ(ぴあの)
동그란 의자 丸椅子(まるいす)	바퀴달린 의자 回転椅子(かいてんいす)

🏠 배치와 관련된 유용한 동사들

- 立(た)っている。
  서 있다.
- 置(お)かれている。
  놓여 있다.
- 掛(か)かっている。
  걸려 있다.
- 立(た)てておく。
  세워 놓다.
- 置(お)く。
  두다 / 놓다.
- 掛(か)けておく。
  걸어 놓다.
- ドア(どあ)から左側(ひだりがわ)の壁(かべ)には食器棚(しょっきだな)があって、右側(みぎがわ)にはソファー(そふぁー)とテレビ(てれび)、そして安楽椅子(あんらくいす)が二脚(にきゃく)ある。
  문에서 왼쪽 벽에는 찬장이 있고, 오른쪽에는 소파와 텔레비전, 그리고 안락의자 두 개가 있다.
- 壁(かべ)には風景画(ふうけいが)が掛(か)かっている。
  벽에는 풍경화가 걸려 있다.
- 床(ゆか)には大(おお)きなカーペット(かーぺっと)が敷(し)かれている。
  바닥에는 커다란 양탄자가 깔려 있다.
- 私(わたし)は部屋(へや)に入(はい)って行(い)き、かばんを椅子(いす)の上(うえ)に置(お)いた。
  나는 방에 들어가서 가방을 의자 위에 올려 두었다.
- お金(かね)をポケット(ぽけっと)に入(い)れないで、財布(さいふ)に入(い)れて!
  돈을 주머니에 넣지 말고 지갑에 넣어!
- なぜ物(もの)を元(もと)の位置(いち)に置(お)かないの。ジーパン(じーぱん)をたんすに入(い)れて、ジャンバー(じゃんばー)をハンガー(はんがー)に掛(か)けて。
  왜 네 물건들을 제 자리에 놓지 않는 거니? 청바지를 장롱에 넣고 옷걸이에 점퍼를 걸어.

- 私(わたし)のコート(こーと)、どこにあるんだろう。
  내 외투가 어디 있지?
- なぜ本(ほん)を床(ゆか)に置(お)いたの。
  왜 책을 바닥에 놓았니?
- 食卓(しょくたく)【テーブル(てーぶる)】を綺麗(きれい)に片付(かたづ)ける。
  식탁을 깨끗이 치운다.
- 食卓(しょくたく)を整(ととの)える。【テーブルセッティング(てーぶるせっていんぐ)する】
  식탁을 차린다.
- 洗濯(せんたく)をする。
  빨래를 한다.
- 洗濯機(せんたっき)を回(まわ)す。
  세탁기를 돌린다.
- 窓ガラス(まどがらす)を拭(ふ)く。
  유리창을 닦는다.
- 洗濯物(せんたくもの)を干(ほ)す。
  빨래를 넌다.
- 花(はな)に水(みず)をあげる。
  꽃에 물을 준다.

入(はい)ってください。 들어오세요.
聞(き)いてください。 들어주세요. / 真似(まね)てください。 따라하세요.
よく見(み)てください。 잘 보세요. / 本(ほん)を閉(と)じてください。
책을 덮으세요. / 本(ほん)を開(ひら)いてください。 책을 펴세요. /
答(こた)えてください。 대답하세요. /
質問(しつもん)してください。 질문하세요. /
話(はな)してください。 말해 보세요.

?????!

質問(しつもん)があります。
질문이 있습니다.

分(わ)かりません。
모르겠어요.

どう書(か)くのですか。
어떻게 쓰나요?

通学(つうがく)かばん
책가방

リュック[サック](りゅっく[さっく])
배낭

筆箱(ふでばこ)
【ペンケース(ぺんけーす)】
필통

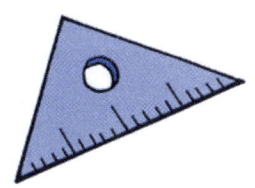

三角定規(さんかくじょうぎ)
삼각자

ペン(ぺん)立(た)て
연필꽂이

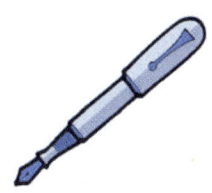

万年筆(まんねんひつ)
만년필

鋏(はさみ)
가위

ボールペン(ぼーるぺん)
볼펜

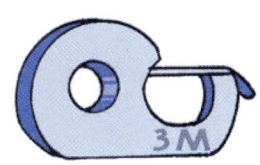

セロテープ(せろてーぷ)
스커치 테이프

シャープ[ペンシル](しゃーぷ
[ぺんしる])
샤프펜슬

サインペン(さいんぺん)のキャ
ップ(きゃっぷ)
싸인펜 뚜껑

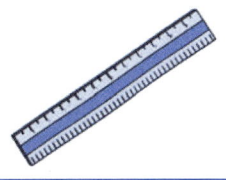

物差(ものさ)し
【定規(じょうぎ)】
자

本(ほん)
책

ノート(のーと)
공책

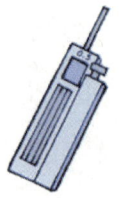

シャープ(しゃーぷ)[ペンシル
(ぺんしる)]の芯(しん)
샤프심

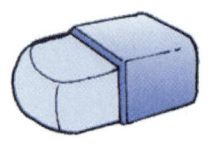

消(け)しゴム(ごむ)
지우개

糊(のり)
풀

鉛筆(えんぴつ)削(けず)り
연필깍이

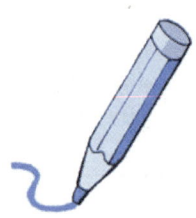

色鉛筆(いろえんぴつ)
색연필

手帳(てちょう)/メモ用紙(めもようし)
수첩 / 메모지

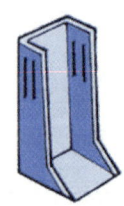

フォルダー(ふぉるだー)
폴더

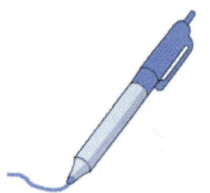

水性ペン(すいせいぺん)
수성펜

筆(ふで)【毛筆(もうひつ)】
붓

修正液(しゅうせいえき)
수정액

付箋(ふせん)【ポストイット(ぽすといっと)】
포스트 잇

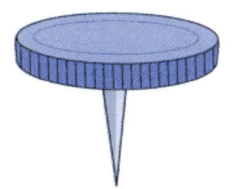

押(お)しピン(ぴん)
【画鋲(がびょう)】
압정

クリップ(くりっぷ)
클립

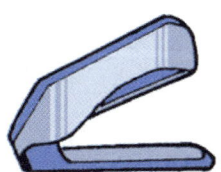

ホッチキス(ほっちきす)
스테이플러

カッター[ナイフ](かったー[ないふ])
칼

책상　机(つくえ)	의자　椅子(いす)
연필　鉛筆(えんぴつ)	칠판　黒板(こくばん)
매직잉크　マジック[インク](まじっく[いんく])	화이트보드　ホワイトボード(ほわいとぼーど)
분필　チョーク(ちょーく)	형광펜　蛍光ペン(けいこうぺん)
크레용　クレヨン(くれよん)	파스텔　パステル(ぱすてる)
그림물감　絵具(えのぐ)	팔레트　パレット(ぱれっと)
체조복　体操服(たいそうふく)	계산기　計算機(けいさんき)【電卓(でんたく)】
개학　新年度(しんねんど)	학기　学期(がっき)
입학식　入学式(にゅうがくしき)	시업식　始業式(しぎょうしき)
종업식　終業式(しゅうぎょうしき)	졸업식　卒業式(そつぎょうしき)
수업　授業(じゅぎょう)	과목　科目(かもく)
쉬는 시간　休(やす)み時間(じかん)	방과후　放課後(ほうかご)
학장　学長(がくちょう)	교수　教授(きょうじゅ)
조교수　助教授(じょきょうじゅ)	강사　講師(こうし)
조수　助手(じょしゅ)	강의실　講義室(こうぎしつ)
교장　校長(こうちょう)	교감　教頭(きょうとう)
교사　教師(きょうし)	선생님　先生(せんせい)
교실　教室(きょうしつ)	클래스　クラス(くらす)【学級(がっきゅう)】
청소당번　掃除当番(そうじとうばん)	교장실　校長室(こうちょうしつ)
교무실　職員室(しょくいんしつ)	사무실　事務室(じむしつ)

도서관 図書館(としょかん)	실험실 実験室(じっけんしつ)
언어 실습실 言語実習室(げんごじっしゅうしつ)【LL教室(えるえるきょうしつ)】	
체육관 体育館(たいいくかん)	

🏠 교수

- 学科(がっか)を教(おし)える。
  학과를 가르치다.
- 講義(こうぎ)する。
  강의하다.
- 宿題(しゅくだい)を出(だ)す。
  숙제를 내주다.
- 講義準備(こうぎじゅんび)をする。
  강의 준비를 하다.
- 点数(てんすう)を付(つ)ける。
  점수를 주다.
- 答案用紙(とうあんようし)を採点(さいてん)する。
  시험 점수를 매기다.
- 補習授業(ほしゅうじゅぎょう)をする。
  보충 수업을 하다.

🏠 학생

- 勉強(べんきょう)する。
  공부하다.
- 授業(じゅぎょう)がある。
  수업이 있다.
- 授業(じゅぎょう)を聴(き)く。
  수업을 듣다.
- 宿題(しゅくだい)がある。
  숙제가 있다.
- 宿題(しゅくだい)をする。
  숙제를 하다.
- 復習(ふくしゅう)する。
  복습하다.
- 点数(てんすう)が良(よ)い / 悪(わる)い。
  점수가 좋다/ 나쁘다.
- 試験(しけん)を受(う)ける。
  시험을 보다.

- どこで勉強(べんきょう)されたのですか。
  어디서 공부하셨나요?
▶ 東京(とうきょう)でしました。
  도쿄에서 했어요.

- どんな科目(かもく)が好(す)きですか。
  어떤 과목을 좋아해요?
▶ 日本語(にほんご)と文学(ぶんがく)が好(す)きです。
  일본어와 문학을 좋아해요.

- 私(わたし)は試験(しけん)に合格(ごうかく)した/落(お)ちた。
  나는 시험에 합격했다/ 떨어졌다.
- 日本(にほん)は、新年度(しんねんど)が4月(しがつ)だ。
  일본은 개강이 4월이다.
- 私(わたし)は英語(えいご)に強(つよ)い。
  나는 영어에 강하다.
- 私(わたし)は、数学(すうがく)はめちゃくちゃだ。
  나는 수학은 엉망이야.

🏠 응용 대화

Ⓐ どこでそんなに日本語(にほんご)をよく勉強(べんきょう)したの。
  어디서 그렇게 일본어를 잘 배웠니?
Ⓑ 独学(どくがく)で3年程(さんねんほど)して、京都(きょうと)へ 3, 4
  回(さんよんかい)旅行(りょこう)したよ。
  독학으로 3년 정도하고 교우토에 서너번 여행했었어.

Ⓐ 本当(ほんとう)に、その行動力(こうどうりょく)はすごいね。
  정말, 그 행동력 대단하다.
Ⓑ そうすれば、皆(みんな)私(わたし)くらいは話(はな)せるんじゃないの。
  그렇게 하면 다들 나 정도는 말할 수 있지 않나?

Ⓐ 独学(どくがく)で3年(さんねん)続(つづ)けるのが、どこが簡単(かん
  たん)なの。考(かんが)えれば考(かんが)えるほど、本当(ほんとう)に
  すごいよ。
  독학으로 3년을 계속한다는게 어디 쉽니? 생각할수록 참 대단하다.
Ⓑ そこまで すごくないよ。
  뭘, 그 정도는 아냐.

학교 学校(がっこう)	기간 期間(きかん)	학위 및 호칭 学位(がくい)または、呼称(こしょう)
1. 유치원 幼稚園 (ようちえん)	3년간 (3~5살) 3年間(さんねんかん)	연소반 年少組(ねんしょうぐみ) 연중반 年中組(ねんちゅうぐみ) 연장반 年長組(ねんちょうぐみ)
2. 초등학교 小学校 (しょうがっこう) 의무교육 義務教育 (ぎむきょういく)	6년간 6年間(ろくねんかん)	1학년 1年生(いちねんせい) 2학년 2年生(にねんせい) 3학년 3年生(さんねんせい) 4학년 4年生(よねんせい) 5학년 5年生(ごねんせい) 6학년 6年生(ろくねんせい)
3. 중학교 中学校 (ちゅうがっこう) 의무교육 義務教育 (ぎむきょういく)	3년간 3年間(さんねんかん)	1학년 1年生(いちねんせい) 2학년 2年生(にねんせい) 3학년 3年生(さんねんせい)
4-1. 고등학교 高等学校(こうとうがっこう) 【高校(こうこう)】	3년간 3年間(さんねんかん)	1학년 1年生(いちねんせい) 2학년 2年生(にねんせい) 3학년 3年生(さんねんせい)
4-2. 고등전문학교 본과 高等専門学校(こうとうせんもんがっこう) 【高専(こうせん)】 本科(ほんか)	5년간 5年間(ごねんかん)	1학년 1年生(いちねんせい) 2학년 2年生(にねんせい) 3학년 3年生(さんねんせい) 4학년 4年生(よねんせい) 5학년 5年生(ごねんせい)

※ 공업, 기술의 전문교육 학교 본과를 졸업하면 대학에 편·입학 할 수 있다.

고등전문학교 전공과 高等専門学校　専攻科(こうとうせんもんがっこうせんこうか)	2년간 2年間(にねんかん)	※ 졸업하면 학사의 학위를 취득할 수 있고 대학원에 들어갈 자격을 얻는다.

학교 学校(がっこう)	기간 期間(きかん)	학위 및 호칭 学位(がくい)または、呼称(こしょう)
4-3. 전문학교 専門学校 (せんもんがっこう) 【専修学校 (せんしゅうがっこう)】	1~3년간 정도 1~3年間程度 (いち～さんねんかんていど)	1학년 1年生(いちねんせい) 2학년 2年生(にねんせい) 3학년 3年生(さんねんせい)

※ 미용관계, 페트관계 등 직업에 직접 관련된 일을 배우는 학교

※ 중학교를 졸업한 후보다 고등학교를 졸업한 후 입학하는 경우가 많다. 내용도 고등학교 졸업한 후에 들어가면 의료, 복지, 컴퓨터 등 다양하게 된다.

학교	기간	학위 및 호칭
5-1. 대학교 大学(だいがく)	4년간 4年間(よねんかん)	1학년 1年生(いちねんせい) 2학년 2年生(にねんせい) 3학년 3年生(さんねんせい) 4학년 4年生(よねんせい) 졸업하면 학사
대학원 석사 과정 大学院 修士課程 (だいがくいんしゅうしかてい)	2년간 2年間(にねんかん)	수료 후 논문 심사를 통과하면 석사학위 취득
대학원 박사 과정 大学院 博士課程 (だいがくいん はくしかてい)	3년간 3年間(さんねんかん)	수료 후 논문 심사를 통과하면 박사학위 취득
5-2. 대학교 의학부, 약학과 大学 医学部・薬学科 (だいがく いがくぶ・やくがくか)	6년간 6年間(ろくねんかん)	※ 약학과는 4년간, 약사 국가시험을 받으려면 6년간의 약학과를 졸업해야 한다.
5-2-1. 약학과 대학원 박사 과정 薬学科 大学院 博士課程 (やくがくか だいがくいん はくしかてい)	3년간 3年間(さんねんかん)	
5-2-2. 의학부 대학원 박사 과정 医学部 大学院 博士課程 (いがくぶ だいがくいん はくしかてい)	4년간 4年間(よねんかん)	※ 2년간의 초기 수련의 연수 후에 대학원에 들어가는 경우가 많다. 대학원의 기간은 경우에 따라 바뀔 수도 있다.

※ 간사이 지방에서는 「~年生(ねんせい)」를 「~回生(かいせい)」라고 한다.

학부 学部(がくぶ)	과 科(か)
전공 専攻(せんこう)	주요 과목 主要科目(しゅようかもく)
전공 과목 専攻科目(せんこうかもく)	공통 과목 共通科目(きょうつうかもく)
선택 과목 選択科目(せんたくかもく)	필수 과목 必須科目(ひっすかもく)
정밀 과학 精密科学(せいみつかがく)	자연 과학 自然科学(しぜんかがく)
인문 과학 人文科学(じんぶんかがく)	사회 과학 社会科学(しゃかいかがく)
강의 講義(こうぎ)	특강 特別講義(とくべつこうぎ)
강연 講演(こうえん)	세미나 セミナー(せみなー)
특별 세미나 特別セミナー(とくべつせみなー)	공개 강좌 公開講座(こうかいこうざ)
실습 実習(じっしゅう)	커리큘럼 カリキュラム(かりきゅらむ)
가르치다 教(おし)える	배우다 学(まな)ぶ
숙제, 과제 宿題, 課題(しゅくだい、かだい)	레포트 レポート(れぽーと)
연수 과정 研修課程(けんしゅうかてい)	연수생 研修生(けんしゅうせい)
시험 試験(しけん)【テスト(てすと)】	테스트 방식 テスト方式(てすとほうしき)
객관식 시험 客観テスト(きゃっかんてすと)	시험관 試験官(しけんかん)
필기 시험 筆記試験(ひっきしけん)	구두 시험 口頭試験(こうとうしけん)
입학 시험 入学試験(にゅうがくしけん)	수험생 受験生(じゅけんせい)
중간 고사 中間試験(ちゅうかんしけん)	기말고사 期末試験(きまつしけん)
추가 시험 追試験(ついしけん)	채점, 검사 採点、検査(さいてん、けんさ)
작문 作文(さくぶん)	서술 叙述(じょじゅつ)
평가 評価(ひょうか)	점수, 단위 点数、単位(てんすう、たんい)
성적표 通信簿(つうしんぼ)【成績表(せいせきひょう)】	졸업 논문 卒業論文(そつぎょうろんぶん)
논문 발표 論文発表(ろんぶんはっぴょう)	졸업생 卒業生(そつぎょうせい)
졸업장 卒業証書(そつぎょうしょうしょ)	교직원 教職員(きょうしょくいん)
학생증 学生証(がくせいしょう)	학생과 学生課(がくせいか)
교무과 教務課(きょうむか)	수업시간 授業時間(じゅぎょうじかん)
종소리 ベル(べる)	여름방학 夏休(なつやす)み
일본 학술원 日本学術院(にほんがくじゅついん)	
학술원 회원 学術院会員(がくじゅついんかいいん)	
시험을 치르다(보다). 試験(しけん)を受(う)ける。	
시험에 합격하다. 試験(しけん)に合格(ごうかく)する。	
대학에 입학하다. 大学(だいがく)に入学(にゅうがく)する。	
점수를 얻다. 点数(てんすう)をもらう。	
경쟁하다. 競争(きょうそう)する。	
경쟁을 뚫다. 競争(きょうそう)に勝(か)ち抜(ぬ)く。	

🏫 일본의 성적표 점수 체계

초등학교 저학년은 3단계(△, ○, ◎), 고학년은(1, 2, 3), 중학교는 5단계 평가가 많다. 1점부터 5점까지로 점수를 매기며, 최고점은 5점이다. 고등학교는 10단계, 대학교는 優(ゆう) 良(りょう) 可(か) 不可(ふか) 혹은 A~F의 알파벳으로 평가하는 경우가 많다. 「不可」와 「F」는 불합격이라는 뜻이다. 그러나 요즘은 학교마다 기준이 다르고, 성적표가 없는 학교도 있다.

🏫 호칭에 대해서

교사	학생	수업
초, 중, 고등학교 교장 선생님 校長先生(こうちょうせんせい)	초등학교 児童(じどう)	授業(じゅぎょう)
초, 중, 고등학교 교감 선생님 教頭先生(きょうとうせんせい)	중·고등학교 生徒(せいと)	授業(じゅぎょう)
초, 중, 고등학교 선생님 先生(せんせい)		
대학교 학장 学長(がくちょう)	학생 学生(がくせい)	강의 講義(こうぎ)
대학교 부학장 副学長(ふくがくちょう)		
대학교 교수님 教授(きょうじゅ)		

- どんな言葉(ことば)を知(し)っていますか。
  어떤 언어를 아세요?
- 専攻(せんこう)は何(なん)ですか。
  전공이 뭡니까?

- どこで勉強(べんきょう)しますか。
  어디에서 공부하나요?
- 図書館(としょかん)で勉強(べんきょう)しましょう。
  도서관에서 공부합시다.
- 私(わたし)はここで勉強(べんきょう)したいです。
  전 이곳에서 공부를 하고 싶습니다.
- 成績表(せいせきひょう)を私(わたし)に送(おく)ってもらえますか。
  성적표를 제게 보내 줄 수 있나요?
- 昼食時間(ちゅうしょくじかん)【[お]昼休(ひるやす)み】は何時(いつ)ですか。
  점심 시간이 언제인가요?
- 大部分(だいぶぶん)の大学(だいがく)は無償教育(むしょうきょういく)ではない。
  대부분의 대학들은 무상 교육이 아니다.
- 成功裏(せいこうり)に試験(にしけん)をパス(ぱす)し、競争(きょうそう)を勝(か)ち抜(ぬ)いた受験生(じゅけんせい)は大学生(だいがくせい)になる。
  성공적으로 시험을 패스하고 경쟁을 뚫은 수험생은 대학생이 된다.
- 試験(しけん)はパス(ぱす)したが競争(きょうそう)を勝(か)ち抜(ぬ)くことができない、即(すなわ)ち、必要(ひつよう)な点数(てんすう)を取(と)れない人(ひと)は、大学生(だいがくせい)にはなれるが奨学金(しょうがくきん)はもらえない。
  시험은 패스했으나 경쟁을 뚫지 못한, 즉 필요한 점수를 얻지 못한 사람은 대학생은 될 수 있으나 장학금은 받을 수 없다.
- 大部分(だいぶぶん)の大学(だいがく)では学業期間(がくぎょうきかん)は４年(よねん)だが、医学部(いがくぶ)と一部(いちぶ)の薬学部(やくがくぶ)は６年間(ろくねんかん)である。
  대부분의 대학에서 학업기간은 4년이지만, 의대와 일부 약학 대학은 6년간이다.
- 高等学校卒業生(こうとうがっこうそつぎょうせい)は国家試験(こっかしけん)である公務員一般職(こうむいんいっぱんしょく)を受(う)ける資格(しかく)を持(も)つ。
  고등학교 졸업생들은 국가시험인 공무원 일반직을 치를 자격을 갖는다.
- 何組(なんくみ)。
  너는 어느 반이야?
  (「너는」은 별로 쓰지 않다. 대신 이름이나 애칭으로 부른다.)

17 은행
銀行（ぎんこう）

🔖 지폐 紙幣（しへい）

10,000엔   10,000円【一万円】（いちまんえん）

5,000엔   5,000円【五千円】（ごせんえん）

2,000엔   2,000円【二千円】（にせんえん）＊거의 유통되지 않는다.

1,000엔   1,000円【千円】（せんえん）

🔖 동전 硬貨（こうか）

500엔   500円【五百円】（ごひゃくえん）

100엔   100円【百円】（ひゃくえん）

50엔   50円【五十円】（ごじゅうえん）

10엔   10円【十円】（じゅうえん）

5엔   5円【五円】（ごえん）

1엔   1円【一円】（いちえん）

🏠 ATM(현금 인출기)에서

💾 인출할 때 出金(しゅっきん)する時(とき)

- 画面(がめん)のお取引(とりひき)を選(えら)んでください。
  화면의 거래 종류를 선택하세요.
- カード(かーど)を入(い)れてください。
  카드를 넣으세요.
- 通帳(つうちょう)をお持(も)ちでしたら、所定(しょてい)のページ(ペー ジ)を開(ひら)いて通帳(つうちょう)を入(い)れた後(あと)に、暗証番号 (あんしょうばんごう)を押(お)してください。
  통장을 가지고 계시면 소정의 페이지를 여시고 통장을 넣은 후에 비밀번호를 누르세요.
- 通帳(つうちょう)をお持(も)ちでない場合(ばあい)は、そのまま暗証番 号(あんしょうばんごう)を押(お)してください。
  통장을 가지고 있지 않은 경우는 그대로 비밀 번호를 누르세요.
- 金額(きんがく)を入力(にゅうりょく)して最後(さいご)に「円(えん)」を 押(お)してください。
  금액을 입력하고 마지막에 「엔」을 누르세요.
- 金額(きんがく)がよろしければ［確認(かくにん)］を押(お)してください。
  금액을 확인하고 「확인」을 누르세요.
- そのままお待(ま)ちください。
  그대로 기다리세요.
- カード(かーど)を取(と)り出(だ)してください。
  카드를 꺼내세요.
- 現金(げんきん)をお受(う)け取(と)りください。
  현금을 받으세요.
- ご利用(りよう)、ありがとうございました。
  이용해 주셔서 감사합니다.

🏠 ATM 관련 단어

계좌번호　口座番号(こうざばんごう)	
입금　お預入れ(あずけいれ)【入金(にゅうきん)】	
인출　お引(ひ)き出(だ)し【出金(しゅっきん)】	
잔금조회　残高照会(ざんだかしょうかい)	
통장정리　通帳記入(つうちょうきにゅう)	
불입　お振込(ふりこ)み	
이체(동일 은행, 동일 명의 간의)　お振替(ふりか)え	
이용명세서　ご利用明細書(りようめいさいしょ)	
보통예금　普通預金(ふつうよきん)	당좌예금　当座預金(とうざよきん)

- 日本(にほん)の通貨(つうか)は円(えん)だ。
  일본의 통화는 엔이다.
- 銀行(ぎんこう)や郵便局(ゆうびんきょく)で口座(こうざ)を開(ひら)く。【開設(かいせつ)する】/解約(かいやく)する。
  은행이나 우체국에서 계좌를 개설한다/ 해약한다.
- 預金(よきん)を下(お)ろす。
  예금을 찾다.
- お金(かね)をたくさん出(だ)しすぎて【支出(ししゅつ)しすぎて】口座(こうざ)に残高(ざんだか)がない。
  돈을 너무 많이 지출해서 계좌에 잔고가 없다.
- 口座(こうざ)に残高(ざんだか)がなければ、お金(かね)を入(い)れなければならない。
  계좌에 잔고가 없으면, 돈을 넣어야 한다.
- 口座番号(こうざばんごう)は何番(なんばん)ですか。
  계좌번호는 몇 번입니까?
- 花子(はなこ)は大(おお)きい家(いえ)を買(か)うために貯金(ちょきん)をする。
  하나코는 큰 집을 사기 위해 저금한다.
- 小銭(こぜに)で800円(はっぴゃくえん)ありますか。
  잔돈으로 800엔 있으세요?
- 現金(げんきん)で/小切手(こぎって)で/カード(かーど)で精算(せいさん)する。
  현금으로/ 수표로/ 카드로 계산한다.

통화	通貨(つうか)	외화	外貨(がいか)
지폐	紙幣(しへい)	화폐	貨幣(かへい)
잔돈	小銭(こぜに)	현금	現金(げんきん)
환전	両替(りょうがえ)	송금	送金(そうきん)
외화를 바꾸다	外貨(がいか)を替(か)える。	은행지점	銀行支店(ぎんこうしてん)
출장소	出張所(しゅっちょうじょ)	창구	窓口(まどぐち)
도장	印鑑(いんかん)【はんこ】		
번호표	整理券(せいりけん)【番号札(ばんごうふだ)】		
정기예금	定期預金(ていきよきん)		
저축예금	貯蓄預金(ちょちくよきん)【貯金(ちょきん)】		
이자	利子(りし)	금리	金利(きんり)
만기	満期(まんき)	수수료	手数料(てすうりょう)
신용카드 겸용 현금카드	クレジットカード付きキャッシュカード(くれじっとかーどつき きゃっしゅかーど)		
자동공제	自動控除(じどうこうじょ)【自動引(じどうひ)き落(お)とし】		

계좌잔액　口座残高(こうざざんだか)	
융자　融資(ゆうし)	할부　分割払(ぶんかつばら)い
신용　クレジット(くれじっと)	론　ローン(ろーん)
담보　担保(たんぽ)	저당　抵当(ていとう)
채무자　債務者(さいむしゃ)	채권　債権(さいけん)
어음　手形(てがた)	수표　小切手(こぎって)
환　為替(かわせ)	환율　為替レート(かわせれーと)
시세　相場(そうば)	대여금고　貸金庫(かしきんこ)

🏠 응용 대화

Ⓐ こんにちは。トラベラーズチェック(とらべらーずちぇっく)をお金(か
ね)で受取(うけと)りたいです。
안녕하세요? 여행자 수표를 돈으로 바꾸고 싶습니다.

Ⓑ トラベラーズチェック(とらべらーずちぇっく)とパスポート(ぱすぽー
と)をお願(ねが)いします。
여행자 수표와 여권을 주세요.

Ⓐ はい　どうぞ。
여기 있습니다.

Ⓑ ここにご署名(しょめい)の上(うえ)、ＵＳドル(どる)をお受(う)け取
(と)りください。
여기에 서명하시고 US달러를 받으세요.

Ⓐ 両替(りょうがえ)をしたいです。
환전을 하고 싶습니다.

Ⓑ 他(ほか)の窓口(まどぐち)に行(い)って下(くだ)さい。〈両替(りょうが
え)〉と書(か)いてあるあちらの窓口(まどぐち)です。
다른 창구로 가셔야 해요, 〈환전〉이라고 쓴 저 쪽 창구예요.

Ⓐ カード(かーど)のお金(おかね)を現金(げんきん)で受(う)け取(と)りた
いです。
카드에 있는 돈을 현금으로 받고 싶습니다.

Ⓑ どのようなカード(かーど)でしょう。
어떤 카드죠?

Ⓐ アメリカンエキスプレス(あめりかんえきすぷれす)です。
아메리칸 익스프레스입니다.

Ⓑ カード(かーど)とパスポート(ぱすぽーと)をお願(ねが)いします。 こ
ちらにサイン(さいん)をしてください。
카드와 여권을 주세요. 여기 사인해 주세요.

Ⓐ どこにサイン(さいん)をしたらいいかわかりません。
어디에 사인해야 하는지 모르겠는데요.

Ⓑ こちらです。
여기요.

• おいくら入金(にゅうきん)されますか。
얼마를 입금하실래요?

• 彼女(かのじょ)は家(いえ)を買(か)うために銀行(ぎんこう)から融資(ゆうし)を受(う)ける。
그녀는 집을 사기 위해 은행에서 대출을 받는다.

• 彼(かれ)は借金(しゃっきん)を返済(へんさい)する。/ 利子(りし)を払(はら)う。
그는 부채를 상환한다. /이자를 낸다.

• 彼(かれ)は、口座引(こうざひ)き落(お)としの分割払(ぶんかつばら)いで自動車(じどうしゃ)を買(か)う。
그는 계좌 자동공제 할부로 자동차를 산다.

• 自動販売機(じどうはんばいき)でコーヒー(こーひー)を買(か)うには小銭(こぜに)が必要(ひつよう)だ。
자동판매기에서 커피를 사기 위해서는 잔돈이 필요하다.

18

우체국
郵便局(ゆうびんきょく)

封書(ふうしょ)
편지 봉투

差出人(さしだしにん)
발신인

受取人(うけとりにん)
수신인

住所(じゅうしょ)
주소

切手(きって)
우표

郵便番号(ゆうびんばんごう)
우편번호

郵便葉書(ゆうびんはがき)
우편 엽서

小包(こづつみ)
소포

郵便配達員(ゆうびんはいたついん)
우체부

郵便ポスト(ゆうびんぽすと)
우체통

우편물 郵便物(ゆうびんぶつ)	수신인명 宛名(あてな)
소인 消印(けしいん)	편지 手紙(てがみ)
편지지 便箋(びんせん)	기념 우표 記念切手(きねんきって)
왕복엽서 往復(おうふく)はがき	연하 엽서 年賀(ねんが)はがき
속달 速達(そくたつ)	
복중 문안엽서 暑中見舞(しょちゅうみま)いはがき【かもめーる】	
포장 우편물 小包[郵便](こづつみ[ゆうびん])【ゆうパック(ぱっく)】	
전자우편 電子郵便(でんしゆうびん)【レタックス(れたっくす)】	

등기우편	書留(かきとめ)	현금등기	現金書留(げんきんかきとめ)
간편등기	簡易書留(かんいかきとめ)	국제우편	国際郵便(こくさいゆうびん)
이엠에스	EMS(いーえむえす)		
추적 서비스	追跡サービス(ついせきさーびす)		
이사전송 서비스	転居転送サービス(てんきょてんそうさーびす)		
집하	集荷(しゅうか)		
재배달	再配達(さいはいたつ)		
수입인지	収入印紙(しゅうにゅういんし)		
우편환	郵便為替(ゆうびんかわせ)		
공공요금 지불	公共料金支払(こうきょうりょうきんしはら)い		
우편대체	郵便振替(ゆうびんふりかえ)		
우편저금	郵便貯金(ゆうびんちょきん)		
보험	保険(ほけん)		
편지/소포에 우표를 붙이다	手紙(てがみ)/ 小包(こづつみ)に切手(きって)をはる。		

- 郵便局(ゆうびんきょく)はどこにあるんですか。
  우체국이 어디 있나요?
- 毎日(まいにち)、郵便配達員(ゆうびんはいたついん)は郵便物(ゆうびんぶつ)を配達(はいたつ)してくれる。
  매일 우체부는 우편물을 배달해 준다.
- 受取人(うけとりにん)が小包(こづつみ)を受(う)け取(と)る。
  수신인이 소포를 받는다.
- この手紙(てがみ)を韓国(かんこく)に送(おく)りたいです。
  이 편지를 한국으로 보내고 싶습니다.
- 航空便(こうくうびん)/船便(ふなびん)でいくらですか。
  항공편/ 배편으로 얼마입니까?
- 速達(そくたつ)と普通(ふつう)、二種類(にしゅるい)の料金(りょうきん)があります。
  (속달과 보통, 두 가지 요금이 있습니다.)
- 書留(かきとめ)にしてください。
  등기로 해주세요.
- この手紙(てがみ)はいつ届(とど)きますか。
  이 편지는 언제 도착할까요?
- 50円切手(ごじゅうえんきって)、一枚(いちまい)ください。
  50엔 우표 한 장 주세요.
- 10枚綴(じゅうまいつづ)りの切手(きって)を買(か)える。
  10장 묶음으로 우표를 살 수 있다.
- 申込書(もうしこみしょ)に記入(きにゅう)してください。
  신청서 용지를 써 주세요.
- 切手(きって)はどこで買(か)えるんですか。
  우표는 어디서 살 수 있나요?

- 5番窓口(ごばんまどぐち)で買(か)えます。
  5번 창구에서 살 수 있어요.
- 郵便局(ゆうびんきょく)で買(か)えます。
  우체국에서 살 수 있어요.
- 日本(にほん)では、ポスト(ぽすと)は赤(あか)だ。
  일본에서는 우체통이 빨간색이다.

- 運送料(うんそうりょう)　운송료
- 発送人負担(はっそうにんふたん)　발송인 부담
- 受取人負担(うけとりにんふたん)【着払(ちゃくばら)い】
  수신인 부담
- 法人(ほうじん)　법인

Ⓐ どこでアメリカ(あめりか)へ小包(こづつみ)を送(おく)ることが出来(でき)るのか、教(おし)えてください。
어디서 미국으로 소포를 보낼 수 있는지 가르쳐 주세요.

Ⓑ 郵便局(ゆうびんきょく)で送(おく)れますよ。
우체국에서요.

Ⓐ 郵便局(ゆうびんきょく)は何時(なんじ)までやっていますか。
우체국은 몇시까지 하고 있어요?

Ⓑ 支払(しはら)いや貯金(ちょきん)の受(う)け付(つ)けは4時(よじ)までですが、郵便(ゆうびん)は5時(ごじ)までです。
지불이나 저금은 4시까지지만, 우편의 접수는 5시까지예요.

Ⓐ ありがとうございます。　고맙습니다.

Ⓐ この封筒(ふうとう)、普通料金(ふつうりょうきん)で送(おく)れますか。
이 봉투, 보통 요금으로 보낼 수 있나요?

Ⓑ 大(おお)きさは定型(ていけい)ですね。　重(おも)さを量(はか)ってみますね。
크기는 정형이네요. 무게를 재어 볼게요.

Ⓐ はい、お願(ねが)いします。
네, 부탁합니다.

Ⓑ 20g(にじゅうぐらむ)です。　25g以内(にじゅうごぐらむいない)は定型料金(ていけいりょうきん)ですので、82円(はちじゅうにえん)です。
20그램이에요. 25그램 이내는 정형 요금이니 82엔입니다.

Ⓐ では、82円切手(はちじゅうにえんきって)を一枚(いちまい)ください。
그럼 82엔 우표를 한장 주세요.

Ⓑ はいどうぞ。　여기 있습니다.

19

스포츠
スポーツ（すぽーつ）

サッカー（さっかー）
축구

照明灯(しょうめいとう)
조명등

電光掲示板(でんこうけいじばん)
전광판

ゴールキーパー(ごーるきーぱー)
골기퍼

レッドカード(れっどかーど)
레드카드

ユニフォーム(ゆにふぉーむ)
유니폼

サッカー選手(さっかーせんしゅ)
축구 선수

審判(しんぱん)
심판

サッカーボール(さっかーぼーる)
축구공

ゴール(ごーる)
골대

ミッドフィルダー(みっどふぃるだー)
미드필더

ゴールネット(ごーるねっと)
골네트

応援団(おうえんだん)
응원단

페널티 지점 ペナルティーエリア(ぺなるてぃーえりあ)	월드컵 ワールドカップ(わーるどかっぷ)
하프타임 ハーフタイム(はーふたいむ)	연장 延長(えんちょう)
자살골 オウンゴール(おうんごーる)	옐로우 카드 イエローカード(いえろーかーど)
경기장 競技場(きょうぎじょう)	(경기장의) 잔디 (競技場(きょうぎじょう) の) 芝生(しばふ)
관중석 観客席(かんきゃくせき)	선수 選手(せんしゅ)
경기 競技(きょうぎ)	오프사이드 オフサイド(おふさいど)
득점하다 得点(とくてん)する	관중들 観衆(かんしゅう)
코치 コーチ(こーち)	일본 축구팀 日本サッカーチーム(にほんさっかーちーむ)
페널티 ペナルティ(ぺなるてぃ)	슈팅 シューティング(しゅーてぃんぐ)

バスケットボール(ばすけっとぼーる)
농구

点数(てんすう)
점수

シュート(しゅーと)
슛

ゴールリング(ごーるりんぐ)
바구니

バスケットボール(ばすけっとぼーる)
농구공

バスケットボール選手(ばすけっとぼーるせんしゅ)
농구 선수

バスケットシューズ【バッシュ】
(ばすけっとしゅーず【ばっしゅ】)
농구화(끈매는 운동화)

バスケットボールコート(ばすけっとぼーるこーと)
농구장

🏠 운동

배구 バレーボール(ばれーぼーる)	야구 野球(やきゅう)
탁구 卓球(たっきゅう)	배드민턴 バドミントン(ばどみんとん)
핸드볼 ハンドボール(はんどぼーる)	골프 ゴルフ(ごるふ)
럭비 ラグビー(らぐびー)	마라톤 マラソン(まらそん)
미식축구 アメリカンフットボール(あめりかんふっとぼーる)	
필드하키 ［フィールド］ホッケー([ふぃーるど]ほっけー)	
크리켓 クリケット(くりけっと)	육상 陸上(りくじょう)
백미터 달리기 100ｍ走(ひゃくめーとるそう)	릴레이 リレー(りれー)
멀리뛰기 走り幅跳び(はしりはばとび)	장대높이뛰기 棒高跳び(ぼうたかとび)
높이뛰기 走り高跳び(はしりたかとび)	포환던지기 砲丸投げ(ほうがんなげ)
원반던지기 円盤投げ(えんばんなげ)	허들 ハードル(はーどる)
체조 体操(たいそう)	철봉 鉄棒(てつぼう)
평균대 平均台(へいきんだい)	리듬체조 新体操(しんたいそう)
트램펄린 トランポリン(とらんぽりん)	수영 水泳(すいえい)
다이빙 ダイビング(だいびんぐ)	
싱크로나이즈드 스위밍 シンクロナイズドスイミング(しんくろないずどすいみんぐ)	
스키경기 スキー競技(すきーきょうぎ)	점프 ジャンプ(じゃんぷ)
스피드 스케이드 スピードスケート(すぴーどすけーと)	피겨스케이트 フィギュアスケート(ふぃぎゅあすけーと)
스노우보드 スノーボード(すのーぼーど)	봅슬레이 ボブスレー(ぼぶすれー)
컬링 カーリング(かーりんぐ)	아이스하키 アイスホッケー(あいすほっけー)
바이애슬론 バイアスロン(ばいあすろん)	스케이트 スケート(すけーと)
스키 スキー(すきー)	무술 武術(ぶじゅつ)
격투기 格闘技(かくとうぎ)	유도 柔道(じゅうどう)
검도 剣道(けんどう)	합기도 合気道(あいきどう)
가라떼 空手(からて)	궁도 弓道(きゅうどう)
씨름 相撲(すもう)	권투 ボクシング(ぼくしんぐ)
프로레슬링 プロレス(ぷろれす)	펜싱 フェンシング(ふぇんしんぐ)
레슬링 レスリング(れすりんぐ)	양궁 アーチェリー(あーちぇりー)
승마 乗馬(じょうば)	사격 射撃(しゃげき)
수상스키 水上スキー(すいじょうすきー)	
역도 ウェートリフティング(うぇーとりふてぃんぐ)【重量挙(じゅうりょうあ)げ】	
근대 5종 경기 近代五種[競技](きんだいごしゅ[きょうぎ])	
트라이애슬론 トライアスロン(とらいあすろん)【鉄人レース(てつじんれーす)】	
수상스포츠 マリンスポーツ(まりんすぽーつ)	
윈드서핑 ウィンドサーフィン(うぃんどさーふぃん)	
스쿠버다이빙 スキューバダイビング(すきゅーばだいびんぐ)	
요트경기 ヨット競技(よっときょうぎ)	조정 漕艇(そうてい)
등산 登山(とざん)	경륜 競輪(けいりん)

행글라이딩 ハング[グ]ライダー(はんぐ[ぐ]らいだー)

자동차 경주 カーレース(かーれーす)

랠리 자동차 경주 ラリー(らりー)

오토바이 경주 オートバイレース(おーとばいれーす)

산악자전거 マウンテンバイク(まうんてんばいく)

사이클링 サイクリング(さいくりんぐ)

에어로빅 エアロビクス(えあろびくす)

댄스스포츠 ダンススポーツ(だんすすぽーつ)

스케이트보드 スケートボード(すけーとぼーど)

롤러스케이트 ローラースケート(ろーらーすけーと)

인라인스케이트 インラインスケート(いんらいんすけーと)

볼링 ボーリング(ぼーりんぐ)

당구 ビリヤード(びりやーど)

조깅 ジョギング(じょぎんぐ)

피구 ドッジボール(どっじぼーる)

🏠 운동 선수들

수영선수 水泳選手(すいえいせんしゅ)

테니스선수 テニス選手(てにすせんしゅ)

승마선수 乗馬選手(じょうばせんしゅ)

육상선수 陸上選手(りくじょうせんしゅ)

레슬링선수 レスリング選手(れすりんぐせんしゅ)

축구선수 サッカー選手(さっかーせんしゅ)

다이빙선수 ダイビング選手(だいびんぐせんしゅ)

자전거선수 競輪選手(けいりんせんしゅ)

권투선수 ボクシング選手(ぼくしんぐせんしゅ)

역도선수 ウェートリフティング選手(うぇーとりふてぃんぐせんしゅ)

스포츠팬 スポーツファン(すぽーつふぁん)

🏠 코치진과 의료진

감독 監督(かんとく)

코치 コーチ(こーち)

보조코치 サブコーチ(さぶこーち)

의사 医師(いし)

마사지사 マッサージ師(まっさーじし)

テニス(てにす)
테니스

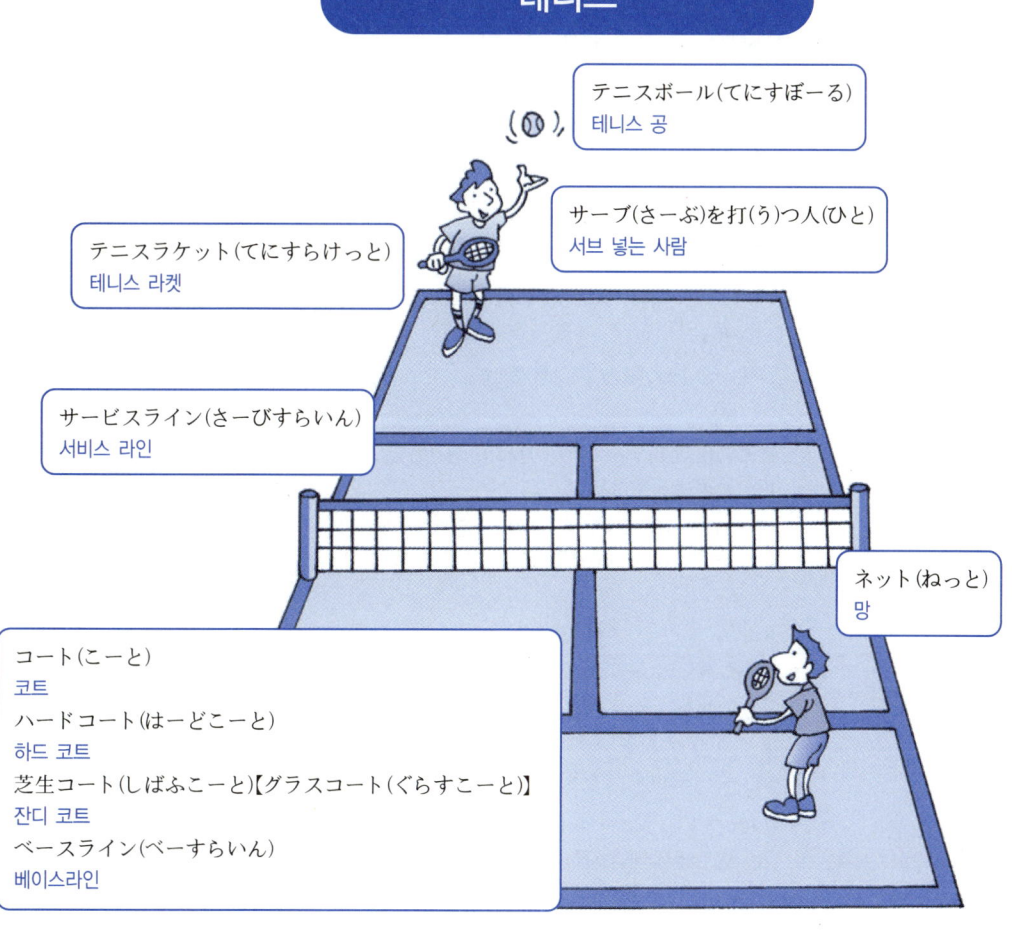

テニスボール(てにすぼーる)
테니스 공

サーブ(さーぶ)を打(う)つ人(ひと)
서브 넣는 사람

テニスラケット(てにすらけっと)
테니스 라켓

サービスライン(さーびすらいん)
서비스 라인

ネット(ねっと)
망

コート(こーと)
코트
ハードコート(はーどこーと)
하드 코트
芝生コート(しばふこーと)【グラスコート(ぐらすこーと)】
잔디 코트
ベースライン(べーすらいん)
베이스라인

아웃　アウト(あうと)		게임　ゲーム(げーむ)	
러브【스코어제로】　ラブ(らぶ)【スコアゼロ(すこあぜろ)】		서브를 넣다　サーブ(さーぶ)を打(う)つ	
발리　ボレー(ぼれー)		서비스　サービス(さーびす)	
남자단식　男子シングルス(だんししんぐるす)		여자복식　女子ダブルス(じょしだぶるす)	
세트　セット(せっと)		세트포인트　セットポイント(せっとぽいんと)	
듀스　ジュース(じゅーす)		에이스　エース(えーす)	
스트로크　ストローク(すとろーく)		매치포인트　マッチポイント(まっちぽいんと)	
호주 오픈 테니스대회　全豪オープン(ぜんごうおーぷん)		전영오픈　全英オープン(ぜんえいおーぷん)	
전미오픈　全米オープン(ぜんべいおーぷん)		프랑스 오픈　全仏オープン(ぜんふつおーぷん)	
달리다　走(はし)る。		페달을 밟다.　ペダル(ぺだる)を漕(こ)ぐ。	
올라가다.　登(のぼ)る。		제자리에서 뛰다.　その場(ば)でジャンプ(じゃんぷ)する。	
연습하다　練習(れんしゅう)する【トレーニング(とれーにんぐ)する】			
잠수하다.　潜水(せんすい)する。			

🏠 응용 대화

Ⓐ 運動(うんどう)は好(す)きですか。
운동을 좋아하세요?

Ⓑ はい、私(わたし)は運動(うんどう)を楽(たの)しみます。
예, 저는 운동을 즐깁니다.

Ⓐ どんな運動(うんどう)をされるんですか。
어떤 운동을 하시나요?

Ⓑ 私(わたし)はテニス(てにす)/卓球(たっきゅう)/サッカー(さっかー)を
します。
저는 테니스/ 탁구/ 축구를 합니다.

・ どんな運動(うんどう)がお好(す)きですか?
어떤 운동을 좋아하시나요?

▶ 私(わたし)は水泳(すいえい)をするのが好(す)きです。
나는 수영하는 걸 좋아합니다.

・ スポーツクラブ(すぽーつくらぶ)の会員(かいいん)です。
스포츠 클럽의 회원입니다.

・ ユナ(ゆな)は15秒(じゅうごびょう)で100メートル(ひゃくめーとる)を
走(はし)ります。
유나는 15초만에 100미터를 달립니다.

・ 私(わたし)はコート(こーと)でテニス(てにす)をする。
나는 코트에서 테니스를 친다.

・ 私(わたし)たちのチーム(ちーむ)を応援(おうえん)しよう。
우리팀을 응원하자.

・ 運動(うんどう)されますか。
운동을 하십니까?

▶ はい、私(わたし)はテニス(てにす)をします。
예, 저는 테니스를 칩니다.

Ⓐ 何(なに)かスポーツ(すぽーつ)する。
무슨 스포츠를 하니?

Ⓑ うん、僕(ぼく)はテニス(てにす)とサッカー(さっかー)をしてる。 それに、今(いま)水泳(すいえい)を習(なら)いにプール(ぷーる)へ通(かよ)い始(はじ)めたんだ。
응, 난 테니스와 축구를 해. 그리고 지금은 수영을 배우러 수영장에 다니기 시작했어.

Ⓐ 僕(ぼく)もテニス(てにす)に はまってるよ。 毎朝授業前(まいあさじゅぎょうまえ)に、一緒(いっしょ)にテニスコート(てにすこーと)に行(い)こうよ。 朝8時頃(あさはちじごろ)。
나도 테니스에 빠져 있어. 수업하기 전 아침마다 함께 테니스 코트에 다니자. 아침 8시경에.

Ⓑ いい考(かんが)えだね！学校(がっこう)にはいいコート(こーと)があるしね。 だだ、相手(あいて)をするには、僕(ぼく)があまりにも下手(へた)じゃないかと心配(しんぱい)になるけど。
좋은 생각이야! 학교엔 멋진 테니스 코트가 있지. 다만 네 상대로 내가 너무 서투르지 않을까 걱정이 되네.

Ⓐ そうかな。 それなら土曜日(どようび)にプレー(ぷれー)しながら、どっちが上手(うま)いのか見(み)ようよ。
그래? 그럼 토요일에 플레이를 하면서 누가 더 잘하는지 보자.

Ⓑ 約束(やくそく)だよ。
약속한거다.

Ⓐ 日本チーム(にほんちーむ)とイタリアチーム(いたりあちーむ)のサッカー(さっかー)の試合(しあい)、見(み)た。
일본 팀과 이탈리아 팀의 축구 경기 봤니?

Ⓑ 寮(りょうで)でテレビ(てれび)で見(み)たよ。 競技場(きょうぎじょう)に入(はい)るチケット(ちけっと)が手(て) に入(はい)らなかったんだ。 それに競技場周辺(きょうぎじょうしゅうへん)は、大混雑(だいこんざつ)だったよ。
기숙사에서 텔레비전으로 봤어. 경기장으로 들어가는 표를 구하지 못했어. 그리고 경기장 주변은 아주 혼잡했어.)

Ⓐ そうそう。 だけどファン(ふぁん)の気持(きも)ちも分(わ)かるよね。 とにかく準決勝(じゅんけっしょう)へ行(い)く試合(しあい)だからね。 僕(ぼく)は運(うん)が良(よ)かったよ。 兄(あに)がチケット(ちけっと)を手(て)に入(い)れてくれたし、僕(ぼく)たちは競技場(きょうぎじょう)で試合(しあい)を見(み)れたんだ。

맞아 맞아. 하지만 팬들의 마음도 이해할 수 있지. 어쨌든 준결승으로 가는 경기잖아. 난 운이 좋았어. 형이 표를 구하는 데 성공해서 우리는 경기장에서 경기를 봤거든.

Ⓑ なんだ、君(きみ)たちのお兄(にい)さんはサッカーファン(さっかーふぁん)なの。

뭐야, 너희 형은 축구팬이야?

Ⓐ ファン(ふぁん)だし、選手(せんしゅ)でもあるよ。兄(あに)は自分(じぶん)の大学(だいがく) のサッカーチーム(さっかーちーむ)でプレー(ぷれー)してるんだ。

축구팬일 뿐 아니라 축구 선수이기도 해. 형은 자기 대학 축구 팀에서 경기를 해.

Ⓐ 聞(き)きたいことがあるんだ。 一時間後(いちじかんご)にテレビ(てれび)でイタリア(いたりあ)から中継(ちゅうけい)で、サッカー(さっかー)の試合(しあい)をする予定(よてい)なんだけど、見(み)るの。

물어볼 게 있어. 한 시간 뒤에 텔레비전에서 이탈리아에서 중계 방송하는 축구경기를 할 예정이야. 너 볼 거니?

Ⓑ 聞(き)くまでもないだろ。当然見(とうぜんみ)ないとね。僕(ぼく)はサッカー(さっかー)をするだけじゃなくて、サッカーファン(さっかーふぁん)だし。

물어볼 게 따로 있지. 당연히 봐야지! 난 축구를 할 뿐 아니라 축구팬이기도 하잖아.

Ⓐ 君(きみ)の家(いえ)に行(い)ってこの試合(しあい)を見(み)れるかな。僕(ぼく)たちの寮(りょう)にはテレビ(てれび)が一(ひと)つで、おまけにサッカー(さっかー)に関心(かんしん)のある人(ひと)が少(すく)なくてさ、みんな映画(えいが)を見(み)たがってて。

너네 집에 가서 그 경기를 볼 수 있을까? 우리 기숙사에는 텔레비전이 하나인데다, 축구에 관심있는 사람이 적어서 말이지, 다들 영화를 보기 원해.

Ⓑ もちろんだよ、おいでよ。 一緒(いっしょ)に日本(にほん)チーム(ちーむ)を応援(おうえん)しようよ。

물론이지, 와. 함께 일본 팀을 응원하자.

Ⓐ ありがとう。

고마워.

Ⓐ お祝(いわ)いしてね。
축하해 줘.

Ⓑ 何(なに)を。
뭘?

Ⓐ 土曜日(どようび)に私(わたし)たちの大学チーム(だいがくちーむ)が
社会人チーム(しゃかいじんちーむ)とバレーボール(ばれーぼーる)の
試合(しあい)をしたんだけど、私(わたし)たちが勝(か)ったの。
토요일에 우리 대학팀이 사회인팀과 배구경기를 했는데, 우리가 이겼어.

Ⓑ おめでとう。どんなふうに勝(か)ったの。何点(なんてん)で勝(か)った
の。
축하해. 어떻게 이겼니? 어떤 점수로 이겼어?

Ⓐ 私(わたし)たちが4対2(よんたいに)で勝(か)ったのよ。
우리가 4 : 2로 이겼어.

Ⓑ すごいね!
장하다!

切手(きって)を収集(しゅうしゅう)する。
우표를 수집하다.

釣(つ)りをする。
낚시하다.

狩猟(しゅりょう)をする。
사냥하다.

絵(え)を描(か)く。
그림을 그리다.

船旅(ふなたび)をする。
항해하다.

写真(しゃしん)を撮(と)る。
사진찍다.

登山(とざん)する。
등산하다.

陶磁器(とうじき)を作(つく)る。
도자기를 만들다.

毛糸玉(けいとだま)
실타래

編(あ)み物(もの)をする。
뜨개질하다.

凧(たこ)を揚(あ)げる。
연을 날리다.

映画(えいが)を見(み)る。
영화를 보다.

公演(こうえん)を見(み)る。
공연을 보다.

草花(くさばな)を育(そだ)てる。
화초를 가꾸다.

カード(かーど)【トランプ(とらんぷ)】
카드

カードゲーム(かーどげーむ)をする。
카드놀이를 하다.

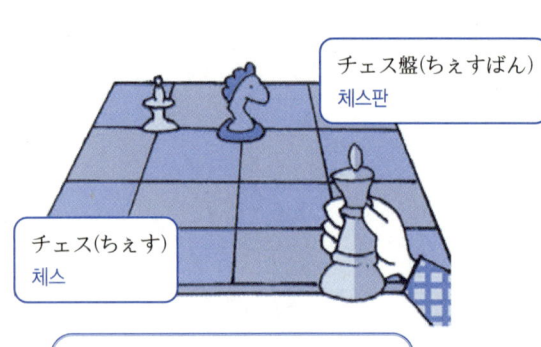

チェス盤(ちぇすばん)
체스판

チェス(ちぇす)
체스

チェス(ちぇす)をする。
체스하다.

バイオリン(ばいおりん)
바이올린

バイオリン(ばいおりん)を演奏(えんそう)する。
바이올린을 연주하다.

コンピューター(こんぴゅーた)
【パソコン(ぱそこん)】
컴퓨터

日曜大工(にちようだいく)をする。
쉬는 날 목공일을 하다.

パソコンゲーム(ぱそこんげーむ)をする。
컴퓨터 게임을 하다.

- 暇(ひま)な時(とき)、私(わたし)は一人(ひとり)でいるのが好(す)きだ。
  한가할 때, 나는 혼자 있는 것을 좋아한다.
- 時間(じかん)があれば何(なに)をされるんですか。
  시간이 나면 무엇을 하시나요?

- 趣味(しゅみ)は何(なん)ですか。
  취미가 뭐예요?
▶ 私(わたし)の趣味(しゅみ)は映画(えいが)です。
  내 취미는 영화예요.

- 何(なに)に関心(かんしん)がありますか。
  무엇에 관심이 있으세요?
▶ 私(わたし)は、文学(ぶんがく)に関心(かんしん)があります。
  난 문학에 관심이 있어요.

- 何(なに)に、はまっているんですか。
  무엇에 푹 빠져 있나요?
▶ 私(わたし)は、演劇(えんげき)に、はまっています。
  난 연극에 빠져 있어요.

- 何(なに)が好(す)きですか。
  무엇을 좋아하세요?
▶ 私(わたし)は、料理(りょうり)をするのが好(す)きです。
  전 요리하는 것을 좋아해요.

- 映画館(えいがかん)に/劇場(げきじょう)に/博物館(はくぶつかん)に/公演(こうえん)を見(み)に/音楽会(おんがくかい)に行(い)くことです。
  영화관에/ 극장에/ 박물관에/ 공연 보러/ 음악회에 다니는 거예요.
- [ナイト]クラブ([ないと]くらぶ)へ行(い)くのが好(す)きです。
  나이트 클럽에 가는 것을 좋아해요.
- 私(わたし)は演劇(えんげき)が好(す)きです。 私(わたし)は演劇(えんげき)をしますよ。
  나는 연극을 좋아해요. 나는 연극을 하지요.
- 私(わたし)はサルサ(さるさ)/マンボ(まんぼ)/タンゴ(たんご)/ブルース(ぶるーす)が好(す)きです。
  저는 살사/ 맘보/ 탱고/ 블루스를 좋아해요.
- 音楽(おんがく)を聞(き)くこと/ 運動(うんどう)をすることが好(す)きです。
  음악 듣는 것/ 운동하는 것을 좋아해요.
- 私(わたし)は読書(どくしょ)/ 彫刻(ちょうこく)が好(す)きです。
  나는 독서/ 조각을 좋아해요.

🏠 음악

재즈　ジャズ(じゃず)	레게음악　レゲエ音楽(れげえおんがく)
리듬앤블루스　リズムアンドブルース(りずむあんどぶるーす)	
랩　ラップ(らっぷ)	테크노　テクノ(てくの)
라틴음악　ラテン音楽(らてんおんがく)	고전음악　古典音楽(こてんおんがく)
현대음악　現代音楽(げんだいおんがく)	
오페라음악　オペラ音楽(おぺらおんがく)	성악　声楽(せいがく)
팝뮤직　ポップミュージック(ぽっぷみゅーじっく)	
사운드트랙　サウンドトラック(さうんどとらっく)	
소울　ソウル(そうる)	록　ロック(ろっく)
소프트록　ソフトロック(そふとろっく)	
하드록　ハードロック(はーどろっく)	
합창음악　合唱音楽(がっしょうおんがく)	
컨츄리음악　カントリー音楽(かんとりーおんがく)	
포크　フォーク(ふぉーく)	
오케스트라　オーケストラ(おーけすとら)【管弦楽(かんげんがく)】	
취주악　吹奏楽(すいそうがく)	

🏠 악기

피아노　ピアノ(ぴあの)
그랜드 피아노　グランドピアノ(ぐらんどぴあの)
업라이트 피아노　アップライトピアノ(あっぷらいとぴあの)
기타　ギター(ぎたー)
바이올린　バイオリン(ばいおりん)
첼로　チェロ(ちぇろ)
색소폰　サクソフォーン(さくそふぉーん)
플루트　フルート(ふるーと)
클라리넷　クラリネット(くらりねっと)
피콜로　ピッコロ(ぴっころ)
트럼펫　トランペット(とらんぺっと)
트롬본　トロンボーン(とろんぼーん)
호른　ホルン(ほるん)
심벌즈　シンバル(しんばる)
드럼, 북　ドラム、太鼓(どらむ、たいこ)

- 彼(かれ)は趣味(しゅみ)が仕事(しごと)になって、本当(ほんとう)に羨(うらや)ましい。
  그 사람은 취미가 일자리가 되어서 정말 부럽다.
- これは私(わたし)の好(この)みではない。
  이건 내 취향이 아니다.
- 皆(みな【みんな】)、好(この)みが似(に)ていた。
  모두들 취향이 비슷했다.
- 私(わたし)たちは、互(たが)いに服(ふく)の好(この)みが違(ちが)う。
  우리는 서로 옷 취향이 다르다.
- 彼(かれ)は、最近(さいきん)嗜好(しこう)が変(か)わった。
  그는 최근에 기호가 바뀌었다.
- 彼女(かのじょ)は、持(も)ち物(もの)ひとつにも趣味(しゅみ)の良(よ)さが出(で)ている。
  그녀는 소지품 하나를 봐도 좋은 취향이라는 것이 느껴진다.
- 私(わたし)たちは日曜日(にちようび)のたびに、太郎(たろう)の家(いえ)でトランプ(とらんぷ)をする。
  우리는 일요일마다 타로의 집에서 카드 놀이를 한다.
- 私(わたし)のママ(まま)は時間(じかん)があれば針仕事(はりしごと)をする。
  우리 엄마는 시간이 나면 바느질을 한다.
- 由美(ゆみ)は編(あ)み物(もの)をするのも好(す)きだ。
  유미는 뜨개질하는 것도 좋아한다.
- チェス(ちぇす)しようか。
  체스 게임할까?
- 花子(はなこ)はスケート(すけーと)をするのが好(す)きだ。
  하나코는 스케이트 타는 것을 좋아한다.

- 趣味(しゅみ)を持(も)っていますか。
  취미가 있으세요?
▶ 私(わたし)の趣味(しゅみ)は料理(りょうり)です。
  제 취미는 요리예요.

Ⓐ 暇(ひま)な時間(じかん)に何(なに)をするのが好(す)きなの。
  한가한 시간에 뭐하는 걸 좋아하니?
Ⓑ 暇(ひま)な時間(じかん)に私(わたし)は音楽(おんがく)を聞(き)くのが好(す)きよ。
  한가한 시간에 나는 음악 듣는 걸 좋아해.

Ⓐ どんな音楽(おんがく)が好(す)きなの。
  어떤 음악을 좋아하니?

Ⓑ 何(なに)よりもクラシック音楽(くらしっくおんがく)が好(す)きよ。
무엇보다도 클래식 음악을 좋아해.

Ⓐ 好(す)きな作曲家(さっきょくか)は誰(だれ)なの。
좋아하는 작곡가는 누구니?

Ⓑ 私(わたし)が好(す)きな作曲家(さっきょくか)は、チャイコフスキー(ちゃいこふすきー)よ。
내가 좋아하는 작곡가는 차이코프스키야.

Ⓐ 暇(ひま)な時間(じかん)に何(なに)をするのが好(す)きなの。
한가한 시간에 뭐하는 걸 좋아하니?

Ⓑ 私(わたし)は本(ほん)を読(よ)むのが好(す)きよ。
나는 책을 읽는 걸 좋아해.

Ⓐ どんなジャンル(じゃんる)の本(ほん)が好(す)きなの。
어떤 장르의 책을 좋아하니?

Ⓑ あれこれ読(よ)むけど、私(わたし)は詩(し)が一番(いちばん)のお気(き)に入(い)りよ。
이것 저것 읽지만, 난 시가 아주 마음에 들어.

Ⓐ 好(す)きな詩人(しじん)は誰(だれ)なの?
좋아하는 시인은 누구니?

Ⓑ 私(わたし)が好(す)きな詩人(しじん)は、茨木(いばらぎ)のり子(こ)よ。
내가 좋아하는 시인은 이바라기 노리코야.

21

부엌 용품
台所用品（たいどころようひん）

フライパン（ふらいぱん）
프라이팬

鍋（なべ）
남비

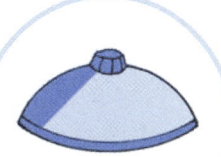

鍋蓋（なべぶた）
남비 뚜껑

圧力鍋（あつりょくなべ）
압력솥

コーヒーポット
（こーひーぽっと）
커피포트

ミキサー（みきさー）
믹서기

秤（はかり）
저울

トースター（とーすたー）
토스트기

マグカップ（まぐかっぷ）
머그잔

栓抜（せんぬ）き
병따개

やかん
주전자

ワインオープナー
（わいんおーぷなー）
포도주 따개

まな板（いた）
도마

サラダボール（さらだぼーる）
샐러드 그릇

お玉（たま）
국자

ふるい
체

泡立（あわだ）て器（き）
거품기

計量カップ（けいりょうかっぷ）
계량컵

개수대 流(なが)し台(だい)【シンク(しんく)】	붙박이장 作(つく)り付(つ)け戸棚(とだな)
찬장 食器棚(しょっきだな)	냉장고 冷蔵庫(れいぞうこ)
냉동고 冷凍庫(れいとうこ)	냉동실 冷凍室(れいとうしつ)
오븐 オーブン(おーぶん)	전자레인지 電子レンジ(でんしれんじ)
전자조리기 電磁調理器(でんじちょうりき)【ＩＨクッキングヒーター(くっきんぐひーたー)】	
가스렌지 ガスレンジ(がすれんじ)	점화버튼 点火ボタン(てんかぼたん)
전기밥솥 ［電気］炊飯器([でんき]すいはんき)	식기건조대 食器乾燥機(しょっきかんそうき)
식기세척기 食器洗(しょっきあら)い乾燥機(かんそうき)【食洗器(しょくせんき)】	
부엌칼 包丁(ほうちょう)	조리가위 キッチン(きっちん)ばさみ
필러 皮(かわ)むき器(き)【ピーラー(ぴーらー)】	요리용 긴 나무 젓가락 菜箸(さいばし)
뒤집개 フライ返(ふらいがえ)し	주걱 杓文字(しゃもじ)
강판 おろし金(がね)	슬라이서 スライサー(すらいさー)
레몬압착기 レモン絞(れもんしぼ)り	깔때기 じょうご
큰술 大(おお)さじ	작은술 小(こ)さじ
소쿠리 ざる	단지 壷(つぼ)
항아리 甕(かめ)	맥주잔 ジョッキ(じょっき)
수도꼭지 水道蛇口(すいどうじゃぐち)	정수기 浄水器(じょうすいき)
테이블 テーブル(てーぶる)	식탁보 テーブルクロス(てーぶるくろす)
식기류 食器類(しょっきるい)	그릇 器(うつわ)
공기 茶碗(ちゃわん)	접시 皿(さら)
사발 丼(どんぶり)	칠기 漆器(しっき)
차주전자 急須(きゅうす)	찻잔 湯呑茶碗(ゆのみちゃわん)
커피잔 コーヒーカップ(こーひーかっぷ)	컵 コップ(こっぷ)
유리컵 グラス(ぐらす)	와인잔 ワイングラス(わいんぐらす)
술잔 杯(さかずき)	술병 徳利(とっくり)【銚子(ちょうし)】
젓가락 箸(はし)	티스푼 ティースプーン(てぃーすぷーん)
스푼 スプーン(すぷーん)【匙(さじ)】	나이프 ナイフ(ないふ)
포크 フォーク(ふぉーく)	쟁반 ［お］盆([お]ぼん)
앞치마 エプロン(えぷろん)	식탁 닦는 것 台拭(だいふ)き
행주 布巾(ふきん)	냅킨 ナプキン(なぷきん)
고무장갑 ゴム手袋(ごむてぶくろ)	세제 台所洗剤(だいどころせんざい)
클린저 クレンザー(くれんざー)	스펀지 スポンジ(すぽんじ)
수세미 タワシ(たわし)	키친페이퍼 キッチンペーパー(きっちんぺーぱー)
호일 アルミホイル(あるみほいる)	랩 ラップ(らっぷ)
플라스틱통 プラスチック容器(ぷらすちっくようき)	
쓰레기통 ゴミ箱(ごみばこ)	
요리하다 料理(りょうり)する	
설거지하다 皿洗(さらあら)い【後片付(あとかたづ)け】をする。	

- 太郎(たろう)は料理(りょうり)をするのが好(す)きだ。
  다로우는 요리하는 것을 좋아한다.
- マリ(まり)は立派(りっぱな)な料理人(りょうりにん)だ。
  마리는 훌륭한 요리사이다.
- 今日(きょう)の夕食(ゆうしょく)に何(なに)を食(た)べようか。
  오늘 저녁은 뭘 먹을까?
- 冷蔵庫用(れいぞうこよう)のコンセント(こんせんと)があるんですか。
  냉장고용 콘센트가 있나요?
- 私(わたし)は料理(りょうり)をするから、美加(みか)、あなたは後片付(あとかたづ)けをしてね。
  나는 요리를 할테니까, 미카, 너는 설거지를 해.

🏠 요리법

- 水気(みずけ)を切(き)る。
  물기를 빼다.
- 切(き)る。
  자르다.
- 細(こま)かく切(き)る。
  잘게 썰다.
- みじん切(ぎ)りにする。
  잘게 다지다.
- 大(おお)きく切(き)る。
  큼지막하게 썰다.
- 千切(せんぎ)りにする。
  채치다.
- 皮(かわ)をむく。
  껍질을 벗기다.
- 切(き)れ目(め) を入(い)れる。
  칼집을 넣다.
- 火(ひ)にかける。
  불에 올려 놓다.
- 茹(ゆ)でる。
  삶다.
- 沸(わ)かす。
  끓이다.
- 煮(に)る【火(ひ)を通(とお)す】。
  익히다.
- 煮付(につ)ける。
  조리다.

- 湯(ゆ)がく。
  데치다.
- 灰汁(あく)を取(と)る。
  거품을 제거하다.
- 温(あたた)める。
  데우다.
- 蒸(む)す。
  찌다.
- 炒(いた)める。
  볶다.
- 焼(や)く。
  굽다.
- 炒(い)る。
  지지다.
- 油(あぶら)をひいて焼(や)く。
  기름을 두르고 부치다.
- 揚(あ)げる。
  튀기다.
- おろす。
  갈다.
- 混(ま)ぜる。
  섞다.
- 溶(と)かす。
  녹이다.
- かき回(まわ)す。
  휘젓다.
- 味付(あじつ)けする。
  양념하다.
- 塩(しお)を入(い)れる。
  소금을 넣다.
- 砂糖(さとう)を追加(ついか)する。
  설탕을 추가하다.
- 胡椒(こしょう)を振(ふ)りかける。
  후추를 뿌리다.
- 生地(きじ)を伸(の)ばす。
  반죽을 밀다.
- ソース(そーす)を塗(ぬ)る。
  소스를 바르다.
- バター(ばたー)を溶(と)かす。
  버터를 녹이다.
- 生地(きじ)を五等分(ごとうぶん)に分(わ)ける。
  반죽을 5등분으로 나누다.

• 出(だ)し汁(じる)に、醤油(しょうゆ)と砂糖(さとう)を入(い)れてかき回(まわ)す。
다시 국물에 간장과 설탕을 넣고 휘젓는다.

🏠 **계란**

반숙	半熟(はんじゅく)
완숙	固(かた)ゆで
삶은 달걀	ゆで卵(たまご)【ゆで玉子(卵)】
계란프라이	目玉焼(めだまや)き
계란말이	卵焼(たまごや)き【玉子焼(たまごや)き】
오믈렛	オムレツ(おむれつ)
볶은 달걀	炒(い)り卵(たまご)【炒(い)り玉子(たまご)】

アイロン(あいろん)
다리미

ミシン(みしん)
재봉틀

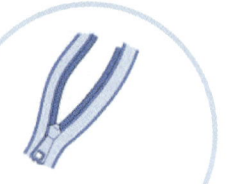

ファスナー(ふぁすなー)
【チャック・ジッパー(ちゃっく・じっぱー)】
지퍼

掃除機(そうじき)
진공 청소기

ブラシ(ぶらし)
브러시

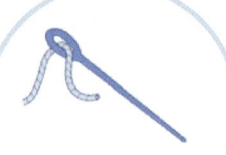

針(はり)
바늘

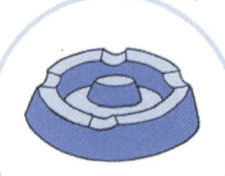

灰皿(はいざら)
재떨이

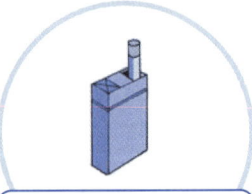

タバコ(たばこ)
담배

ライター(らいたー)
라이터

マッチ(まっち)
성냥

電球(でんきゅう)
전구

櫛(くし)
빗

ブラシ(ぶらし)
브러쉬

ごみ箱(ばこ)
쓰레기통

目覚(めざ)まし時計
(どけい)
자명종

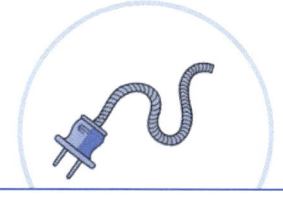

プラグ、コード（ぷらぐ、こーど）
플러그, 코드

電話機（でんわき）
전화기

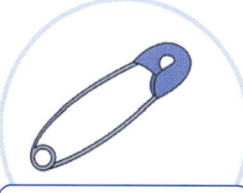

安全ピン（あんぜんぴん）
옷핀

鍵（かぎ）【キー（きー）】
열쇠

金槌（かなづち）
망치

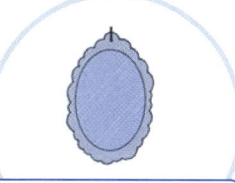

鏡（かがみ）
거울

モップ
대걸래

🏠 생활용품

일용품　日用品(にちようひん)	가정용품　家庭用品(かていようひん)
부엌용품　台所用品(だいどころようひん)	목욕용품　風呂用品(ふろようひん)
화장실용품　トイレ用品(といれようひん)	세탁용품　洗濯用品(せんたくようひん)
위생용품　衛生用品(えいせいようひん)	청소용품　掃除用品(そうじようひん)
세제류　洗剤類(せんざいるい)	세수 화장용품　洗面化粧品(せんめんけしょうひん)
가정 의약품　家庭医薬品(かていいやくひん)	전기 스위치　電気スイッチ(でんきすいっち)
제습제　除湿剤(じょしつざい)	방충제　防虫剤(ぼうちゅうざい)
잡화　雑貨(ざっか)	화장실용 휴지　トイレットペーパー(といれっとぺーぱー)
대야　洗面器(せんめんき)	때수건　ボディタオル(ぼでぃたおる)
장대　物干(ものほ)し竿(ざお)	옷걸이　ハンガー(はんがー)
양동이　バケツ(ばけつ)	화장지　ティッシュ(てぃっしゅ)[ペーパー(ぺーぱー)]
건전지　乾電池(かんでんち)	손전등　懐中電灯(かいちゅうでんとう)
초　蝋燭(ろうそく)	일회용 난로　使(つか)い捨(す)てカイロ(かいろ)
삽　シャベル(しゃべる)	다리미판　アイロン台(あいろんだい)
못　釘(くぎ)	나사못　ネジ釘(ねじくぎ)
펜치　ペンチ(ぺんち)	노끈　紐(ひも)
줄　綱(つな)	빗자루　ほうき

🏠 전자제품

노트북　ノートパソコン(のーとぱそこん)

USB　USB(ゆーえすびー)

CD プレーヤー(しーでぃーぷれーやー)

비디오 카메라　ビデオカメラ(びでおかめら)

충전기　充電器(じゅうでんき)

메모리 카드　メモリーカード(めもりーかーど)

디지털 카메라　デジタルカメラ(でじたるかめら)

코드선　コード(こーど)

멀티탭　マルチタップ(まるちたっぷ)

어댑터　アダプター(あだぷたー)

배터리　バッテリー(ばってりー)

가습기　加湿器(かしつき)

제습기　除湿機(じょしつき)

각로　こたつ

전기카펫　ホットカーペット(ほっとかーぺっと)

전기담요　電気毛布(でんきもうふ)

빨래 건조대　洗濯乾燥機(せんたくかんそうき)

선풍기　扇風機(せんぷうき)

환풍기　換気扇(かんきせん)

오븐 레인지　オーブンレンジ(おーぶんれんじ)

핫플레이트　ホットプレート(ほっとぷれーと)

팩스　ファックス(ふぁっくす)【ファクシミリ(ふぁくしみり)】

🏠 개인제품

지갑　財布(さいふ)

동전 지갑　小銭(こぜに)入(い)れ

휴대폰　携帯電話(けいたいでんわ)

스마트폰　スマートフォン(すまーとふぉん)

손수건　ハンカチ(はんかち)

혁대　ベルト(べると)

휴대용 휴지　ポケットティッシュ(ぽけっとてぃっしゅ)

안경　眼鏡(めがね)

안경집　眼鏡ケース(めがねけーす)

렌즈 케이스　レンズケース(れんずけーす)

콘택트렌즈 액　コンタクトレンズ液(こんたくとれんずえき)

우산　傘(かさ)

지팡이 ステッキ(すてっき)【杖(つえ)】

화장품 化粧品(けしょうひん)

클렌징액 クレンジング液(くれんじんぐえき)

화장수 化粧水(けしょうすい)

유액 乳液(にゅうえき)

화장솜 コットン(こっとん)

얼굴크림 フェイスクリーム(ふぇいすくりーむ)

파우더 パウダー(ぱうだー)【白粉(おしろい)】

볼터치 チーク(ちーく)【頬紅(ほおべに)】

아이섀도우 アイシャドー(あいしゃどー)

속눈썹 올리는 것 まつ毛(げ) カール器(かーるき)

머리핀 ヘアピン(へあぴん)

핀셋 ピンセット(ぴんせっと)

립스틱 リップスティック(りっぷすてぃっく)【口紅(くちべに)】

핸드크림 ハンドクリーム(はんどくりーむ)

썬크림 日焼(ひや)け止(ど)めクリーム(くりーむ)

헤어 스프레이 ヘアスプレー(へあすぷれー)

오데코롱 オーデコロン(おーでころん)

향수 香水(こうすい)

데오도란트 デオドラント(でおどらんと)

화장품 파우치 化粧品ポーチ(けしょうひんぽーち)

치간칫솔 歯間ブラシ(しかんぶらし)

치실 デンタルフロス(でんたるふろす)

면봉 綿棒(めんぼう)

이쑤시개 爪楊枝(つまようじ)

물휴지 ウェットティッシュ(うぇっとてぃっしゅ)

생리용 냅킨 生理用ナプキン(せいりようなぷきん)

・テレビ(てれび)がつきません。
　TV가 잘 작동되지 않아요.

・修理(しゅうり)の人(ひと)を呼(よ)べますか。
　수리공을 부를 수 있나요?

・管理人(かんりにん)に聞(き)いてください。
　관리인에게 물어 보세요.

・機械(きかい)の電源(でんげん)が入(はい)りません。
　기계가 켜지지 않아요.

・おそらく壊(こわ)れたようですね。
　아마도 망가진 것 같네요.

・洗濯(せんたく)をしなければなりません。
　세탁을 해야 해요.

23 욕실 浴室(よくしつ)[[お]風呂(ふろ)]／ 세면대 洗面所(せんめんじょ)／ 화장실 トイレ(といれ)

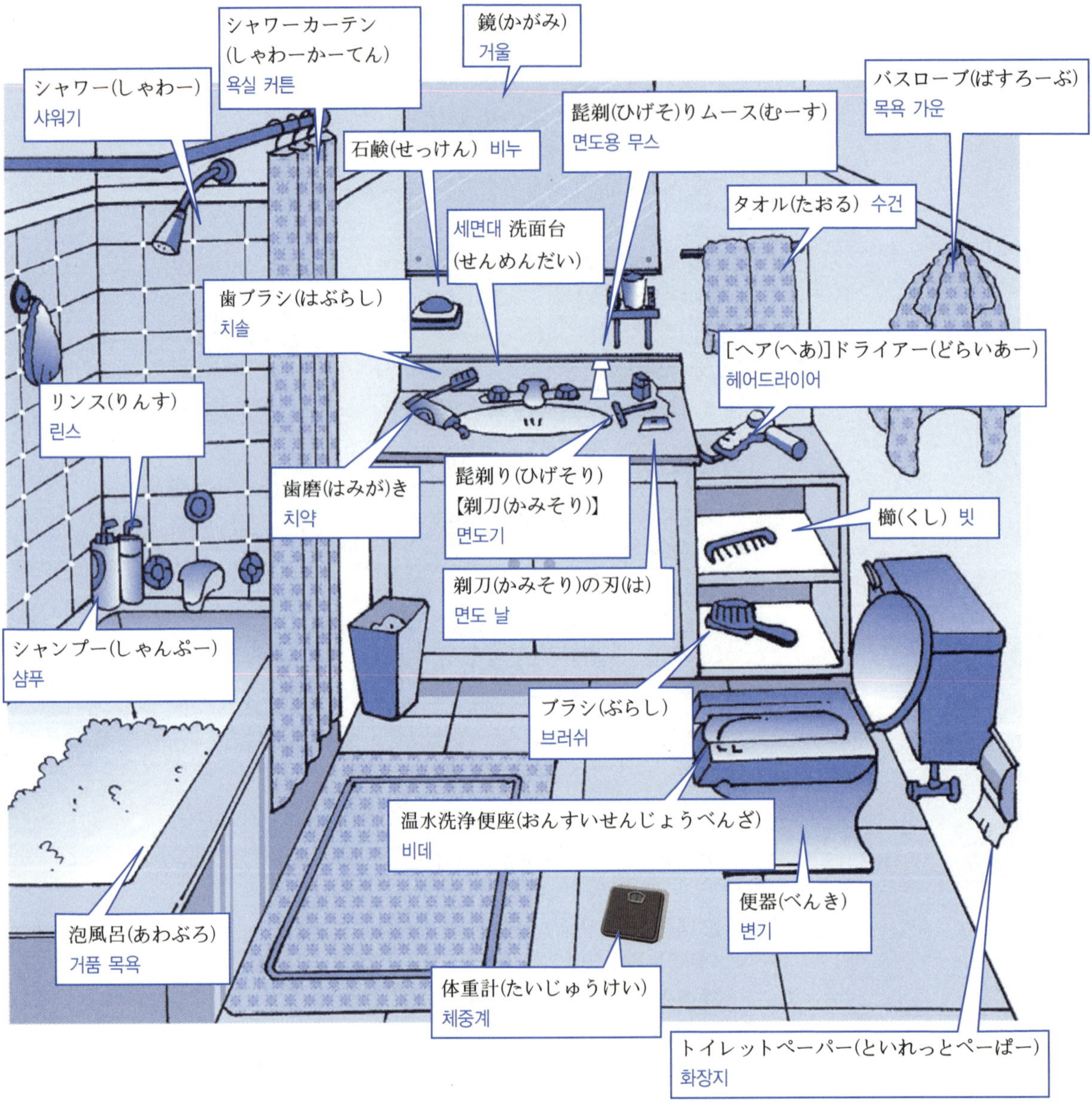

シャワーカーテン
(しゃわーかーてん)
욕실 커튼

鏡(かがみ)
거울

シャワー(しゃわー)
샤워기

バスローブ(ばすろーぶ)
목욕 가운

髭剃(ひげそ)りムース(むーす)
면도용 무스

石鹸(せっけん) 비누

タオル(たおる) 수건

세면대 洗面台
(せんめんだい)

歯ブラシ(はぶらし)
치솔

[ヘア(へあ)]ドライアー(どらいあー)
헤어드라이어

リンス(りんす)
린스

歯磨(はみが)き
치약

髭剃り(ひげそり)
【剃刀(かみそり)】
면도기

櫛(くし) 빗

シャンプー(しゃんぷー)
샴푸

剃刀(かみそり)の刃(は)
면도 날

ブラシ(ぶらし)
브러쉬

温水洗浄便座(おんすいせんじょうべんざ)
비데

泡風呂(あわぶろ)
거품 목욕

便器(べんき)
변기

体重計(たいじゅうけい)
체중계

トイレットペーパー(といれっとぺーぱー)
화장지

대부분의 일본의 개인 주택은 욕실과 화장실이 따로 따로 배치되어 있다. 그리고 세면대(洗面所せんめんじょ)와 목욕탕(風呂ふろ)은 커튼이 아니라 문으로 되어 있다. 하지만 호텔이나 아파트는 대부분 목욕탕, 화장실, 세면대가 같은 공간에 있다.

彼(かれ)は、鏡(かがみ)を見(み)て髭(ひげ)を剃(そ)る。
그는 거울을 보고 면도한다.

彼(かれ)は、洗顔(せんがん)をする。
그는 세수를 한다.

彼女(かのじょ)は、化粧(けしょう)をする。
그녀는 화장을 한다.

彼(かれ)は、シャワー(しゃわー)をする。
그는 샤워를 한다.

彼(かれ)は、入浴(にゅうよく)する。
그는 목욕을 한다.

뜨거운물	[お]湯(ゆ)
소켓콘서트	コンセント(こんせんと)
트리트먼트	トリートメント(とりーとめんと)
마개	栓(せん)
빨래바구니	洗濯(せんたく)かご
빨래집게	洗濯バサミ(せんたくばさみ)
찬물	冷水(れいすい)
수도꼭지	蛇口(じゃぐち)
플러그	プラグ(ぷらぐ)
형광등	蛍光灯(けいこうとう)
빨랫줄	洗濯(せんたく)ひも
건조기	乾燥機(かんそうき)

24 자동차 自動車(じどうしゃ)/ 자전거 自転車(じてんしゃ)/ 비행기 飛行機(ひこうき)/ 배 船(ふね)

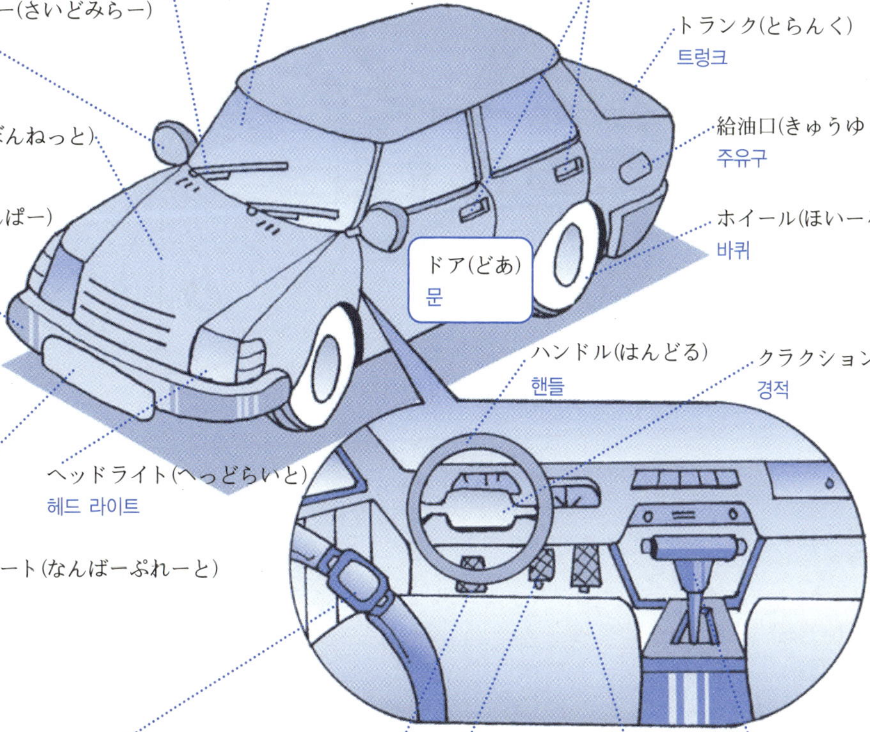

ワイパー(わいぱー)
와이퍼
フロントガラス(ふろんとがらす)
앞 유리창
ドアハンドル(どあはんどる)
문손잡이
サイドミラー(さいどみらー)
사이드 거울
トランク(とらんく)
트렁크
ボンネット(ぼんねっと)
본네트
給油口(きゅうゆぐち)
주유구
バンパー(ばんぱー)
범퍼
ホイール(ほいーる)
바퀴
ドア(どあ)
문
ハンドル(はんどる)
핸들
クラクション(くらくしょん)
경적
ヘッドライト(へっどらいと)
헤드 라이트
ナンバープレート(なんばーぷれーと)
번호판
シートベルト(しーとべると)
안전 벨트
クラッチ(くらっち)
클러치
サイドブレーキ(さいどぶれーき)
핸드브레이크
アクセル(あくせる)
악셀
ブレーキ(ぶれーき)
브레이크

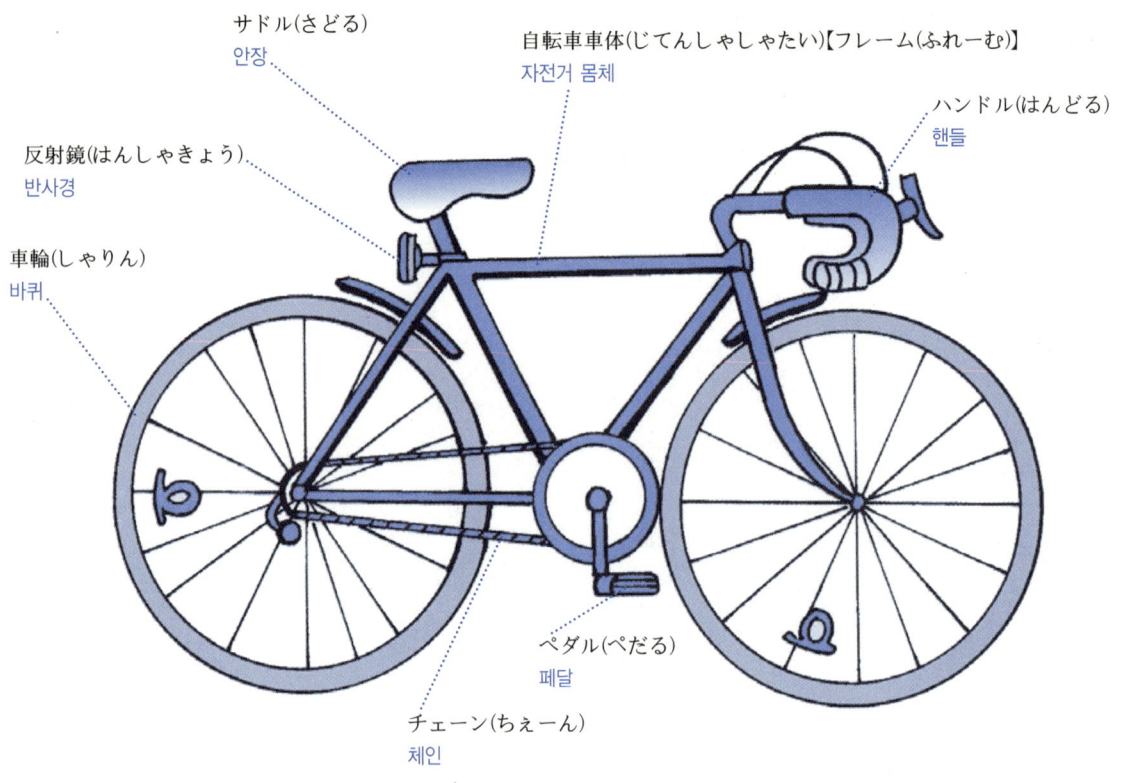

サドル(さどる)
안장

自転車車体(じてんしゃしゃたい)【フレーム(ふれーむ)】
자전거 몸체

ハンドル(はんどる)
핸들

反射鏡(はんしゃきょう)
반사경

車輪(しゃりん)
바퀴

ペダル(ぺだる)
페달

チェーン(ちぇーん)
체인

운전 면허증	運転免許証(うんてんめんきょしょう)
깜빡이등	ウインカー(ういんかー)【方向指示灯(ほうこうしじとう)】
라디오	ラジオ(らじお)
타이어	タイヤ(たいや)
스페어 타이어	スペアータイヤ(すぺあーたいや)
라지에이터	ラジエーター(らじえーたー)
에어컨	エアコン(えあこん)
속도계	スピードメーター(すぴーどめーたー)【速度計(そくどけい)】
계기판	メーターパネル(めーたーぱねる)
열쇠구멍	鍵穴(かぎあな)
모터	モーター(もーたー)
밧데리	バッテリー(ばってりー)
백미러	バックミラー(ばっくみらー)
머플러	マフラー(まふらー)
휘발유	ガソリン(がそりん)
앞좌석	助手席(じょしゅせき)
뒷자석	後部座席(こうぶざせき)
내비게이션	ナビ(なび) [ゲーション(げーしょん)]
카오디오	カーオーディオ(かーおーでぃお)

비행기 飛行機(ひこうき)	공항 空港(くうこう)
공항 터미날 空港ターミナル(くうこうたーみなる)	물품 보관소 荷物預かり所(にもつあずかりしょ)
안내소 インフォメーション(いんふぉめーしょん)【案内所(あんないじょ)】	
공항안내소 空港案内所(くうこうあんないじょ)	
탑승수속 안내판 搭乗手続き案内板(とうじょうてつづきあんないばん)	
발권카운터 チケットカウンター(ちけっとかうんたー)	
항공 수속 카운터 搭乗手続きカウンター(とうじょうてつづきかうんたー)	
수하물 체크인 手荷物チェックイン(てにもつちぇっくいん)	
무게 초과 重量超過(じゅうりょうちょうか)	추가 요금 追加料金(ついかりょうきん)
공항세 空港税(くうこうぜい)	비자 ビザ(びざ)
항공사 航空会社(こうくうがいしゃ)	체크인 チェックイン(ちぇっくいん)
국제선 国際線(こくさいせん)	국내선 国内線(こくないせん)
코드쉐어노선 コードシェア便(こーどしぇあびん)	(항공기)편명 (航空機) 便名((こうくうき) びんめい)
트랜짓 トランジット(とらんじっと)	비행기 티켓 航空券(こうくうけん)
편도표 片道チケット(かたみちちけっと)	왕복표 往復チケット(おうふくちけっと)
탑승권(보딩패스) 搭乗券(とうじょうけん)【ボーディングパス(ぼーでぃんぐぱす)】	
수하물표 手荷物引換証(てにもつひきかえしょう)	
기내휴대짐 機内持込手荷物(きないもちこみてにもつ)	
여행가방 旅行カバン(りょこうかばん)	
비즈니스클래스 ビジネスクラス(びじねすくらす)	
이코노미클래스 エコノミークラス(えこのみーくらす)	
창가쪽자리 窓側座席(まどがわざせき)	
통로쪽자리 通路側座席(つうろがわざせき)	
안전검사 保安検査場(ほあんけんさじょう)【セキュリティチェック(せきゅりてぃちぇっく)】	
부치는 짐 검사 手荷物検査(てにもつけんさ)	여권 パスポート(ぱすぽーと)
입국 入国(にゅうこく)	출국 出国(しゅっこく)
심사관 審査官(しんさかん)	입국장 入国ゲート(にゅうこくげーと)
출국장 出国ゲート(しゅっこくげーと)	게이트 ゲート(げーと)
면세지역 免税エリア(めんぜいえりあ)	면세점 免税店(めんぜいてん)
연착 延着(えんちゃく)	착륙 着陸(ちゃくりく)
비상통로 非常通路(ひじょうつうろ)	이륙 離陸(りりく)
비행 飛行(ひこう)	선상에서 機上(きじょう)で
날개 翼(つばさ)	트랩 タラップ(たらっぷ)
창가쪽 窓側(まどがわ)	조종사 パイロット(ぱいろっと)
승무원(남) スチュワート(すちゅわーと)	승무원(여) スチュワーデス(すちゅわーです)
승객 乗客(じょうきゃく)	동반자 同伴者(どうはんしゃ)
멀미봉투 エチケット袋(えちけっとぶくろ)	베개 枕(まくら)
담요 ブランケット(ぶらんけっと)【毛布(もうふ)】	안전밸트 シートベルト(しーとべると)
좌석 座席(ざせき)	트레이 トレー(とれー)

화장실 トイレ(といれ)	사용중 使用中(しようちゅう)
비어 있음 空(あ) き	비상구 非常口(ひじょうぐち)
기내서비스 機内サービス(きないさーびす)	시차 時差(じさ)
비상착륙 緊急着陸(きんきゅうちゃくりく)	중간착륙 ストップオーバー(すとっぷおーばー)
도착 到着(とうちゃく)	도착시간 到着時間(とうちゃくじかん)
입국신고서 入国カード(にゅうこくかーど)	세관 신고서 税関申告書(ぜいかんしんこくしょ)
신고하다 申告(しんこく) する。	세관 税関(ぜいかん)
세관원 税関職員(ぜいかんしょくいん)	수하물 작업 手荷物作業(てにもつさぎょう)
짐찾는 곳 荷物受取所(にもつうけとりじょ)	칸베이어벨트 ベルトコンベアー(べるとこんべあー)
예약하다 予約(よやく) する。	취소하다 キャンセル(きゃんせる) する。

항구 港(みなと)	육지 陸地(りくち)
부두 埠頭(ふとう)	썰물 引(ひ)き潮(しお)
밀물 満(み)ち潮(しお)	항구입구 港(みなと)の入(い)り口(ぐち)
증기선 蒸気船(じょうきせん)	모터보트 モーターボート(もーたーぼーと)
크루즈 クルーズ(くるーず)	선박 船舶(せんぱく)
페리 フェリー(ふぇりー)	선장 船長(せんちょう)
기관장 機関長(きかんちょう)	일등 항해사 一等航海士(いっとうこうかいし)
갑판 デッキ(でっき)【甲板(かんぱん)】	선실 船室(せんしつ)
좌석 座席(ざせき)	라운지 ラウンジ(らうんじ)
침대 ベット(べっと)	1등선실 1等船室(いっとうせんしつ)
2등선실 2等船室(にとうせんしつ)	보통석 普通席(ふつうせき)
1인실 一人部屋(ひとりべや)	2인실 二人部屋(ふたりべや)
구명보트 救命ボート(きゅうめいぼーと)	
구명조끼 救命胴衣(きゅうめいどうい)【ライフジャケット(らいふじゃけっと)】	
구명튜브 救命浮き輪(きゅうめいうきわ)	
배에 승선하다 船(ふね)に乗船(じょうせん)する。	
뱃멀미 船酔(ふなよ)い	
우회 迂回(うかい)	
물가에 대다 着岸(ちゃくがん)する。	
계류하다 係留(けいりゅう)する。	
정박하다 停泊(ていはく)する。	

- ガソリン(がそりん)を入(い)れなければならない。
  휘발유를 넣어야 한다.
- ガソリン表示灯(がそりんひょうじとう)が点(つ)く。
  기름 표시등이 켜진다.
- 車(くるま)が故障(こしょう)した。
  차가 고장났다.
- タイヤ(たいや)がパンク(ぱんく)した。
  타이어가 터졌다.
- スペアータイヤ(すぺあーたいや)が必要(ひつよう)だ。
  스페어 타이어가 필요하다.
- ヘッドライト(へっどらいと)がつかない。
  헤드라이트가 안 켜진다.
- 電球(でんきゅう)を取(と)り替(か)えなければならない。
  전구를 갈아야 한다.
- エンジン(えんじん)がかからない。
  차가 시동이 안 걸린다.
- バッテリー(ばってりー)を充電(じゅうでん)しなければならない。
  배터리를 충전해야 한다.
- 太郎(たろう)は運転(うんてん)が上手(うま)い/ 下手(へた)だ。
  다로우는 운전을 잘한다/ 잘 못한다.
- 彼(かれ)は熟練(じゅくれん)した/ 未熟(みじゅく)な運転手(うんてんしゅ)だ。
  그는 능숙한/ 서투른 운전사이다.
- 次郎(じろう)は車(くるま)を替(か)えた。
  지로우는 차를 바꾸었다.
- 彼(かれ)は中古車(ちゅうこしゃ)を買(か)った。
  그는 중고차를 샀다.
- 私(わたし)は車(くるま)を借(か)りたい。
  나는 차를 렌트하고 싶다.
- シートベルト(しーとべると)を締(し)めなければならない。
  시트벨트를 매야 한다.
- スピード(すぴーど)を出(だ)すためには、アクセル(あくせる)を踏(ふ)む。
  속도를 내기 위해서는 엑셀을 밟는다.
- 速度(そくど)を落(お)とすためには、ブレーキ(ぶれーき)を踏(ふ)む。
  속도를 늦추기 위해서는 브레이크를 밟는다.
- 自動車(じどうしゃ)が故障(こしょう)したら、整備工場(せいびこうじょう)へ行(い)く。
  자동차가 고장이 나면, 정비소에 간다.
- 自動車(じどうしゃ)を直(なお)す人(ひと)は、整備士(せいびし)だ。
  자동차를 고치는 사람은 정비공이다.

파킹 미터는 도로 내의 주차 구역에 있는 주차 요금 징수기다. 그 기계에서 티켓을 사면 지정된 주차 라인 내에서만 단시간(1시간 정도) 주차할 수 있는 제도다. 주차장이 적은 도시부에 설치되어 있는 경우가 많다.

- ガソリンスタンド(がそりんすたんど)で、ガソリン(がそりん)を入(い)れる。
  정유소에서 자동차 기름을 넣는다.
- ガソリン(がそりん)を満タン(まんたん)に入(い)れてください!
  기름 가득 넣어 주세요!
- 道(みち)に駐車(ちゅうしゃ)するためには、パーキングメーター(ぱーきんぐめーたー)で、パーキングチケット(ぱーきんぐちけっと)を買(か)わなければならない。
  길에 주차하기 위해서는 파킹 미터에서 티켓을 끊어야 한다.
- そうしなければ、12000円(いちまんにせんえん)の反則金(はんそくきん)を払(はら)わなければならない。
  그렇지 않으면 12,000엔의 범칙금을 내야 된다.

🏠 비행기 여행 관련 표현들

- 着陸(ちゃくりく)する。
  착륙하다.
- 飛行機(ひこうき)に乗(の)る。
  비행기를 타다.
- 飛行機(ひこうき)に乗(の)り遅(おく)れる。
  비행기를 놓치다.
- 飛行機(ひこうき)が遅延(ちえん)している。
  비행기가 지연되고 있다.
- シートベルト(しーとべると)を締(し)める。
  안전밸트를 매다.
- 座席(ざせき)を後(うし)ろに倒(たお)す。
  좌석을 뒤로 젖히다.
- (食事(しょくじ)を置(お)く)テーブル(てーぶる)を戻(もど)す。
  (음식 놓는) 트레이를 접는다.
- 座席(ざせき)をまっすぐに戻(もど)す。
  좌석을 바로 세우다.
- 空港(くうこう)に出迎(でむか)えに行(い)く。
  공항에 마중 나가다.
- 時差(じさ)に適応(てきおう)する。
  시차에 적응하다.
- 時差(じさ)に苦(くる)しむ。
  시차에 고생하다.
- 東京(とうきょう)を経由(けいゆ)して行(い)く途中(とちゅう)に立(た)ち寄(よ)った。
  도우쿄우를 경유해서 가는 길에 들렀다.

- 東京(とうきょう)に乗(の)り継(つ)ぎで立(た)ち寄(よ)った。
  도우쿄우에 트랜짓으로 들렀다.
- ソウル(そうる)－東京路線(とうきょうろせん)を運航(うんこう)する。
  서울－도우쿄우 노선을 운항하다.
- 大阪(おおさか)へ行(い)くために私(わたし)は成田(なりた)から飛行機(ひこうき)に乗(の)る。
  오오사카에 가기 위해 나는 나리타에서 비행기를 탄다.
- 私(わたし)は東京発(とうきょうはつ)ソウル(そうる)行(ゆ)きJL950便(じゃるきゅうひゃくごじゅうびん)【きゅうごぜろびん】、日本航空(にほんこうくう)【JAL(じゃる)】のチケット(ちけっと)を持(も)っている。
  나는 도우쿄우발 서울행편 JL950 일본항공【JAL】티켓이 있다.
- 航空会社(こうくうがいしゃ)と便名(びんめい)は何(なん)ですか。
  항공사와 편명이 어떻게 됩니까?
- 路線(ろせん)に遅(おく)れが出(で)ていますか。
  노선이 지연되었나요?
- ソウル(そうる)から飛行機(ひこうき)がいつ到着(とうちゃく)しますか。
  서울에서 비행기가 언제 도착합니까?
- 荷物(にもつ)は何個(なんこ)ですか。
  짐이 몇 개입니까?
- どんな外貨(がいか)を持(も)っていますか。
  어떤 외화를 소지하고 있습니까?

🏠 배 여행 관련 표현들

- 私(わたし)は、乗(の)り物酔(ものよ)いをする。
  난 멀미를 한다.
- 私(わたし)は、船酔(ふなよ)いを我慢(がまん)するのがつらい。
  난 뱃멀미를 참기 힘들다.
- どの経路(けいろ)に関心(かんしん)がありますか。
  어느 경로에 관심 있으십니까?

🏠 교통수단에 따라 동사가 다르게 사용됨

1. 자동차, 전철, 이륜차 등

車(くるま)、電車(でんしゃ)、二輪車(にりんしゃ)など

- 출발하다 出発(しゅっぱつ)する【動(うご)き出(だ)す】
  → 발차하다 発車(はっしゃ)する

• 도착하다 到着(とうちゃく)する【止(と)まる】
→ 정차하다 停車(ていしゃ)する

例(れい) ●

승용차 乗用車(じょうようしゃ)　　버스 バス(ばす)
택시 タクシー(たくしー)　　　　오토바이 オートバイ(おーとばい)
자전거 自転車(じてんしゃ)　　　지하철 地下鉄(ちかてつ)
기차 汽車(きしゃ)
완행열차 鈍行列車(どんこうれっしゃ)【各駅停車(かくえきていしゃ)】

2. 비행기(飛行機 ひこうき)

• 출발하다 出発(しゅっぱつ)する【動(うご)き出(だ)す】
→ 이륙하다 離陸(りりく)する
• 도착하다 到着(とうちゃく)する
→ 착륙하다 着陸(ちゃくりく)する

例(れい) ●

점보제트기 ジャンボジェット機(じゃんぼじぇっとき)
프로펠러기 プロペラ機(ぷろぺらき)

3. 배(船 ふね)

• 출발하다 出発(しゅっぱつ)する【動(うご)き出(だ)す】
→ 발선하다 発船(はっせん)する【船出(ふなで)する】
→ 출항하다 出航(しゅっこう)する
• 도착하다 到着(とうちゃく)する【泊(と)まる】
→ 착선하다 着船(ちゃくせん)する
→ 착항하다 着港(ちゃっこう)する
→ 귀항하다 帰港(きこう)する
→ 입항하다 入港(にゅうこう)する

例(れい) ●

모터보트 モーターボート(もーたーぼーと)
페리 フェリー(ふぇりー)
발동기선 発動汽船(はつどうきせん)
요트 ヨット(よっと)

🏠 운전자

(자동차버스)기사 (自動車 バス)運転手 (じどうしゃ ばす)うんてんしゅ)

전동차(기차)기사 電車(汽車)運転士 (でんしゃ(きしゃ)うんてんし)

택시기사 タクシー運転手(たくしー うんてんしゅ)

오토바이 운전자 ライダー(らいだー)

파일럿 パイロット(ぱいろっと)

🏠 차 종류

자동차 自動車(じどうしゃ)

세단 セダン(せだん)

하이브리드카 ハイブリッド車(はいぶりっどしゃ)

미니밴 ミニバン(みにばん) * 짐칸이 있는 승용차

콤팩트카 コンパクトカー(こんぱくとかー)

스포츠카 スポーツカー(すぽーつかー)

4륜구동차 SUV 四輪駆動車(よんりんくどうしゃ)

경차 軽[自動車](けい[じどうしゃ])

트럭 トラック(とらっく)

노선버스 路線バス(ろせんばす)

관광버스 観光バス(かんこうばす)

캠핑트레일러 キャンピングトレーラー(きゃんぴんぐとれーらー)

오토바이 オートバイ(おーとばい)【単車(たんしゃ)、自動二輪(じどうにりん)】

자전거 自転車(じてんしゃ)

전동 자전거 電動自転車(でんどうじてんしゃ)

이인용 자전거 二人乗(ふたりの)り自転車(じてんしゃ)【タンデム(たんでむ)】

산악 자전거 マウンテンバイク(まうんてんばいく)

지상운송수단 地上運送手段(ちじょううんそうしゅだん)

수상교통수단 水上交通手段(すいじょうこうつうしゅだん)

항공교통수단 航空交通手段(こうくうこうつうしゅだん)

Ⓐ こんにちは。今日出発(きょうしゅっぱつ)の、ソウル行(そうるゆ)きの搭乗券(とうじょうけん)と、あさって大阪(おおさか)へ戻(もど)ってくる、搭乗券(とうじょうけん)が必要(ひつよう)ですが。
안녕하세요? 오늘 가는 서울행 비행기표와 내일 모레 오오사카로 되돌아 오는 비행기표가 필요한데요.

Ⓑ どの航空便(こうくうびん)を希望(きぼう)されますか。
어떤 항공편을 원하십니까?

Ⓐ JAL(じゃる)です。
JAL이요.

Ⓑ ビジネスクラス(びじねすくらす)とエコノミークラス(えこのみーくらす)、どちらになさいますか。
비즈니스 클래스와 이코노미 클래스 중에서 어떤 것으로 하시겠습니까?

Ⓐ ビジネスクラス(びじねすくらす)です。
비즈니스 클래스요.

Ⓑ わかりました。パスポート(ぱすぽーと)を見(み)せてください。
알겠습니다. 여권을 보여 주세요.

Ⓐ はい、どうぞ。
여기 있습니다.

Ⓑ まず、ソウル行(そうるゆ)き搭乗券(とうじょうけん)です。
먼저 서울행 표입니다.

Ⓐ ありがとうございます。【どうも】
고맙습니다.

Ⓐ 車(くるま)についてよく知(し)ってるよね。運転(うんてん)するだろ。
자동차에 대해 잘 알지? 운전을 하잖아?

Ⓑ 少(すこ)しならわかるよ。でもなぜ。
조금 알아. 근데 왜?

Ⓐ ブレーキ(ぶれーき)がきちんと効(き)かないのが問題(もんだい)なんだ。昨日(きのう) 道(みち)を走(はし)っていて、止(と)まろうとしたんだけど・・・
危(あや)うく交通事故(こうつうじこ)になるところだった！ どこか修理(しゅうり)する所(ところ)を知(し)ってる。

내 브레이크가 말을 잘 안들어서 문제야. 어제 길을 가다가 멈추려고 했는데…
하마터면 교통사고가 날 뻔 했어! 어디서 수리하는지 아니?

Ⓑ 大変(たいへん)だ！ 本当(ほんとう)に危(あぶ)ないよ。どこの修理工場(しゅうりこうじょう)でもしてるけど、すごく上手(じょうず)な整備士(せいびし)を紹介(しょうかい)してあげるよ。 去年(きょねん)、その人(ひと)が私(わたし)の車(くるま)を完璧(かんぺき)に修理(しゅうり)してくれたんだ。 これが彼(かれ)の電話番号(でんわばんごう)だよ。早(はや)く電話(でんわ)してみたら。

큰일이네! 정말 위험한데. 어디든 하지만아주 잘 하는 정비공을 소개시켜줄게. 작년에 그 사람이 내 차를 완벽하게 수리해 주었거든. 이게 그 사람 전화번호야. 빨리 전화해 봐.

Ⓐ ありがとう。今日(きょう)、すぐに電話(でんわ)するよ。

고마워 오늘 당장 전화 할게.

25 전철 電車(でんしゃ)/ 버스 バス(ばす)/ 지하철 地下鉄(ちかてつ)/ 택시 タクシー(たくしー)

鉄道(てつどう)の駅(えき) 기차역

切符(きっぷ) 표

高速列車(こうそくれっしゃ)
고속 열차

窓口職員(まどぐちしょくいん)
창구직원

窓口(まどぐち)
창구

女性旅行客(じょせいりょこうきゃく)
여행객(여)

荷物(にもつ)
짐

男性旅行客(だんせいりょこうきゃく)
여행객(남)

매표소	切符売り場(きっぷうりば)	자동판매기	自動券売機(じどうけんばいき)
개찰구	改札口(かいさつぐち)	자동개찰기	自動改札機(じどうかいさつき)
교통IC카드	交通系ＩＣカード(こうつうけいＩＣかーど)	자동요금정산기	自動精算機(じどうせいさんき)
회수권	回数券(かいすうけん)	패스	定期券(ていきけん)
역무원	駅員(えきいん)	예약	予約(よやく)
편도	片道(かたみち)	왕복	往復(おうふく)
특급열차	特急(とっきゅう)[電車(でんしゃ)]	급행열차	急行(きゅうこう)[電車(でんしゃ)]
보통열차	普通(ふつう)[電車(でんしゃ)]	신간선	新幹線(しんかんせん)

案内所(あんないじょ)
【インフォーメーション
(いんふぉーめーしょん)】

정보, 예약, 안내소

切符売(きっぷう)り
場(ば)

매표소

自動切符売場
(じどうきっぷうりば)

자동매표소

改札口
(かいさつぐち)

개찰구

駅事務室
(えきじむしつ)

역사무실

待合室
(まちあいしつ)

대기실

待(ま)ち合(あ)わせスポット
(すぽっと)

만남의 장소

お手洗(てあら)い
【トイレ(といれ)】

화장실

多機能トイレ
(たきのうといれ)

다기능 화장실

エレベーター
(えれべーたー)

엘리베이터

エスカレーター
(えすかれーたー)

에스컬레이터

コインロッカー
(こいんろっかー)

수하물 보관함

荷物一時預(にもついちじ
あず)かり所(じょ)

수하물 보관소

公衆電話
(こうしゅうでんわ)

공중전화

ATM(えーてぃーえむ)
【キャッシュコーナー
(きゃっしゅこーなー)】

현금입출금기

忘(わす)れ物承(ものうけ
たまわ)り所(じょ)

유실물센터

喫煙ルーム
(きつえんるーむ)

흡연실

タクシー乗(たくしーの)り
場(ば)

택시 타는 곳

バス乗(ばすの)り
場(ば)

버스 타는 곳

AED【自動体外式除細動器
(じどうたいがいしきじょ
さいどうき)】

자동 체외식 제세동기

플랫폼	[プラット(ぷらっと)]ホーム(ほーむ)	대기실	待合室(まちあいしつ)
매점	売店(ばいてん)	도시락	駅弁(えきべん)
차장	車掌(しゃしょう)	기차(칸)	車両(しゃりょう)
식당차	食堂車(しょくどうしゃ)	차내판매	車内販売(しゃないはんばい)
침대차	寝台車(しんだいしゃ)	화물열차	貨物列車(かもつれっしゃ)
시발역	始発駅(しはつえき)	종착역	終着駅(しゅうちゃくえき)

🏠 대중교통

노선버스	路線バス(ろせんばす)	고속버스	高速バス(こうそくばす)
전차	電車(でんしゃ)	재래선열차	在来線(ざいらいせん)
모노레일	モノレール(ものれーる)	지하철	地下鉄(ちかてつ)
노면전차	路面電車(ろめんでんしゃ)	택시	タクシー(たくしー)

🏠 버스

운전기사	運転手(うんてんしゅ)	차장	車掌(しゃしょう)
원맨카	ワンマンカー(わんまんかー)	티켓	切符(きっぷ)【チケット(ちけっと)】
정리권	整理券(せいりけん)	버스 정류장	バス停(ばすてい)
다음 정거장	次(つぎ)の停留所(ていりゅうじょ)	교통혼잡	交通渋滞(こうつうじゅうたい)
러시아워	ラッシュ[アワー](らっしゅ[あわー])		

- ボタン(ぼたん)を押(お)して、バス(ばす)が停(と)まるように、知(し)らせなければならない。
  버튼을 눌러 버스가 멈추도록 알려야 한다.
- 三郎(さぶろう)は、バス(ばす)に乗(の)ろうとしている。 彼(かれ)は、バス停(ばすてい)で34番(さんじゅうばん)を待(ま)つ。
  사부로는 버스를 타려고 한다. 그는 버스 정거장에서 34번을 기다린다.
- 彼(かれ)は、バス(ばす)に乗(の)り込(こ)む。
  그는 버스에 올라탄다.
- バス(ばす)に乗(の)ったら、整理券(せいりけん)を取(と)る。
  버스에 올라타면 정리권을 뺀다.
- 整理券番号(せいりけんばんごう)で料金(りょうきん)を確認(かくにん)し、運賃箱(うんちんばこ)に入(い)れる。
  정리권 번호로 요금을 확인하여 운임함에 넣는다.
- 小銭(こぜに)がない時(とき)は、両替(りょうがえ)してから入(い)れる。
  잔돈이 없을 때는 환전한 다음 넣는다.

- 彼(かれ)は、バス(ばす)から降(お)りる。
  그는 버스에서 내린다.
- 国立劇場(こくりつげきじょう)へはどのように行(い)きますか。
  국립극장에 어떻게 갑니까?
- このバス(ばす)はどこへ行(い)きますか。
  이 버스는 어디로 갑니까?
- このバス(ばす)は、市内(しない)へ行(い)きます。
  이 버스는 시내로 갑니다.
- このバス(ばす)は、国立劇場(こくりつげきじょう)には行(い)きません。
  이 버스는 국립극장에는 가지 않습니다.
- 歩(ある)いて行(い)けるでしょうか。
  걸어서 갈 수 있을까요?
- 次(つぎ)の、半蔵門(はんぞうもん)で降(お)りてください。
  다음의 한조우몬에서 내리세요.
- そして、この道(みち)に沿(そ)って、まっすぐ行(い)ってください。
  그리고 이 길을 따라 쭉 가세요.
- 劇場(げきじょう)は、向(む)かい側(がわ)にあるので、横断歩道(おうだんほどう)を渡(わた)ってください。
  극장은 건너편에 있으니 횡단보도를 건너세요.

🏠 지하철

지하철 노선도	地下鉄(ちかてつ)路線図(ろせんず)		
지하철 입구	地下鉄(ちかてつ)入(い)り口(ぐち)		
지하도로	地下道(ちかどう)	정차역	停車駅(ていしゃえき)
자동개찰구	自動改札口(じどうかいさつぐち)		
교통카드	ＩＣカード(あいしーかーど)		
승객	乗客(じょうきゃく)	역무원	駅員(えきいん)
계단	階段(かいだん)		
에스컬레이터	エスカレーター(えすかれーたー)		
승강장, 플랫폼	［プラット］ホーム([ぷらっと]ほーむ)		
레일	レール(れーる)	손잡이	つり革(かわ)
그물선반	網棚(あみだな)	노약자석	優先座席(ゆうせんざせき)
만원전차	満員電車(まんいんでんしゃ)	순환선	環状線(かんじょうせん)
환승역	乗換駅(のりかええき)	간격	間隔(かんかく)
방사상 노선	路線網(ろせんもう)	터널	トンネル(とんねる)
비상구	非常口(ひじょうぐち)	스크린 도어	ホームドア(ほーむどあ)
자동열차 제어장치	ＡＴＣ(えーてぃーしー)		
【自動列車制御装置(じどうれっしゃせいぎょそうち)】			

- 乗(の)り換(か)える
  갈아타다

- 直通(ちょくつう)
  직통

- あなたは、違(ちが)う方向(ほうこう)へ行(い)っています。
  당신은 다른 방향으로 가고 있습니다.

- 通(とお)してください。
  지나가게 해 주세요.

- 次(つぎ)の駅(えき)で降(お)りますか。
  다음 정거장에서 내립니까?

- 回数券(かいすうけん)は、10枚分(じゅうまいぶん)の金額(きんがく)で11枚買(じゅういちまいか)える。
  회수권은 열장분의 금액으로 11장을 살 수 있다.

- 私(わたし)は、京都駅(きょうとえき)で電車(でんしゃ)に乗(の)る。
  나는 교우토 역에서 전철을 탄다.

- 人々(ひとびと)は＜品川＞駅(＜しながわ＞えき)で乗(の)る/降(お)りる。
  사람들은 ＜시나가와＞ 역에서 탄다/ 내린다.

- もたれないでください。
  기대지 마세요.

- 急(いそ)ぐ時(とき)はタクシー(たくしー)に乗(の)る。
  바쁠 때는 택시를 탄다.

- 私(わたし)は、まず電車(でんしゃ)に乗(の)って行(い)って、地下鉄(ちかてつ)に乗(の)り換(か)える。
  나는 먼저 전차를 타고 가다가 지하철로 갈아탄다.

- 私(わたし)の息子(むすこ)は、歩(ある)いて学校(がっこう)へ行(い)く。
  내 아들은 걸어서 학교에 간다.

- 車(くるま)で劇場(げきじょう)へ行(い)かれますか。
  극장에 차로 가세요?

- 切符(きっぷ)を一枚(いちまい)ください。
  전철표 한 장 주세요.

- 快適(かいてき)な状態(じょうたい)を維持(いじ)するため、窓(まど)を開(あ)けないよう、お願(ねが)い申(もう)し上(あ)げます。
  쾌적한 상태를 유지하기 위해 창문을 열지 마시도록 부탁드립니다.

- 座席(ざせき)を子供連(こどもづ)れの方(かた)、体(からだ)の不自由(ふじゆう)な方(かた)、お年寄(としよ)り、妊娠(にんしん)されている方(かた)にお譲(ゆず)りください。
  자리를 아이를 동반한 승객, 장애인, 노약자, 임산부에게 양보해 주세요.

- 列車(れっしゃ)からお降(お)りの際(さい)は、お忘(わす)れ物(もの)のないよう、ご確認(かくにん)ください。
  열차에서 내릴 때 잃어버린 물건이 없는지 확인하시기 바랍니다.

- お気(き)をつけ下(くだ)さい！ ドア(どあ)が閉(し)まります。 次(つぎ)の
  停車駅(ていしゃえき)は＜大学＞駅(＜だいがく＞えき)です。
  조심하세요! 문이 닫힙니다. 다음 정거장은 ＜대학교＞역입니다.
- この電車(でんしゃ)は、＜文化公園＞駅(＜ぶんかこうえん＞えき)には
  停(と)まらないで通過(つうか)します。
  이 열차는 ＜문화 공원＞역에 정차하지 않고 지나갑니다.

🏠 택시

빈택시	空車(くうしゃ)
예약차	予約車(よやくしゃ)
택시정류장	タクシー乗り場(たくしーのりば)
미터기	料金メーター(りょうきんめーたー)
영수증	領収書(りょうしゅうしょ)
배차원	配車係(はいしゃがかり)
택시를 잡다	タクシー(たくしー)を止(と)める。【拾(ひろ)う】
택시를 예약하다	タクシー(たくしー)を予約(よやく)する。
전화로 택시를 부르다	電話(でんわ)でタクシー(たくしー)を呼(よ)ぶ。

- どちらへ行(い)かれますか。
  어디 가세요?
- 止(と)めてください。
  세워 주세요.
- もう少(すこ)し行(い)ってください。
  조금 더 가 주세요.
- ユーターン(ゆーたーん)してください。
  유턴 해주세요.
- 右折(うせつ)してください。
  우회전 해주세요.
- 左折(させつ)してください。
  좌회전 해주세요.
- 直進(ちょくしん)してください。
  식진 해주세요.
- 入(い)り口(ぐち)で待(ま)っています。
  입구에서 기다리고 있겠습니다.
- タクシー(たくしー)を予約(よやく)したいです。
  택시를 예약하고 싶습니다.
- 何時(なんじ)に予約(よやく)したいのですか。
  몇 시에 예약을 하고 싶은가요?

• 正確(せいかく)な住所(じゅうしょ)をおっしゃってください。
정확한 주소를 말씀해 주세요.

🏠 응용 대화 1

Ⓐ もしもし! 花子(はなこ)、こんにちは! 私(わたし)、真弓(まゆみ)よ。 今(いま)、学校(がっこう)で電話(でんわ)してるんだけど、そっちに行(い)こうと思(おも)うの。 どうしたら楽(らく)に行(い)けるか、教(おし)えてよ。
여보세요! 하나코, 안녕! 나 마유미야. 지금 학교에서 전화하는데 너한테 가려고 해. 어떻게 해야 편하게 가는지 가르쳐 줘.

Ⓑ 分(わ)かったわ。 こうしてね。 ＪＲ＜東京＞駅(＜とうきょう＞えき)まで歩(ある)いて行(い)って、次(つぎ)にそこから130番(ひゃくさんじゅうばん)のバス(ばす)に乗(の)って、＜品川＞駅(＜しながわ＞えき)まで来(き)てね。 それから地下鉄(ちかてつ)に乗(の)って＜新宿＞駅(＜しんじゅく＞えき)まで、4駅(よんえき)行(い)くのよ。
알았어.이렇게 해. ＪＲ ＜도우쿄우＞역까지 걸어가서 다음에 거기서 130번 버스를 타고 ＜시나가와＞역까지 와. 그리고 지하철을 타고 ＜신주쿠＞역까지 네 정거장을 가는 거야.

Ⓐ わかったわ。ありがとう。
알겠어. 고마워.

🏠 응용 대화 2

Ⓐ 今度(こんど)の韓国旅行(かんこくりょこう)、9時半(くじはん)に空港集合(くうこうしゅうごう)にしようか。
이번 한국 여행, 9시 반에 공항 집합으로 할까?

Ⓑ いいよ。 僕(ぼく)は「はるか」で行(い)こうと思(おも)うんだけど、山田君(やまだくん)は。
좋아. 난 [하루카]로 가려고 하는데, 야마다 군은?

Ⓐ 僕(ぼく)は、乗(の)り合(あ)いタクシー(たくしー)で行(い)くよ。
난 합승택시로 갈게.

Ⓑ 乗(の)り合(あ)いタクシー(たくしー)…。 何(なに)、それ。
합승택시? 그게 뭐야?

Ⓐ 予約(よやく)すると自宅(じたく)まで来(き)てくれて、他(ほか)の人(ひ
と)の家(いえ)も回(まわ)って、何人(なんにん)か乗(の)り合(あ)わせて、
空港(くうこう)まで行(い)くんだ。荷物(にもつ)も積(つ)んでくれるし、
家(いえ)まで来(き)てくれるから、すごく楽(らく)だよ。
예약하면 집까지 와주고 다른 사람들 집들도 돌며 몇 명 합승해서 공항까지 가는 거야.
짐도 실어주고 집까지 와줘서 진짜 편해.

Ⓑ へえ〜。便利(べんり)だなあ。
우와 편리하네.

Ⓐ でも、リムジンバス(りむじんばす)に比(くら)べたら時間(じかん)がか
かるから、少(すこ)し早(はや)く出発(しゅっぱつ)しないといけないけ
どね。
근데 리무진 버스에 비하면 시간이 걸리니까 좀 더 일찍 출발해야 되지만.

かもめ
갈매기

雲(くも)
구름

ビーチパラソル(びーちぱらそる)
파라솔

テント(てんと)
텐트

地平線(ちへいせん)
지평선

わかめ
미역

サングラス(さんぐらす)
선글라스

浮(う)き輪(わ)
튜브

ビキニ(びきに)
비키니

かご
바구니

ビーチタオル
(びーちたおる)
비치 타올

サンバイザー(さんばいざー)
썬캡

ビーチサンダル
(びーちさんだる)
해변용 샌들

海水浴客(かいすいよくきゃく)
수영객

ひとで
불가사리

海辺(うみべ)
해변

海(うみ)
바다

貝(かい)
조개

スコップ(すこっぷ)
삽

砂(すな)
모래

水着(みずぎ)
수영복

たつのおとしご
해마

여행용 캐리어	旅行用キャリーバック(りょこうようきゃりーばっく)
기내 휴대짐	機内持込手荷物(きないもちこみてにもつ)
여행용 가방	旅行用カバン(りょこうようかばん)
호수	湖(みずうみ)
파도	波(なみ)
수상스키	水上スキー(すいじょうすきー)
써핑보드	サーフボード(さーふぼーど)
스쿠버다이빙	スキューバダイビング(すきゅーばだいびんぐ)
잠수안경	水中(すいちゅう)めがね
잠수부튜브 호흡관	シュノーケル(しゅのーける)
공기매트리스	エアマット(えあまっと)
비치볼	ビーチボール(びーちぼーる)
구명튜브	救命浮き輪(きゅうめいうきわ)
구명조끼	救命胴衣(きゅうめいどうい)【ライフジャケット(らいふじゃけっと)】
일사병	日射病(にっしゃびょう)
썬크림	日焼(ひや)け止(ど)め
등산	登山(とざん)【山登(やまのぼ)り】
트레킹	トレッキング(とれっきんぐ)【山歩(やまある)き】
바위	岩(いわ)
배낭	リュックサック(りゅっくさっく)
배에 차는 가방	ウエストポーチ(うえすとぽーち)
침낭	寝袋(ねぶくろ)

- 一週間(いっしゅうかん)したら、私(わたし)は休暇(きゅうか)だ。
  일주일 후면 난 휴가다.

- 私(わたし)は、日本(にほん)へ/外国(がいこく)へ旅行(りょこう)に行(い)くつもりだ。
  나는 일본으로 / 외국으로 여행을 떠날 것이다.

- 発(た)つ前(まえ)に、旅行社(りょこうしゃ)【旅行会社(りょこうがいしゃ)】に情報(じょうほう)を尋(たず)ねてみる。
  떠나기 전에 여행사에 정보를 물어본다.

- 韓国(かんこく)と日本(にほん)の両国間(りょうこくかん)では、ビザ(びざ)は必要(ひつよう)ない。
  한국과 일본의 양국간은 비자는 필요없다.

- 私(わたし)は荷物(にもつ)を詰(つ)める/解(ほど)く。
  나는 짐을 싼다 / 짐을 푼다.

- 東京(とうきょう)へ到着(とうちゃく)したら、駅(えき)で地下鉄(ちかてつ)の路線図(ろせんず)を、手(て)に入(い)れられる。
  도우쿄우에 도착하면 전철역에서 지하철 노선도를 구할 수 있다.

- 世界地図(せかいちず)(全国(ぜんこく) / 地方地図(ちほうちず))
  세계 지도(전국 / 지방 지도)
- 都市地図(としちず) / 鉄道路線図(てつどうろせんず)
  도시지도 / 전철노선도
- 彼(かれ)は海(うみ)で/山(やま)で/田園(でんえん)で/外国(がいこく)で、休暇(きゅうか)を過(す)ごす。
  그는 바다에서 / 산에서 / 전원에서 / 외국에서 휴가를 보낸다.
- 海辺(うみべ)では、日焼(ひや)けする前(まえ)に日焼(ひや)け止(ど)めを塗(ぬ)ってください。
  해변가에서는 썬탠을 하기 전에 썬크림을 바르세요.
- 四郎(しろう)が泳(およ)いでいる間(あいだ)、子供(こども)たちは砂浜(すなはま)で遊(あそ)びます。
  시로우가 수영하는 동안 아이들은 모래사장에서 놉니다.
- 冬(ふゆ)には、山(やま)へスキー(すきー)/スノーボード旅行(すのーぼーどりょこう)に出(で)かけます。
  겨울에는 산으로 스키/스노보드 여행을 떠납니다.
- 彼(かれ)はスキー(すきー)が上手(じょうず)です。
  그는 스키를 잘 탑니다.
- リフト(りふと)に乗(の)るのはおもしろいです。
  리프트를 타는 게 재미있어요.
- 休暇(きゅうか)の時(とき)、私(わたし)はキャンプ(きゃんぷ)をするのが好(す)きだ。
  휴가 때 나는 캠핑하는 것을 좋아한다.
- キャンプ(きゃんぷ)に行(い)こうか。
  캠핑 갈까?
- 寝袋(ねぶくろ)を持(も)っていますか。
  침낭 가지고 있어요?
- 私(わたし)は日本(にほん)で、ヒッチハイク(ひっちはいく)で旅行(りょこう)した。
  나는 일본에서 히치하이킹으로 여행했다.
- あなたは、去年(きょねん)はどこで休養(きゅうよう)したのですか?
  당신은 작년에는 어디서 휴가를 보내셨나요?
- 私(わたし)たちは、湖(みずうみ)で泳(およ)いだ。
  우리는 호수에서 수영을 했다.
- 私(わたし)たちは、素敵(すてき)な休暇(きゅうか)を過(す)ごした。
  우리는 멋진 휴가를 보냈다.
- 私(わたし)たちは、海(うみ)でビーチバレー(びーちばれー)をして、日焼(ひや)けした。
  우리는 바다에서 배구를 하고 썬탠을 했다.
- ブラジル(ぶらじる)のカーニバル(かーにばる)は、世界的(せかいてき)に有名(ゆうめい)な祭(まつ)りだ。
  브라질의 카니발은 세계적으로 유명한 축제이다.

• 私(わたし)は、休暇(きゅうか)を過(す)ごして来(き)た。
  나는 휴가를 다녀왔다.

• 私(わたし)たちは、スキー(すきー)をした。
  우리는 스키를 탔다.

• 彼(かれ)らは、自然(しぜん)の中(なか)で休息(きゅうそく)した。
  그들은 자연 속에서 푹 쉬었다.

• 私(わたし)たちは、ボート(ぼーと)に乗(の)った。
  우리는 보트를 탔다.

• 神戸(こうべ)は本当(ほんとう)に異国的(いこくてき)だ。
  고베는 진짜 이국적이다.

• どこへ行(い)って来(き)たのですか。
  어디를 다녀 왔나요?

• 休日(きゅうじつ)はどこに行(い)くんですか。
  휴일에는 어디를 가나요?

27 호텔
ホテル (ほてる)

受付係(うけつけがかり)
리셉셔니스트

受付うけつけ
접수

フロント(ふろんと)
프론트

ベルボーイ(べるぼーい)
벨보이

お客様(きゃくさま)【女性客(じょせいきゃく)】
손님(여)

荷物(にもつ)
짐

お客様(きゃくさま)【男性客(だんせいきゃく)】
손님(남)

메이드, 하우스키퍼 メイド(めいど)、ハウスキーパー(はうすきーぱー)	
시티 호텔 シティホテル(してぃほてる)	비지니스 호텔 ビジネスホテル(びじねすほてる)
리조트 호텔 リゾートホテル(りぞーとほてる)	지배인 支配人(しはいにん)
매니저 マネージャー(まねーじゃー)	숙박부 宿泊簿(しゅくはくぼ)
체크인 チェックイン(ちぇっくいん)	체크아웃 チェックアウト(ちぇっくあうと)
객실 客室(きゃくしつ)	싱글 룸 シングルルーム(しんぐるるーむ)
트윈 룸 ツインルーム(ついんるーむ)	더블 룸 ダブルルーム(だぶるるーむ)
스위트 룸 スウィートルーム(すうぃーとるーむ)	오성급 호텔 五つ星ホテル(いつつぼしほてる)

로비 ロビー(ろびー)	라운지 ラウンジ(らうんじ)
레스토랑 レストラン(れすとらん)	미니바 ミニバー(みにばー)
클로크 クローク(くろーく)	비즈니스 센터 ビジネスセンター(びじねすせんたー)
위성 안테나 衛星アンテナ(えいせいあんてな)	인터넷 インターネット(いんたーねっと)
무료 Wi-Fi 無料Wi-Fi(むりょうわいふぁい)	에리베이터 エレベーター(えれべーたー)
에스컬레이터 エスカレーター(えすかれーたー)	비상구 非常口(ひじょうぐち)
엘리베이터 보이 エレベーターボーイ(えれべーたーぼーい)	룸서비스 ルームサービス(るーむさーびす)
유료 서비스 有料サービス(ゆうりょうさーびす)	무료 서비스 無料サービス(むりょうさーびす)
팁 チップ(ちっぷ)	모닝콜 モーニングコール(もーにんぐこーる)
조간(신문) 朝刊(ちょうかん)	방 열쇠 部屋(へや)の鍵(かぎ)
귀중품 보관 금고 セーフティーボックス(せーふてぃーぼっくす)	
귀중품 貴重品(きちょうひん)	에어컨 エアコン(えあこん)
히터 ヒーター(ひーたー)	슬리퍼 スリッパ(すりっぱ)
배스로브 バスローブ(ばすろーぶ)	침대 ベット(べっと)
침구, 이부자리 寝具(しんぐ)	시트 シーツ(しーつ)
이불 掛(か)け布団(ぶとん)	수건 タオル(たおる)
베개 枕(まくら)	비누 石鹸(せっけん)
샴푸 シャンプー(しゃんぷー)	린스 リンス(りんす)
바디 소프 ボディソープ(ぼでぃそーぷ)	드라이기 ドライヤー(どらいやー)
티슈 페이퍼 ティッシュペーパー(てぃっしゅぺーぱー)	화장지 トイレットペーパー(といれっとぺーぱー)
헬스 시설 健康施設(けんこうしせつ)	사우나 サウナ(さうな)
스포츠센터 スポーツセンター(すぽーつせんたー)	수영장 プール(ぷーる)
스파 スパ(すぱ)	미용실 美容室(びようしつ)
드라이클리닝 ［ドライ］クリーニング(［どらい］くりーにんぐ)	
방 청소 部屋(へや)の掃除(そうじ)	조식 포함 朝食込(ちょうしょくこ)み
두 끼 식사 포함 二食込(にしょくこ)み	예약하다 予約(よやく)する。
취소하다 取(と)り消(け)す【キャンセル(きゃんせる)する】。	

🏠 호텔 정보

· シングル(しんぐる)を一部屋予約(ひとへやよやく)したいんですけど。
　싱글 룸하나 예약하고 싶은데요.

· 確認(かくにん)したいです。
　확인하고 싶어요.

· 予約(よやく)しました。
　예약을 했어요.

· 今日(きょう)、宿泊(しゅくはく)できますか。
　오늘 빈 방이 있나요?

· 宿泊料(しゅくはくりょう)を支払(しはら)います。
　숙박료를 지불할게요.

- 追加(ついか)でベビーベッド(べびーべっど)を一台(いちだい)お願(ねが)いします。
  추가로 아기용 침대 하나 더 주세요.
- ベッド(べっど)を追加(ついか)できますか。
  침대를 추가할 수 있나요?
- 毛布(もうふ)をもう一枚(いちまい)下(くだ)さいますか。
  담요 하나 더 주시겠어요?
- ファックス(ふぁっくす)を利用(りよう)できますか。
  팩스 이용할 수 있나요?
- 朝食(ちょうしょく)はどこで食(た)べるのですか。
  아침식사는 어디에서 먹을 수 있나요?
- 朝食(ちょうしょく)は含(ふく)まれています。
  아침식사는 포함되어 있어요.
- 今(いま)、部屋(へや)を使用(しよう)できますか。
  지금 방을 사용할 수 있나요?
- 部屋(へや)がとても気(き)に入(い)りました。
  방이 아주 마음에 들어요.
- ホテル(ほてる)が満室(まんしつ)です。
  호텔이 만원입니다.
- ホテル(ほてる)の支配人(しはいにん)と話(はな)したいです。
  호텔 지배인과 얘기하고 싶어요.
- 見晴(みは)らしの良(よ)い部屋(へや)にしてください。
  전망 좋은 방을 주세요.
- この部屋(へや)にします。
  이방으로 할게요.
- 618号室(ろっぴゃくじゅうはちごうしつ)の鍵(かぎ)です。
  618호실 방 열쇠입니다.

- ドア(どあ)が開(ひら)きません。
  문이 열리지 않아요.
- 鍵(かぎ)を失(な)くしてしまいました。
  열쇠를 잃어 버렸어요.
- トイレ(といれ)が故障(こしょう)しました。
  화장실이 고장났어요.
- 6時(ろくじ)にモーニングコール(もーにんぐこーる)をお願(ねが)いします。
  6시에 모닝콜 부탁해요.
- 何時(なんじ)までにチェックアウト(ちぇっくあうと)しなければなりませんか。
  몇 시까지 체크아웃 해야 하나요?
- 全部(ぜんぶ)でいくらですか。
  전부 얼마예요?
- 部屋番号(へやばんごう)は何番(なんばん)ですか。
  방 번호가 어떻게 되나요?
- 別(べつ)の部屋(へや)に移(うつ)りたいです。
  다른 방으로 옮기고 싶어요.
- 205号室(にひゃくごごうしつ)は空(あ)いていませんでしたか。
  205호실은 비지 않았나요?
- 今日チェックアウト(きょうちぇっくあうと)なさいますか。
  오늘 퇴실하세요?
- 部屋(へや)をもう二日間延長(ふつかかんえんちょう)したいです。
  방을 이틀 더 연장하고 싶어요.
- これは無料サービス(むりょうさーびす)です。
  이건 무료 서비스예요.
- クローク(くろーく)にお預(あず)けいただけます。
  보관실에 맡기실 수 있어요.
- 何(なに)かお困(こま)りですか。
  뭐가 불편하신가요?
- 何(なに)か問題(もんだい)がありますか。
  무슨 문제가 있나요?
- お湯(ゆ)が出(で)ません。
  더운 물이 안나와요.
- エアコン(えあこん)が故障(こしょう)しています。
  에어컨이 고장이에요.
- 暖房(だんぼう)が故障(こしょう)しています。
  난방이 고장이에요.
- シーツ(しーつ)が汚(きたな)いです。
  시트가 더러워요.
- 寒(さむ)いです。掛(か)け布団(ぶとん)を一枚(いちまい)持(も)って来(き)てください。
  추워요. 이불 하나만 가져다 주세요.

- イレットペーパー(といれっとぺーぱー)がありません。
  화장지가 없어요.
- 水道(すいどう)の水(みず)が漏(も)れています。
  수도가 새요.
- 食堂(しょくどう)はどこでしょうか。
  식당이 어딘가요?
- 合鍵(あいかぎ)がありますか。
  스페어키가 있나요?
- 部屋(へや)を賛(か)わりたいです。
  방을 바꾸고 싶습니다.
- そこはうるさすぎます。
  거긴 너무 시끄러워요.
- 荷物(にもつ)はどうすればいいですか。
  짐을 어떻게 해야 할까요?

🏠 응용 대화 1

Ⓐ 部屋(へや)を見(み)せてもらえますか。
  방을 보여주실 수 있나요?
Ⓑ 何日滞在(なんにちたいざい)されるのですか。
  몇 일 계실 건가요?

Ⓐ 三日滞在(みっかたいざい)します。
  3일 머물려고요.
Ⓑ 何名様(なんめいさま)ですか。
  몇 분이 계실겁니까?

Ⓐ 二名(にめい)です。
  두 사람이요.
Ⓑ 宿泊簿(しゅくはくぼ)にご記入(きにゅう)ください。
  숙박부를 기록해 주세요.

Ⓐ 朝食(ちょうしょく)は何時(なんじ)からですか。
  아침은 몇 시부터예요?

🏠 응용 대화 2

Ⓐ こんにちは。6月5日(ろくがついつか)から8日(ようか)までツイン
  (ついん)を三日間予約(みっかかんよやく)したいです。
  안녕하세요. 6월 5일부터 8일까지 2인실을 3일 예약하고 싶습니다.

Ⓑ 申(もう)し訳(わけ)ありませんが、只今ホテル(ただいまほてる)には空室(あきしつ【くうしつ】)がありません。観光シーズン(かんこうしーずん)なので、全館満室(ぜんかんまんしつ)です。

죄송합니다만, 우리 호텔엔 지금 빈 방이 없습니다. 관광 시즌이라 모든 방이 예약되어 있습니다.

응용 대화 3

Ⓐ シングル(しんぐる)を二日間予約(ふつかかんよやく)しました。

1인실을 2일 예약했습니다.

Ⓑ 今(いま)、コンピューター(こんぴゅーたー)で確認(かくにん)してみます。はい、ご予約(よやく)の確認(かくにん)ができました。宿泊簿(しゅくはくぼ)にご記入(きにゅう)ください。

지금 컴퓨터로 확인해 보죠. 네, 예약 확인했습니다. 숙박부를 써 주세요.

Ⓐ はい、どうぞ。これは私(わたし)のパスポート(ぱすぽーと)です。

여기 있습니다. 이건 제 여권입니다.

Ⓑ ここに何日間滞在(なんにちかんたいざい)される予定(よてい)ですか。

이곳에 얼마 동안 머무실 예정 입니까?

Ⓐ 二日間予約(ふつかかんよやく)しましたが、五日間(いつかかん)に延長(えんちょう)できますか。

이틀 예약했는데 5일로 연장할 수 있을까요?

Ⓑ はい。大丈夫(だいじょうぶ)です。

네, 괜찮습니다.

スピーカー(すぴーかー)
스피커

モニター(もにたー)
모니터

ヘッドホン(へっどほん)
헤드폰

ペーパー(ぺーぱー)
종이

プリンター(ぷりんたー)
프린터

ディスク(でぃすく)
디스켓

マウス(まうす)
마우스

キーボード(きーぼーど)
키보드

ごみ箱(ばこ)
휴지통

- 彼(かれ)はインターネット(いんたーねっと)をしている。
  그는 인터넷을 하고 있다.
- 彼(かれ)はコンピューター(こんぴゅーたー)でゲーム(げーむ)をしている。
  그는 컴퓨터에서 게임을 하고 있다.
- 彼(かれ)はインターネット(いんたーねっと)でチャット(ちゃっと)もする。
  그는 인터넷에서 채팅도 한다.

피시 パソコン(ぱそこん)	데스크탑 デスクトップ(ですくとっぷ)
노트북 ノートパソコン(のーとぱそこん)	태블릿 タブレット(たぶれっと)
윈도우 ウインドウズ(ういんどうず)	
맥/매킨토시 マック【マッキントッシュ】(まっく【まっきんとっしゅ】)	
모바일 モバイル(もばいる)	단말기 端末機(たんまつき)
네트워크 카드 ネットワークカード【LANカード】(ねっとわーくかーど【らんかーど】)	
브라우저 ブラウザ(ぶらうざ)	하드웨어 ハードウエア(はーどうぇあ)
소프트웨어 ソフトウェア(そふとうぇあ)	업그레이드 アップグレード(あっぷぐれーど)
플로피 디스크 フロッピーディスク(ふろっぴーでぃすく)	하드디스크 ハードディスク(はーどでぃすく)
디스크 드라이브 ディスクドライブ(でぃすくどらいぶ)	시디롬 CD-ROM シーディーロム(しーでぃーろむ)
포맷 フォーマット【初期化】(ふぉーまっと【しょきか】)	데이터 データー(でーたー)
백업 バックアップ(ばっくあっぷ)	메모리 メモリー(めもりー)
메가바이트 メガバイト(めがばいと)	기가바이트 ギガバイト(ぎがばいと)
광섬유 光ファイバー(ひかりふぁいばー)	모니터 화면 モニター画面(もにたーがめん)
액정 화면 液晶画面(えきしょうがめん)	누름 단추 スタートボタン(すたーとぼたん)
부팅 起動(きどう)	재부팅 再起動(さいきどう)
자판 キーボード(きーぼーど)	마우스 マウス(まうす)
클릭 クリック(くりっく)	커서 カーソル(かーそる)
유에스비 USB ユーエスビー(ゆーえすびー)	메뉴 メニュー(めにゅー)
셋업 セットアップ(せっとあっぷ)	베어판 コントロールパネル(こんとろーるぱねる)
내 컴퓨터 マイコンピューター(まいこんぴゅーたー)	내 문서 マイドキュメント(まいどきゅめんと)
사용자 정의 ユーザー設定(ゆーざーせってい)	도움말 ヘルプ(へるぷ)
휴지통 ゴミ箱(ごみばこ)	아이콘 アイコン(あいこん)
배경 화면 壁紙(かべがみ)	
레이저 프린터 レーザープリンター(れーざーぷりんたー)	
잉크젯 프린터 インクジェットプリンター(いんくじぇっとぷりんたー)	
스캐너 スキャナー(すきゃなー)	모뎀 モデム(もでむ)
폴더 フォルダー(ふぉるだー)	파일 ファイル(ふぁいる)
신규 작성 新規作成(しんきさくせい)	열기 開(ひら)く
닫기 閉(と)じる	페이지 설정 ページ設定(ぺーじせってい)
서식 書式(しょしき)	문자 文字(もじ)
오려두기 切(き)り取(と)り	붙이기 貼(は)り付(つ)け【ペースト(ぺーすと)】
복사하기 コピー(こぴー)	삽입 挿入(そうにゅう)
지우기 削除(さくじょ)	취소 取(と)り消(け)し
드래그 ドラッグ(どらっぐ)	
드래그 앤 드롭 ドラッグ&ドロップ(どらっぐあんどどろっぷ)	
자동 맞춤법 검사 自動スペルチェック(じどうすぺるちぇっく)	
인쇄 모양 보기 印刷プレビュー(いんさつぷれびゅー)	
애플리케이션 アプリ(あぷり)	워드 ワード(わーど)
엑셀 エクセル(えくせる)	아웃룩 익스프레스 アウトルック(あうとるっく)
파워포인트 パワーポイント(ぱわーぽいんと)	

인터넷 익스플로러 インターネットエクスプローラー(いんたーねっとえくすぷろーらー)	
인터넷　インターネット(いんたーねっと)	서버　サーバー(さーばー)
프로바이더　プロバイダー(ぷろばいだー)	로그인　ログイン(ろぐいん)
로그아웃　ログアウト(ろぐあうと)	웹 사이트　ウェブサイト(うぇぶさいと)
포탈　ポータルサイト(ぽーたるさいと)	
주소창　アドレスバー【URLバー】(あどれすばー【ゆーあーるえるばー】)	
이미지　画像(がぞう)	동영상　動画(どうが)
검색 엔진　検索エンジン(けんさくえんじん)	다음 페이지　次ページ(じぺーじ)
뒤로　戻(もど)る	이전 페이지　元(もと)のページ(ぺーじ)
다운로드　ダウンロード(だうんろーど)	관련 링크　関連リンク(かんれんりんく)
즐겨찾기　お気(き)に入(い)り	북마크　ブックマーク(ぶっくまーく)
홈페이지　ホームページ(ほーむぺーじ)	블로그　ブログ(ぶろぐ)
프로필　プロフィール(ぷろふぃーる)	채팅　チャット(ちゃっと)
게시판　掲示板(けいじばん)	댓글　書(か)き込(こ)み
악플　悪質(あくしつ)な書(か)き込(こ)み	메일 주소　メールアドレス(めーるあどれす)
첨부 파일　添付ファイル(てんぷふぁいる)	글자가 깨지다　文字化(もじば)けする
수신 편지함　受信トレイ(じゅしんとれい)	송신 편지함　送信トレイ(そうしんとれい)
답신 메일　返信メール(へんしんめーる)	스팸 메일　迷惑メール(めいわくめーる)
비밀번호　パスワード(ぱすわーど)	ID　アイディー(あいでぃー)
해커　ハッカー(はっかー)	바이러스　ウイルス(ういるす)
바이러스 대책 프로그램　ウィルス対策プログラム(うぃるすたいさくぷろぐらむ)	
전원을 켜다　電源(でんげん)を入(い)れる。	
전원을 끄다　電源(でんげん)を切(き)る。	
접속하다　接続(せつぞく)する。	
다시 켜다　再起動(さいきどう)	
파일을 지우다　ファイル(ふぁいる)を消(け)す。	
파일을 복사하다　ファイル(ふぁいる)をコピー(こぴー)する。	
서핑하다　ネットサーフィン(ねっとさーふぃん)	
텍스트(주소)를 입력하다　テキスト(てきすと)/アドレス(あどれす)を入力(にゅうりょく)する。	
인터넷에 정보를 올리다　インターネット(いんたーねっと)に情報(じょうほう)を上(あ)げる。	
선택하세요　選択(せんたく)してください。	
사이트를 열다　サイト(さいと)を開(ひら)く。	
월드 와이드 웹　ワールドワイドウェブ【WWW】(わーるどわいどうぇぶ)	

www	ダブリュダブリュダブリュ(だぶりゅだぶりゅだぶりゅ)
@	アットマーク(あっとまーく).
.	ドット(どっと)
-	ハイフン(はいふん)
대문자 A	大文字 エー(おおもじ えー)
소문자 a	小文字 エー(こもじ えー)
_	アンダーバー(あんだーばー)

,	コンマ(こんま)
//	スラッシュスラッシュ(すらっしゅすらっしゅ)
/	スラッシュ(すらっしゅ)
'	アポストロフィー(あぽすとろふぃー)
―	ダッシュ(だっしゅ)

🏠 스마트폰·SNS【소셜 네트워크 서비스】

터치 스크린	タッチパネル(たっちぱねる)	어플리	アプリ(あぷり)
트위터	Twitter ツイッター(ついったー)	트윗	ツイート(ついーと)
리트윗	リツイート(りついーと)		
디엠	DM【ダイレクトメッセージ】(でぃーえむ【だいれくとめっせーじ】)		
타임라인	タイムライン(たいむらいん)	해시태	ハッシュタグ(はっしゅたぐ)
팔로우	フォロー(ふぉろー)	팔로워	フォロアー(ふぉろあー)
맞팔	相互フォロー(そうごふぉろー)	언팔로우	アンフォロー(あんふぉろー)
리플/멘션/답글	返信【リプライ】(へんしん【りぷらい】)	블록하기	ブロック(ぶろっく)
프로텍트	非公開【鍵】(ひこうかい【かぎ】)	페이스북	フェイスブック(ふぇいすぶっく)
친구	友だち(ともだち)	아이디	ユーザー名(ゆーざーめい)
친구요청	友(とも)だちリクエスト(りくえすと)		
승인하다	承認(しょうにん)する。		
좋아요	いいね。		
댓글 달기	コメント(こめんと)する。		
메시지	メッセージ(めっせーじ)		
공유하기	シェア(しぇあ)		
뉴스피드	ニュースフィード(にゅーすふぃーど)		
라인	LINEライン(らいん)		
카카오톡	カカオトーク(かかおとーく)		
무료메일, 영상, 통화	無料メール、映像、通話(むりょうめーる、えいぞう、つうわ)		
프로필	プロフィール(ぷろふぃーる)		
스티커	スタンプ(すたんぷ)		
친구 추가	友(とも)だち追加(ついか)		
토크	トーク(とーく)		
공식 아카운트	公式アカウント(こうしきあかうんと)		

🏠 컴퓨터 사용법

- コンピューター(こんぴゅーたー)の電源(でんげん)を入(い)れる。
  컴퓨터 전원을 키다.

- パソコン(ぱそこん)をつける。
  피시를 켠다.

- ディスク(でぃすく)を、コンピューター(こんぴゅーたー)に入(い)れる。
  디스켓을 컴퓨터에 넣는다.

- フォルダ(ふぉるだ)を開(ひら)く/閉(と)じる)。
  폴더를 연다/ 닫는다.

- ブラウザー(ぶらうざー)を開(ひら)いてURLを入力(にゅうりょく)してみてください。
  브라우저를 여시고 URL을 쳐보세요.

- テキスト(てきすと)を選(えら)び、入力(にゅうりょく)して印刷(いんさつ)する。
  텍스트를 선택하여 입력하고 인쇄한다.

- コンピューター(こんぴゅーたー)の電源(でんげん)を切(き)る。
  컴퓨터 전원을 끈다.

- コンピューター(コンピューター)の使(つか)い方(かた)をご存知(ぞんじ)ですか。
  컴퓨터를 사용할 줄 아세요?

- プログラム(ぷろぐらむ)を処理(しょり)する方法(ほうほう)をご存知(ぞんじ)ですか。
  프로그램을 다룰 줄 아시나요?

- ワード(わーど)の操作方法(そうさほうほう)だけ知(し)っているのですが。
  워드 작업만 할줄 아는데요.

- 一か月当(いっかげつあ)たりの利用料(りようりょう)は約五千円(やくごせんえん)です。
  한달 당 이용료는 약 5천엔입니다.

- 画面(がめん)の指示(しじ)に従(したが)ってください。
  화면의 지시에 따르세요.

- ドライブ(どらいぶ)からディスク(でぃすく)を取(と)り出(だ)してください。
  드라이브에서 디스켓을 빼세요.

- このファイル(ふぁいる)を保存(ほぞん)しなければならない。
  이 파일을 저장해야 한다.

🏠 컴퓨터 문제

- 資料(しりょう)の出力【アウトプット】(しゅつりょく【あうとぷっと】)が上手(うま)くいきません。
  자료가 출력이 안 되네요.
- 全(まった)くつながりません。
  전혀 먹통이에요.
- コンピューター(こんぴゅーたー)がダウン(だうん)しました。
  컴퓨터가 다운됐어요.
- パソコン(ぱそこん)がフリーズ(ふりーず)して操作(そうさ)できません。
  피시가 프리즈돼 버려서 움직이지 않네요.
- コンピューター(こんぴゅーたー)のデータ(でーた)が、全部飛(ぜんぶと)んでしまいました。
  컴퓨터 데이터가 다 날라갔어요.
- 間違(まちが)えてファイル(ふぁいる)を消(け)しました。
  실수로 파일이 지워졌어요.
- ディスク(でぃすく)がウィルス(うぃるす)に感染(かんせん)しました。
  디스켓이 바이러스에 감염되었어요.

🏠 기타

- 吉田(よしだ)さんは、コンピューターエンジニア(こんぴゅーたーえんじにあ)だ。
  요시다 씨는 컴퓨터 엔지니어이다.
- コンピューター関連(こんぴゅーたーかんれん)の仕事(しごと)をなさっているのですか。
  컴퓨터 관련 일을 하시나요?
- 今(いま)は、大部分(だいぶぶん)の会社(かいしゃ)がコンピューター化(こんぴゅーたーか)されている。
  이제는 대부분의 회사가 컴퓨터화 되어 있다.
- 健太(けんた)は、毎日インターネット(まいにちいんたーねっと)をして過(す)ごす。
  겐타는 매일 인터넷을 하며 시간을 보낸다.
- Eメールアドレス(いーめーるあどれす)は何(なん)ですか。
  이메일 주소가 뭐예요?
- 私(わたし)に話(はなし)があればEメール(いーめーる)で送(おく)ってくれてもいいですよ。
  내게 할 말이 있으면 이메일로 보내도 돼요.
- ドライブ(どらいぶ)にディスク(でぃすく)が差(さ)し込(こ)まれている。
  드라이브에 디스크가 꽂혀 있다.

- 今日(こんにち)、コンピューター無(こんぴゅーたーな)しでは暮(く)らせない。
  오늘날 컴퓨터 없이는 살 수 없다.
- 必要(ひつよう)なプログラム(ぷろぐらむ)を起動(きどう)させなければならない。
  필요한 프로그램을 기동시켜야 한다.
- インターネット(いんたーねっと)に接続(せつぞく)したい。
  인터넷에 접속하고 싶다.
- 一月分(ひとつきぶん)の利用料(りようりょう)を、前(まえ)もってお支払(しはら)い下(くだ)さいますようお願(ねが)いします。
  한 달치 이용료를 미리 지불하시도록 부탁드려요.
- ドライブ(どらいぶ)にディスク(でぃすく)を挿入(そうにゅう)してください。
  드라이브에 디스켓을 삽입하세요.
- 私(わたし)は別(べつ))のフォルダー(ふぉるだー)でこのファイル(ふぁいる)のコピー(こぴー)を見(み)つけた。
  난 다른 폴더에서 이 파일의 복사본을 찾아냈다.

電話（でんわ）のベル（べる）が鳴（な）る。
전화벨이 울린다.

受話器（じゅわき）を取（と）って応答（おうとう）する。
수화기를 들고 대답한다.

電話番号（でんわばんごう）を押（お）す。
전화번호를 누른다.

受話器（じゅわき）を下（お）ろす。
수화기를 내려 놓는다.

팩스 전화기 ファックス電話機（ふぁっくすでんわき）	
전화기 본체 親機【電話機本体】（おやき【でんわきほんたい】）	
자기 子機（こき）	전화 버튼 電話（でんわ）の押（お）しボタン（ぼたん）
발신음 発信音（はっしんおん）	
호출음 呼（よ）び出（だ）し音（おん）【着信音（ちゃくしんおん）】	
교환원 電話交換手（でんわこうかんしゅ）	외선 外線（がいせん）
내선 内線（ないせん）	통화중 話（はな）し中（ちゅう）
자동응답기 留守番電話（るすばんでんわ）	메시지 メッセージ（めっせーじ）
전화번호부 電話帳（でんわちょう）	국제 전화 国際電話（こくさいでんわ）
국가번호 国番号（くにばんごう）	장난 전화 いたずら電話（でんわ）

전화 요금	電話料金(でんわりょうきん)
콜렉트콜	コレクトコール(これくとこーる)
무료 전화	フリーダイヤル(ふりーだいやる)
공중 전화	公衆電話(こうしゅうでんわ)
전화박스	電話ボックス(でんわぼっくす)
전화카드	テレホンカード(てれほんかーど)
긴급통화	緊急電話(きんきゅうでんわ)
핸드폰	携帯[電話](けいたい[でんわ])
스마트폰	スマートフォン(すまーとふぉん)
진동	マナーモード(まなーもーど)

🏠 지역 번호

일본 전화번호는 지역번호 市外局番(しがいきょくばん)+시내번호 市内局番(しないきょくばん)+번호로 이루어져 있다. 번호는 4자릿수로 되어 있지만 국번은 지역에 따라 다르다.

東京23区(とうきょうにじゅうさんく)	03
横浜市(よこはまし)	045
名古屋市(なごやし)	052
京都市(きょうとし)	075
大阪市(おおさかし)	06
福岡市(ふくおかし)	092
滋賀県(しがけん)大津市(おおつし)	077

🏠 개인적인 전화

- もしもし、山田(やまだ)さんのお宅(たく)ですか。
  여보세요, 야마다 씨 댁입니까?

- はい、そうです。
  네, 그렇습니다.

- いいえ違(ちが)います。
  아뇨, 잘 못 거셨어요.

- 何番(なんばん)におかけですか。
  몇 번에 거셨나요?

- 田中(たなか)と申(もう)しますが、太郎(たろう)さんはいらっしゃいますか。
  다나카라고 하는데 다로 씨 계십니까?

- 太郎(たろう)さんに代(か)わっていただけますか。
  다로 씨를 바꿔 주시겠어요?

- 失礼(しつれい)しました。番号(ばんごう)を間違(まちが)えました。
  죄송합니다. 번호를 잘못 알았네요.

- はい、少(すこ)しお待(ま)ちください。
  네, 잠시만 기다리세요.
- 太郎(たろう)は今(いま)、出(で)かけておりますが。
  다로우는 지금 나갔는데요.
- 何時頃(なんじごろ)お帰(かえ)りですか。
  몇 시쯤 돌아오세요?
- 夕方(ゆうがた)帰(かえ)る予定(よてい)ですが。
  저녁에 돌아올 예정인데요.
- すみません。いつ帰(かえ)ってくるのか、わかりません。
  죄송합니다. 언제 돌아올 지 잘 모르겠네요.
- では、その頃(ころ)、またお電話(でんわ)します。
  그럼 그때 디시 전화하겠습니다.
- では、すみませんが、お帰(かえ)りになったら、○○○とお伝(つた)え
  ただきたいのですが。
  그럼, 죄송하지만 돌아오시면 ○○○라고 전해 주세요.
- はい、わかりました。
  네, 알겠습니다.
- では、失礼(しつれい)します。
  그럼, 실례하겠습니다.

🏠 회사, 일에 관련된 전화

- もしもし。
  여보세요.
- ▶ はい、○○株式会社(かぶしきがいしゃ)でございます。
  네, ○○주식회사입니다.
- □□社(しゃ)の山本(やまもと)と申(もう)しますが、営業部(えいぎょう
  ぶ)の佐々木(ささき)さん、いらっしゃいますか。
  □□사의 야마모토라고 하는데요, 영업부의 사사키 씨 계십니까?
- ▶ はい、おつなぎいたしますので、少々(しょうしょう)お待(ま)ちいただ
  けますか。
  네, 연결해 드리겠으니 잠시만 기다려 주시겠습니까?

- 申(もう)し訳(わけ)ございません。佐々木(ささき)は 只今(ただいま)、
  席(せき)を外(はず)しております。
  죄송합니다만, 사사키는 지금 자리에 없는데요.
- 佐々木(ささき)は外出(がいしゅつ)しておりますが。
  사사키는 외출 중인데요.
- よろしければ、代(か)わりに、ご伝言(でんごん)を承(うけたまわ)りますが。
  괜찮으시다면 메시지를 전해 드릴까요?

- あいにく佐々木(ささき)は 他(ほか)の電話(でんわ)に出(で)ております。
後(のち)ほど、おかけ直(なお)しいただけますか。
  공교롭게도 사사키는 통화중입니다. 나중에 전화해 주세요.

▶ では、伝言(でんごん)をお願(ねが)いできますか。
  그럼, 말씀 좀 전해 주시겠습니까?

- はい、どうぞ。
  네, 말씀하세요.

▶ 次(つぎ)の打(う)ち合(あ)わせは、来週(らいしゅう)の水曜日(すいよう び)ですと、お伝(つた)えください。
  다음 미팅은 다음 주 수요일이라고 전해 주세요.

- 私(わたし)に電話(でんわ)をくださいと、伝(つた)えていただけますか。
  제게 전화해 달라고 전해주시겠어요?

▶ はい、わかりました。
  네, 알겠습니다.

🏠 기타 표현

- 電話(でんわ)をつなぐ。
  전화를 연결시킨다.
- 国際電話(こくさいでんわ)をかけたいのですが。
  국제전화를 하고 싶은데요.
- コレクトコール(これくとこーる)でお願(ねが)いします。
  콜렉트콜로 부탁합니다.
- 韓国語(かんこくご)ができる方(かた)をお願(ねが)いします。
  한국어 가능하신 분 좀 부탁합니다.
- メッセージ(めっせーじ))を留守番電話(るすばんでんわ)に入(い)れてく ださい。
  메시지를 자동응답기에 남겨 주세요.
- 携帯(けいたい)に電話(でんわ)してください。
  핸드폰으로 전화주세요.
- どなたですか。
  누구신가요?
- 良(よ)く聞(き)こえません。
  잘 안들려요.
- 切(き)らないでください。
  끊지 마세요.
- 少々(しょうしょう)お待(ま)ちください。
  잠깐만 기다리세요.
- ゆっくりお話(はな)しください。
  천천히 말씀해 주세요.

- 通話状態(つうわじょうたい)が悪(わる)いです。
  통화상태가 나쁩니다.
- 雑音(ざつおん)がひどいようですが。
  소음이 심해요.
- 電話(でんわ)が切(き)れてしまいました。
  전화가 끊어졌습니다.
- 通話(つうわ)が出来(でき)ません。
  전화 통화를 할 수가 없습니다.
- 何番(なんばん)におかけですか。
  몇 번에 거셨나요?
- 間違(まちが)っておかけです。
  잘못 거셨어요.
- もう一度(いちど)おかけください。
  다시 걸어주제요.
- 後(あと)でもう一度(いちど)電話(でんわ)します。
  나중에 다시 전화할게요.
- お電話(でんわ)、ありがとうございます。
  전화해 주셔서 감사합이다.
- 公衆電話(こうしゅうでんわ)はどこにありますか。
  공중전화는 어디에 있습니까?
- 山田(やまだ)さんに代(か)わっていただけますか。
  야마다 씨를 바꿔주실 수 있나요?
- 少々(しょうしょう)お待(ま)ちいただけますか。只今(ただいま)代(か)わります。
  잠시만요, 지금 바꿔 드릴게요.
- 山田(やまだ)さんに佐々木(ささき)から電話(でんわ)があったとお伝(つた)えください。
  야마다 씨에게 사사키가 전화했다고 전해 주세요.
- 夕方(ゆうがた)、もう一度(いちど)お電話(でんわ)します。
  저녁에 다시 전화 힐게요.
- いつ私(わたし)に電話(でんわ)したんですか。
  언제 나에게 전화했었나요?
- 8番(はちばん)を押(お)してください。
  8번을 누르세요.
- 声(こえ)を聞(き)けて嬉(うれ)しいです。
  목소리를 듣게 되어 기뻐요.
- どこに電話(でんわ)をすれば、列車(れっしゃ)の時刻(じこく)がわかりますか。
  어디로 전화해야 열차 시간을 알 수 있나요?
- テレホンカード(てれほんかーど)を下(くだ)さい。
  전화가드를 주세요.

- 公衆電話(こうしゅうでんわ)は、どこにありますか。
  공중전화가 어디 있나요?
- 電話番号(でんわばんごう)は、何番(なんばん)ですか。
  전화번호가 몇 번이세요?
- 留守番電話(るすばんでんわ)をセット(せっと)しておいてください。
  자동응답기를 작동시켜 놓으세요.
- 電話帳(でんわちょう)を見(み)てください。
  전화번호부 책을 보세요.
- 留守電(るすでん)にメッセージ(めっせーじ)があります。
  자동응답기에 메시지가 있어요.
- 明日(あす)電話(でんわ)で話(はな)しましょう。
  내일 통화합시다.
- 電話(でんわ)を開通(かいつう)しました。
  전화를 개통했어요.

🏠 응답기

- 只今(ただいま)お掛(か)けになった番号(ばんごう)は、現在(げんざい)使(つか)われておりません。
  지금 거신 번호는 없는 번호입니다.
- 只今(ただいま)電話(でんわ)に出(で)ることが出来(でき)ません。 ファックス(ふぁっくす)をご利用(りよう)の方(かた)は、送信(そうしん)してください。電話(でんわ)の方(かた)は、ピー(ぴー)という音(おと)に続(つづ)けてお名前(なまえ)とご用件(ようけん)をお話(はな)しください。
  지금 전화를 받을 수 없습니다. 팩스를 이용하시는 분은 보내 주십시오. 통화를 원하시는 분은 삐–소리 후 성함과 메시지를 말씀해 주시기 바랍니다.

🏠 긴급 전화번호

110 경찰서	警察署(けいさつしょ)
118 해상 보안청	海上保安庁(かいじょうほあんちょう)
119 소방서 및 구급차	消防署(しょうぼうしょ)及(およ)び救急車(きゅうきゅうしゃ)

暑（あつ）い
덥다

寒（さむ）い
춥다

お腹（なか）が空（す）く
배고프다

がっかりする
실망스럽다

気持（きも）ちがいい【気分（きぶん）がいい】
기분 좋다

怒（おこ）る
화를 낸다

悲（かな）しい
슬프다

泣（な）いている
울고 있다

笑（わら）っている
웃고 있다

> なるようになるさ!
> 될 대로 되라지!

> のどが渇(かわ)く
> 목마르다

> 疲(つか)れる
> 피곤하다

🏠 기분 좋을 때

- 日本(にほん)に行(い)けることになってうれしい。
  일본에 가게 돼서 기뻐요.
- 気持ち(きもち)がいいです!
  기분이 좋아요!
- わーい! 楽(たの)しいな!
  와! 신난다!

🏠 기분 나쁠 때

- 気分(きぶん)が悪(わる)いです。
  기분이 나빠요.

🏠 슬플 때

- 私(わたし)は憂欝(ゆううつ)だ。
  난 우울하다.
- 彼女(かのじょ)はとても悲(かな)しい。
  그녀는 몹시 슬프다.
- 彼女(かのじょ)は泣(な)いている。
  그녀는 울고 있다.
- 泣(な)きたい。
  울고 싶어.

🏠 사과할 때

• 遅(おく)れて、すみません。
　늦어서 미안합니다.
• 申(もう)し訳(わけ)ありません。
　죄송합니다.
• わざとではありませんでした。
　고의가 아니었어요.

🏠 귀찮거나 힘들고 괴로울 때

• 頭(あたま)が痛(いた)いんだね。
　골치 아프군
• 面倒(めんどう)だ。
　귀찮아.
• 気(き)が狂(くる)いそう!【おかしくなりそう】
　미치겠네!
• 私(わたし)はとても難(むずか)しい状況(じょうきょう)に置(お)かれています。
　저는 아주 어려운 상황에 처해 있어요.
• 彼(かれ)は疲(つか)れさせる人(ひと)だよ。
　그는 피곤하게 하는 사람이야.
• 何(なに)もかも面倒(めんどう)だ。
　만사가 귀찮다.
• 本当(ほんとう)にうんざりだ! いらいらする!
　정말 귀찮아! 짜증나!

🏠 화날 때

• 腹(はら)が立(た)った。
　화났어.
• お前(まえ)が俺(おれ)を怒(おこ)らせるんだな!
　네가 날 화나게 만드는구나!
• 我慢(がまん)出来(でき)ない。
　참을 수가 없다.
• もうやめろ!
　이제 그만 해!
• ちょっとひどい!
　좀 심하네!

- もううんざりだ!
  이제 지긋지긋 해!
- ばかみたいだ!
  바보 같아!
- 落(お)ち着(つ)いてください。
  진정하세요.
- そんなに怒(おこ)らないで。
  그렇게 화내지마.
- 彼(かれ)は心(こころ)が傷(きず)ついた。
  그는 기분이 상했다.

🏠 감정

유감	残念(ざんねん)	슬픔	悲(かな)しみ
비애	悲哀(ひあい)	기쁨	喜(よろこ)び
분노	怒(いか)り	증오	憎(にく)しみ【憎悪(ぞうお)】
질투	嫉妬(しっと)	놀람	驚(おどろ)き
비탄	悲嘆(ひたん)	공포	恐怖(きょうふ)
흥미	興味(きょうみ)	만족	満足(まんぞく)
희망	希望(きぼう)	경시	軽視(けいし)
혐오	嫌悪(けんお)	수치	羞恥(しゅうち)
원한	恨(うら)み	멸시	蔑視(べっし)

私(わたし)は怖(こわ)いです。
나는 무서워요.

私(わたし)は心配(しんぱい)です。
나는 걱정이 돼요.

なんとまあ。
오, 세상에.

私(わたし)は肉(にく)が嫌(きら)いです。
나는 고기를 싫어해요.

私(わたし)はケーキ(けーき)がとても好(す)きです。
나는 케이크를 아주 좋아해요.

あらまあ、本当(ほんとう)に驚(おどろ)きだわ!
어머나, 정말 놀라와요!

🏠 두려울 때

- 怖(こわ)いです。
  무서워요.
- むごたらしい。
  끔찍하다.
- 私(わたし)が怖(こわ)がらせ/ 驚(おどろ)かせましたか?
  내가 무섭게/ 놀라게 했나요?

🏠 걱정될 때

- 心配(しんぱい)になる。
  걱정된다.
- どうしよう!
  어떻게 하지!
- 心配(しんぱい)しないでください。
  걱정하지 마세요.

🏠 놀랐을 때

- 驚(おどろ)いたじゃないですか!
  놀랐잖아요!

🏠 아쉬움/ 동정심이 일 때

- 残念(ざんねん)です!
  유감이네요!
- 気(き)の毒(どく)ですね。
  안됐네요.
- まあ、気(き)の毒(どく)に!
  저런 딱해라.
- なんとまあ!
  어머나 저런!
- 本当(ほんとう)についてないですね!
  【運(うん)が悪(わる)いですね】
  정말 운이 없군요!

🏠 화해할 때

- 最初(さいしょ)から、またやり直(なお)そう。
  처음부터 다시 시작하자.
- なかったことにしよう。
  없었던 걸로 하자.
- 忘(わす)れてしまおう。
  잊어버리자.
- ごめんね。私(わたし)が言(い)い過(す)ぎたみたい。
  미안해. 내가 말이 지나쳤던 것 같아.

🏠 상관하고 싶지 않을 때

- 関係(かんけい)ない。
  상관 없어.
- 私(わたし)には関係(かんけい)ないことだ。
  내겐 상관없는 일이다.
- あなたの仕事(しごと)【事(こと)】じゃないですか。
  당신 일이잖아요.
- 仕方(しかた)がないな。
  할 수 없지 뭐.

🏠 의심하거나 놀랐을 때

- 信(しん)じられない。
  믿을 수 없어!
- 冗談(じょうだん)だろ。
  농담이지?
- まさか、そんなはずが!
  설마, 그럴리가!

🏠 안심될 때

- 安心(あんしん)ですね。
  안심이네요.
- よかった!
  다행이다!

🏠 격려할 때

- 幸運(こううん)を祈(いの)ります!
  행운을 빌어요!
- 元気(げんき)を出(だ)して下(くだ)さい!
  힘 내요!
- 全部(ぜんぶ)うまくいくはずだ!
  다 잘 될 거야!

🏠 조의할 때/ 축하할 때

- ご愁傷様(しゅうしょうさま)です。
  【心(こころ)よりお悔(く)やみ申(もう)し上(あ)げます。】
  조의를 표합니다!
- おめでとうございます!
  축하해요!

🏠 좋아하다/ 싫어하다

- 私(わたし)はコーヒー(こーひー)が/友達(ともだち)が/オペラ(おぺら)が
  /歌(うた)が好(す)きだ。
  나는 커피를/ 친구를/ 오페라를/ 노래를 좋아한다.
- 私(わたし)はサッカー(さっかー)が/仕事(しごと)をすることが/旅行(り
  ょこう)することが/歌(うた)うことがとても好(す)きだ。
  나는 축구를/ 일하는 것을/ 여행하는 것을/ 노래하는 것을 아주 좋아한다.
- 私(わたし)はチーズ(ちーず)が/子供(こども)が/待(ま)つことが嫌(きら)
  いだ。
  나는 치즈를/ 아이들을/ 기다리는 것을 싫어한다.

おじいさん【祖父（そふ）】(할아버지) / おばあさん【祖母（そぼ）】(할머니)

おばさん【伯母（おば）】【叔母（おば）】(고모/이모)
おじさん【伯父（おじ）】【叔父（おじ）】(고모부/이모부)

お父（とう）さん【父（ちち）】(아버지)
お母（かあ）さん【母（はは）】(어머니)

従兄【従弟】(いとこ)
(남자사촌)

従姉【従妹】(いとこ)
(여자사촌)

お姉（ねえ）さん
【姉（あね）】
(언니)

お兄（にい）さん
【兄（あに）】
(오빠)

私（わたし）
(나)

夫（おっと）
(남편)

甥（おい）
(남자조카)

姪（めい）
(여자조카)

娘（むすめ）
(딸)

息子（むすこ）
(아들)

孫（まご）
(손자)

孫娘（まごむすめ）
(손녀)

夫(おっと) 남편

妻(つま) 아내

舅(しゅうと)【義父(ぎふ)】 시아버지/ 장인

姑(しゅうとめ)【義母(ぎぼ)】 시어머니/ 장모

壻(むこ) 사위

嫁(よめ) 며느리

小舅(こじゅうと)【配偶者(はいぐうしゃ)の兄弟(きょうだい)】 시숙

小姑(こじゅうと)【配偶者(はいぐうしゃ)の姉妹(しまい)】 시누이

兄弟(きょうだい) 형제

姉妹(しまい) 자매

兄(あに) 형

兄嫁(あによめ) 형수

義兄(ぎけい)・義弟(ぎてい)【妻(つま)の兄弟(きょうだい)】 매형・처남

義理(ぎり)の姉(あね)・義理(ぎり)の妹(いもうと)【妻(つま)の姉妹(しまい)】 처형・처제

義兄(ぎけい)・義弟(ぎてい)【姉(あね)の夫(おっと)・妹(いもうと)の夫(おっと)】 형부・제부

相壻(あいむこ)相嫁(あいよめ) 동서

義父(ぎふ)【母(はは)の再婚相手(さいこんあいて)】 의붓아버지

義母(ぎぼ)【父(ちち)の後妻(ごさい)】 의붓어머니

親戚(しんせき) 친척

🏠 나이 변화에 따른 표현

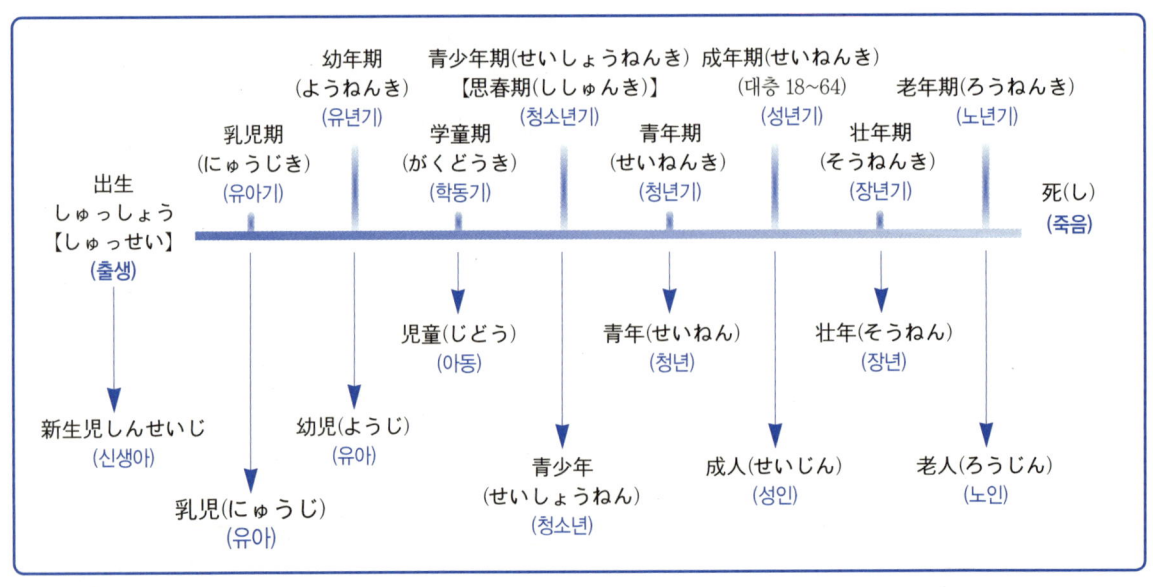

Ⓐ あなたの家(いえ)は大家族(だいかぞく)ですか?
당신네는 대가족인가요?

Ⓑ いいえ、妻(つま)と娘(むすめ)、そして私(わたし)の三人家族(さんにんかぞく)です。
아니요, 아내와 딸, 그리고 저 세 식구예요.

Ⓐ 娘(むすめ)さんは何歳(なんさい)ですか?
딸이 몇 살인가요?

Ⓑ 三十歳(さんじゅっさい)です。
서른 살이요.

Ⓐ わぁ! そんなに大(おお)きな娘(むすめ)さんがいることを知(し)りませんでした。すぐにお孫(まご)さんが出来(でき)るでしょうね。
와! 그렇게 큰 딸이 있는 줄 몰랐어요. 곧 손주가 생기겠네요.

Ⓐ 私(わたし)の家族(かぞく)のアルバム(あるばむ)をお見(み)せしましょうか? これが私(わたし)の家族(かぞく)です。 これが私(わたし)の父(ちち)です。 こちらが母です。 これが弟(おとうと)で、これは妹(いもうと)で、そして私(わたし)です。
우리 가족 앨범을 보여드릴까요? 이건 우리 가족입니다. 이 분은 저희 아버지예요. 이 분은 어머니고요. 이 사람은 남동생이고, 여기는 여동생이고, 그리고 접니다.

Ⓑ ご両親(りょうしん)がとてもお若(わか)いですね。 写真(しゃしん)を撮(と)ってから長(なが)くたっているんですか?
부모님이 아주 젊으세요. 사진을 찍은지 오래되었나요?

Ⓐ 昨年(さくねん)【去年(きょねん)】撮(と)りました。
작년에 찍었어요.

Ⓑ あなたはお父(とう)さんによく似(に)ていますね。
당신은 아버지를 많이 닮았네요.

Ⓐ はい、皆(みな【みんな】)そう言(い)います。
네, 다들 그렇게 말해요.

Ⓑ あなたの弟(おとうと)さんと妹(いもうと)さんは、お母(かあ)さんに似(に)ていますね。
당신 남동생과 여동생은 어머니를 닮았네요.

牡牛（おうし） 숫소
牝牛（めうし） 암소

子牛（こうし）
송아지

馬（うま）
말

羊（ひつじ）
양

豚（ぶた）
돼지

犬（いぬ）
개

猫（ねこ）
고양이

山羊（やぎ）
염소

鶏（にわとり）
닭

針鼠（はりねずみ）
고슴도치

雌鶏（めんどり）
암탉

蝸牛（かたつむり）
달팽이

兎（うさぎ）
토끼

家鴨（あひる）
오리

칠면조	七面鳥（しちめんちょう）	거북이	亀（かめ）
참새	雀（すずめ）	거위	がちょう
당나귀	ろば	개구리	蛙（かえる）
숫양	雄（おす）の羊（ひつじ）	어린양	子羊（こひつじ）
암양	雌（めす）の羊（ひつじ）	생쥐	二十日鼠（はつかねずみ）
산토끼	野兎（のうさぎ）	캥거루	カンガルー（かんがるー）

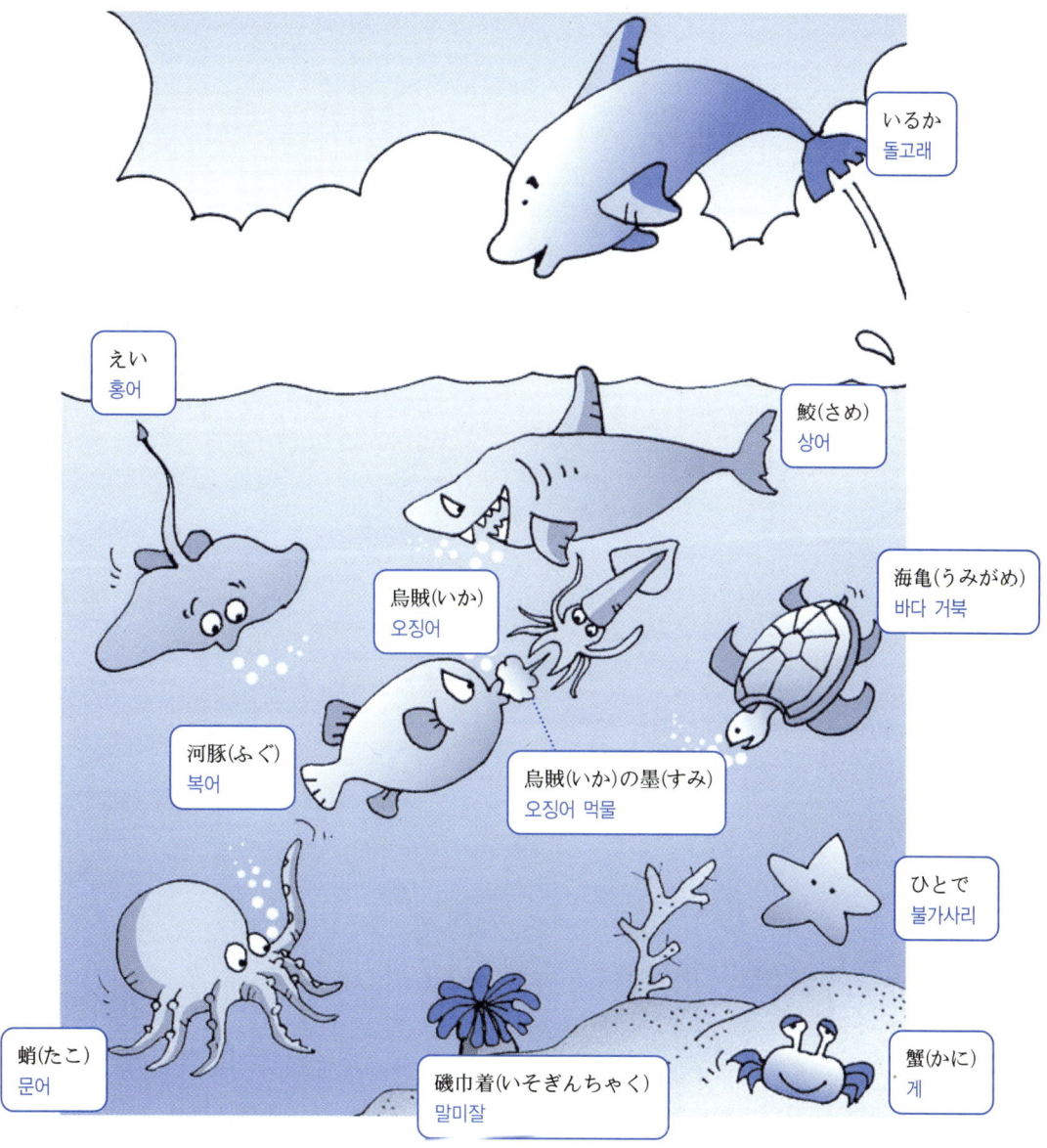

いるか
돌고래

えい
홍어

鮫(さめ)
상어

海亀(うみがめ)
바다 거북

烏賊(いか)
오징어

河豚(ふぐ)
복어

烏賊(いか)の墨(すみ)
오징어 먹물

ひとで
불가사리

蛸(たこ)
문어

磯巾着(いそぎんちゃく)
말미잘

蟹(かに)
게

물개	オットセイ(おっとせい)	바다표범	海豹(あざらし)
굴	牡蠣(かき)	연어	鮭(さけ)
새우	海老(えび)	펭귄	ペンギン(ぺんぎん)
고래	鯨(くじら)	홍합	ムール貝(むーるがい)
참치	鮪(まぐろ)	바다가재	ロブスター(ろぶすたー)
대구	鱈(たら)	가자미	かれい
고등어	鯖(さば)	꽁치	秋刀魚(さんま)
갈치	太刀魚(たちうお)	정어리	鰯(いわし)
농어	すずき	조개	貝(かい)

象(ぞう)
코끼리

ライオン(らいおん)
사자

虎(とら)
호랑이

蛇(へび)
뱀

狐(きつね)
여우

熊(くま)
곰

猿(さる)
원숭이

蛙(かえる)
개구리

らくだ
낙타

しまうま
얼룩말

きりん
기린

鰐(わに)
악어

사슴 鹿(しか)	순록 トナカイ(となかい)	오소리 穴熊(あなぐま)
멧돼지 猪(いのしし)	너구리 狸(たぬき)	다람쥐 りす
나무늘보 なまけもの	펠리칸 ペリカン(ぺりかん)	코뿔소 犀(さい)
매 鷹(たか)	공작 孔雀(くじゃく)	늑대 狼(おおかみ)
타조 だちょう	하마 かば	코알라 コアラ(こあら)
쥐 鼠(ねずみ)	팬더 パンダ(ぱんだ)	독수리 鷲(わし)
까마귀 烏(からす)	까치 鵲(かささぎ)	

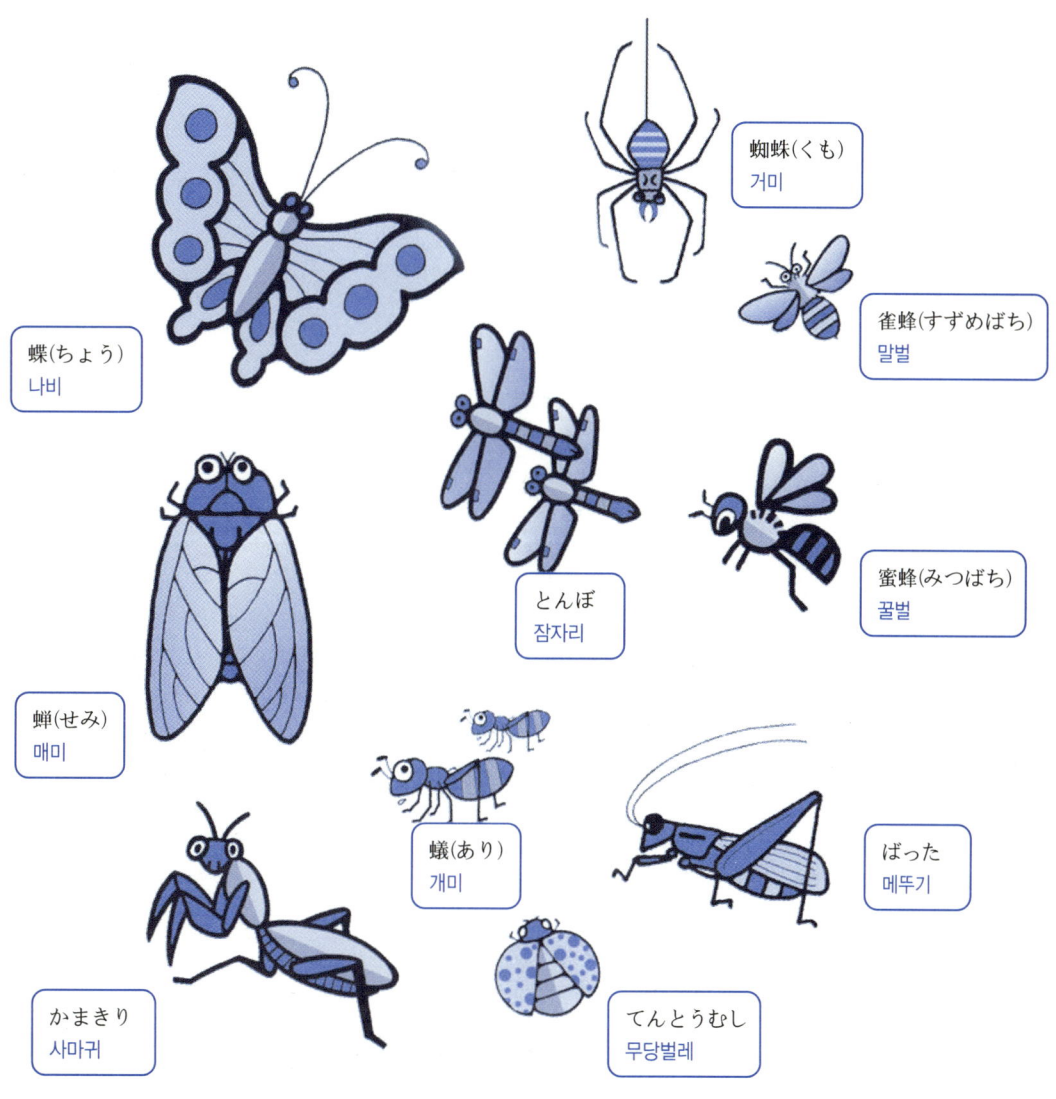

蜘蛛(くも)
거미

雀蜂(すずめばち)
말벌

蝶(ちょう)
나비

蜜蜂(みつばち)
꿀벌

とんぼ
잠자리

蝉(せみ)
매미

蟻(あり)
개미

ばった
메뚜기

かまきり
사마귀

てんとうむし
무당벌레

모기 蚊(か)	곤충 昆虫(こんちゅう)
바퀴벌레 ごきぶり	애벌레 幼虫(ようちゅう)
풍뎅이 黄金虫(こがねむし)	파리 蝿(はえ)
벌레 虫(むし)	모기 蛾(が)
고치/누에 繭(まゆ)/ 蚕(かいこ)	반딧불 蛍(ほたる)

🏠 새

- 燕(つばめ)－春(はる)の鳥(とり)
  제비–봄의 새
- 鳩(はと)－都市(とし)の鳥(とり)
  비둘기–도시의 새
- かもめ－海(うみ)の鳥(とり)
  갈매기–바다의 새
- 烏(からす)－黒(くろ)い鳥(とり)
  까마귀–검은 새
- おうむ－話(はな)す鳥(とり)
  앵무새–말하는 새
- 鴬(うぐいす)－歌(うた)う鳥(とり)
  꾀꼬리–노래하는 새
- 鳩(はと)－無垢(むく)と平和(へいわ)の象徴(しょうちょう)
  비둘기–순수와 평화의 상징
- かかさぎ－幸福(こうふく)の象徴(しょうちょう)
  까치–행복의 상징 ※ 일본에서는 까치가 행복의 상징이라고는 하지 않음.
- 鷲(わし)－空(そら)の力(ちから)の象徴(しょうちょう)
  독수리–하늘의 힘의 상징
- こうのとり－くちばしで赤ん坊(あかんぼう)を運(はこ)んで来(く)るといわれている鳥(とり)
  황새–부리로 아기를 데려온다고 하는 새
- 雉(きじ)－日本(にほん)の国鳥(こくちょう)
  꿩–일본 국조

🏠 동물과 새를 이용한 관용 표현

- ろばのように頑固(がんこ)な人(ひと)
  당나귀처럼 고집이 센 사람
- 狐(きつね)のように狡猾(こうかつ)な人(ひと)
  여우처럼 교활한 사람
- 鶏(にわとり)のように愚(おろか)な人(ひと)
  닭처럼 어리석은 사람
- 亀(かめ)のようにのろい人(ひと)
  거북처럼 느린 사람
- 猿(さる)も木(き)から落(お)ちる。
  원숭이도 나무에서 떨어진다.
- 犬(いぬ)も歩(ある)けば棒(ぼう)に当(あ)たる。
  개도 걸으면 몽둥이에 부딪친다.

- 鶴(つる)の一声(ひとこえ)
  유력자의 한마디
- 猫(ねこ)に小判(こばん)
  고양이 목에 진주 목걸이
- 馬耳東風(ばじとうふう)
  마이동풍
- 鶏群(けいぐん)の一鶴(いっかく)
  군계일학

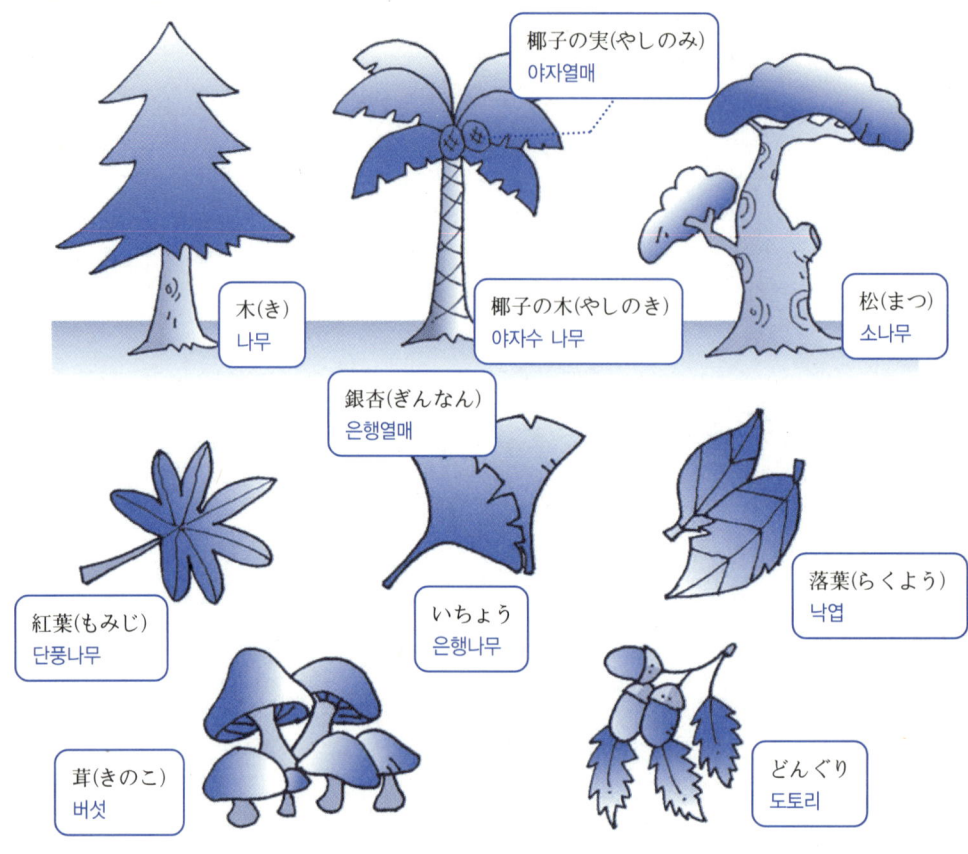

椰子の実(やしのみ)
야자열매

木(き)
나무

椰子の木(やしのき)
야자수 나무

松(まつ)
소나무

銀杏(ぎんなん)
은행열매

紅葉(もみじ)
단풍나무

いちょう
은행나무

落葉(らくよう)
낙엽

茸(きのこ)
버섯

どんぐり
도토리

자작나무 白樺(しらかば)	느릅나무 楡(にれ)
너도밤나무 橅(ぶな)	참나무 くぬぎ
떡갈나무 柏(かしわ)	버드나무 柳(やなぎ)
대나무 竹(たけ)	벚나무 桜(さくら)
매화나무 梅(うめ)	밤나무 栗(くり)
전나무 樅(もみ)	보리수 菩提樹(ぼだいじゅ)
월계수 月桂樹(げっけいじゅ)	포플라 ポプラ(ぽぷら)
프라타너스 プラタナス(ぷらたなす)	바오밥 バオバブ(ばおばぶ)
낙엽송 唐松【落葉松】(からまつ)	활엽수 広葉樹(こうようじゅ)
침엽수 針葉樹(しんようじゅ)	관목 潅木(かんぼく)
나뭇잎 木(こ)の葉(は)	뿌리 根(ね)
나뭇가지 木(き)の枝(えだ)	나무줄기 木(き)の幹(みき)
(꽃이나 풀) 줄기 茎(くき)	그루터기 切(き)り株(かぶ)
솔방울 松笠【松毬】(まつかさ)	

しろつめくさ【クローバー（くろーばー）】
클로버

カーネーション（かーねーしょん）
카네이션

菊（きく）
국화

チューリップ（ちゅーりっぷ）
튤립

蒲公英（たんぽぽ）
민들레

バラ（ばら）
장미

水仙（すいせん）
수선화

百合（ゆり）
백합

向日葵（ひまわり）
해바라기

데이지 데이지ー（でいじー）	수국 紫陽花（あじさい）	동백 椿（つばき）
목련 木蓮（もくれん）	난초 蘭（らん）	제라늄 ゼラニウム（ぜらにうむ）
수련 睡蓮（すいれん）	개나리 れんぎょう	코스모스 コスモス（こすもす）
라일락 ライラック（らいらっく）	무궁화 木槿（むくげ）	진달래 つつじ
나팔꽃 朝顔（あさがお）	수레국화 矢車草（やぐるまそう）	아이리스 アイリス（あいりす）
글라디올라스 グラジオラス（ぐらじおらす）	양귀비 芥子（けし）	잔디 芝（しば）
꽃다발 花束（はなたば）	화분(꽃가루) 花粉（かふん）	꽃잎 花びら（はなびら）
꽃봉오리가 생기다 つぼみが出来（でき）る		
씨앗이 싹트다 種（たね）が芽（め）を吹（ふ）く【芽生（めば）える】		
줄기가 올라온다 茎（くき）が伸（の）びてくる		
열매가 커진다 果実（かじつ）が大（おお）きくなる		

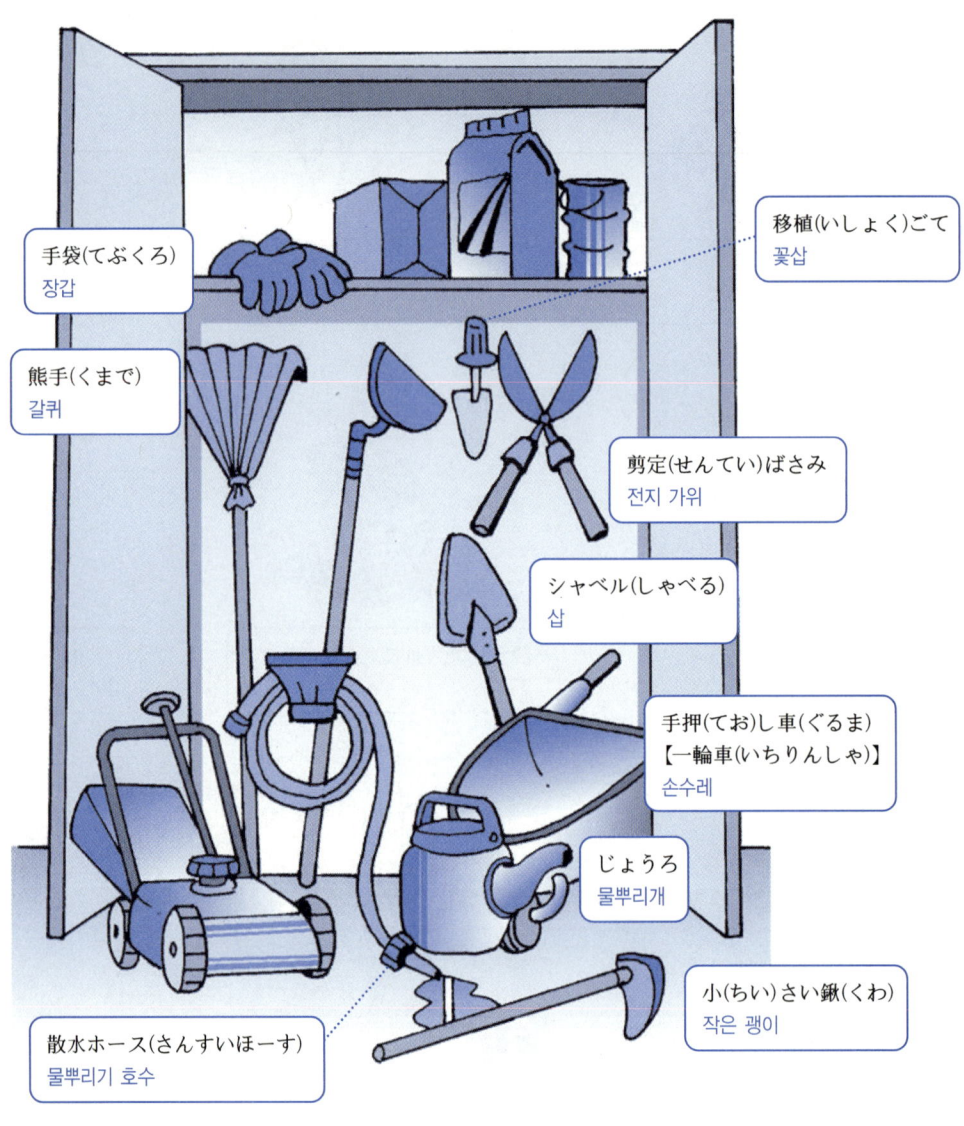

手袋(てぶくろ)
장갑

移植(いしょく)ごて
꽃삽

熊手(くまで)
갈퀴

剪定(せんてい)ばさみ
전지 가위

シャベル(しゃべる)
삽

手押(てお)し車(ぐるま)
【一輪車(いちりんしゃ)】
손수레

じょうろ
물뿌리개

散水ホース(さんすいほーす)
물뿌리기 호수

小(ちい)さい鍬(くわ)
작은 괭이

가래 鋤(すき)	연장통 道具箱(どうぐばこ)	톱 のこぎり
솔 刷毛(はけ)	빗자루 箒(ほうき)	파리채 蝿(はえ)たたき
가위 はさみ	쓰레받기 ちりとり	
목공일 木工仕事(もっこうしごと)	연장 道具(どうぐ)	
손전등 懐中電灯(かいちゅうでんとう)	드라이버 ドライバー(どらいばー)	못 釘(くぎ)
쓰레기통 ゴミ箱(ごみばこ)	집게 ニッパー(にっぱー)	줄자 巻尺(まきじゃく)
정원일 庭仕事(にわしごと)	망치 金槌(かなづち)【ハンマー(はんまー)】	
밧줄 ロープ(ろーぷ)	곡괭이 つるはし	대패 鉋(かんな)
송곳 錐(きり)	낫 鎌(かま)	

꽃과 상징

- バラ(ばら) 장미
  - ― 愛(あい)の象徴(しょうちょう)

    사랑의 상징

- すずらん 은방울꽃
  - ― 幸(しあわ)せの象徴(しょうちょう)

    행복의 상징

- 勿忘草(わすれなぐさ) 물망초
  - ― 真実(しんじつ)の愛(あい)の象徴(しょうちょう)

    진실한 사랑의 상징

- スミレ(すみれ) 제비꽃
  - ― 謙遜(けんそん)と素朴(そぼく)さの象徴(しょうちょう)

    겸손과 소박함의 상징

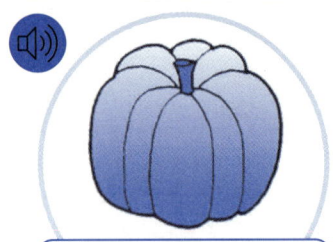

南瓜（かぼちゃ）
늙은 호박

キャベツ（きゃべつ）
양배추

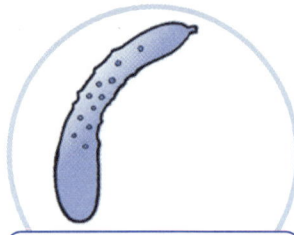

胡瓜（きゅうり）
오이

玉葱（たまねぎ）
양파

にんにく
마늘

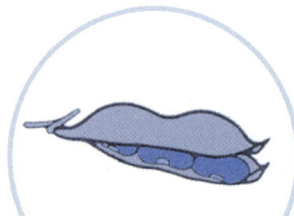

えんどう豆（えんどうまめ）
완두콩

とうもろこし
옥수수

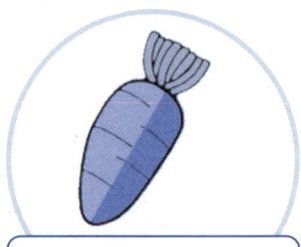

人参（にんじん）
당근

茸（きのこ）
버섯

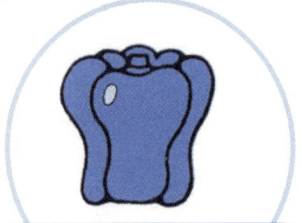

ピーマン（ぴーまん）
피망

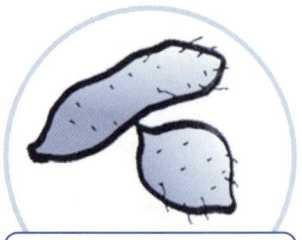

薩摩芋（さつまいも）
고구마

唐辛子（とうがらし）
고추

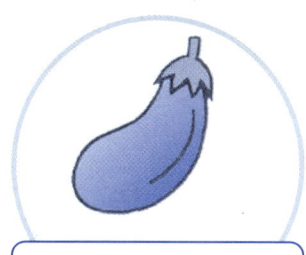

茄子(なす)
가지

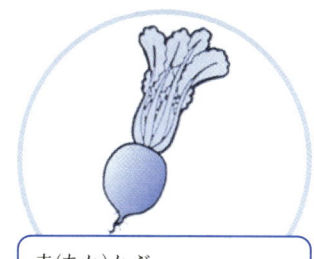

赤(あか)かぶ
빨간 순무

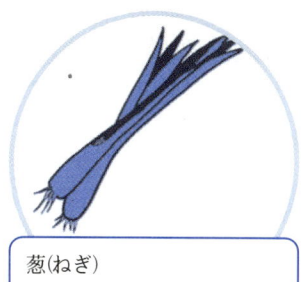

葱(ねぎ)
파

🏠 야채)

무 大根(だいこん)	생강 生姜(しょうが)	시금치 ほうれん草(そう)
브로콜리 ブロッコリー(ぶろっこりー)	감자 じゃがいも	파프리카 パプリカ(ぱぷりか)
샐러리 セロリ(せろり)	상추 サンチュ(さんちゅ)	양상추 レタス(れたす)
토마토 トマト(とまと)	애호박 ズッキーニ(ずっきーに)	강낭콩 隠元豆(いんげんまめ)
아보카도 アボカド(あぼかど)	배추 白菜(はくさい)	우엉 牛蒡(ごぼう)
쑥갓 春菊(しゅんぎく)		

🏠 조미료나 향신료

간장 醤油(しょうゆ)	된장 味噌(みそ)	소금 塩(しお)
설탕 砂糖(さとう)	식초 酢(す)	폰즈 ポン酢(ぽんず)
마요네즈 マヨネーズ(まよねーず)	케첩 ケチャップ(けちゃっぷ)	후추 コショウ(こしょう)
고추 唐辛子(とうがらし)	시치미고추 七味唐辛子(しちみとうがらし)	
고추냉이 わさび	겨자 からし	산초 山椒(さんしょう)
파슬리 パセリ(ぱせり)	바질 バジル(ばじる)	계피 シナモン(しなもん)
박하 ペパーミント(ぺぱーみんと)【はっか】		

🏠 견과류

땅콩 落花生(らっかせい)【ピーナツ(ぴーなつ)】	호두 胡桃(くるみ)
헤이즐넛 ヘーゼルナッツ(へーぜるなっつ)	캐슈넛 カシューナッツ(かしゅーなっつ)
피스타치오 ピスタチオ(ぴすたちお)	해바라기씨 ひまわりの種(たね)
잣 松(まつ)の実(み)	코코넛 ココナッツ(ここなっつ)
아몬드 アーモンド(あーもんど)	

苺(いちご)
딸기

林檎(りんご)
사과

バナナ(ばなな)
바나나

柿(かき)
감

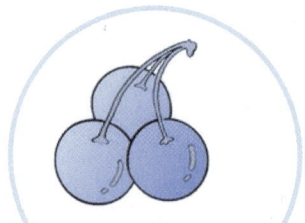

さくらんぼ
앵두

まくわうリ
참외

桃(もも)
복숭아

パイナップル(ぱいなっぷる)
파인애플

葡萄(ぶどう)
포도

柘榴(ざくろ)
석류

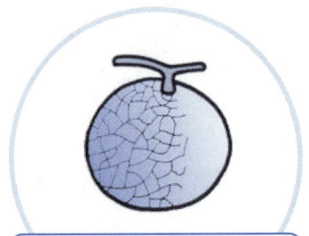

メロン(めろん)
메론

西瓜(すいか)
수박

산딸기	野苺(のいちご)
블랙베리	ブラックベリー(ぶらっくべりー)
숲딸기	木苺(きいちご)
살구	杏(あんず)
귤	みかん
체리	チェリー(ちぇりー)【さくらんぼ】
자몽	グレープフルーツ(ぐれーぷふるーつ)
서양자두	西洋(せいよう)すもも【プルーン(ぷるーん)】
자두	すもも【プラム(ぷらむ)】
무화과	無花果(いちじく)
망고	マンゴー(まんごー)
배	梨(なし)
레몬	レモン(れもん)
키위	キウイ[フルーツ](きうい[ふるーつ])
오렌지	オレンジ(おれんじ)
올리브	オリーブ(おりーぶ)

🏠 과일을 이용한 표현

- 悩(なや)みの種(たね)
  고민거리
- 桃栗3年柿8年(ももくりさんねんかきはちねん)
  복숭아와 밤 3년, 감은 8년 지나면 열매를 맺는다.
- 驚(おどろ)き桃(もも)の木(き)山椒(さんしょ)の木(き)
  아주 놀랐을 때 하는 말
- 火中(かちゅう)の栗(くり)を拾(ひろ)う
  다른 사람의 이익을 위해 무리해서 위험한 짓을 하는 것
- 梨(なし)のつぶて
  소식이 없을 때

絶壁(ぜっぺき)【断崖(だんがい)】
절벽, 낭떠러지

船(ふね)
배

ウィンドーサーフィン(うぃんどーさーふぃん)
윈드서핑

救命胴衣(きゅうめいどうい)
【ライフジャケット(らいふじゃけっと)】
구명조끼

海(うみ)
바다

砂(すな)
모래

小石(こいし)
조약돌

砂利(じゃり)
자갈

바위 岩(いわ)	부두 埠頭(ふとう)
파도 波(なみ)	해변, 바닷가 海辺(うみべ)【浜(はま)】
백사장 砂浜(すなはま)	연안, 해안 沿岸(えんがん)【海岸(かいがん)】
잔잔한 바다 穏(おだ)やかな海(うみ)	섬 島(しま)
호수 湖(みずうみ)	강 川(かわ)
개울 小川(おがわ)	염수 塩水(しおみず)
강변 川辺(かわべ)	물가 水際(みずぎわ)

山頂(さんちょう)
산꼭대기

滝(たき)
폭포

峠(とうげ)
고개

洞窟(どうくつ)
동굴

渓谷(けいこく)
계곡

山荘(さんそう)
산장

고도	高度(こうど)
언덕	丘(おか)
급류	急流(きゅうりゅう)
오두막	あばらや
허름한 나무집	古(ふる)びた木(き)の家(いえ)
초가집	茅葺(かやぶ)き屋根(やね)の家(いえ)
평원	平原(へいげん)
작은 언덕	小(ちい)さい丘(おか)

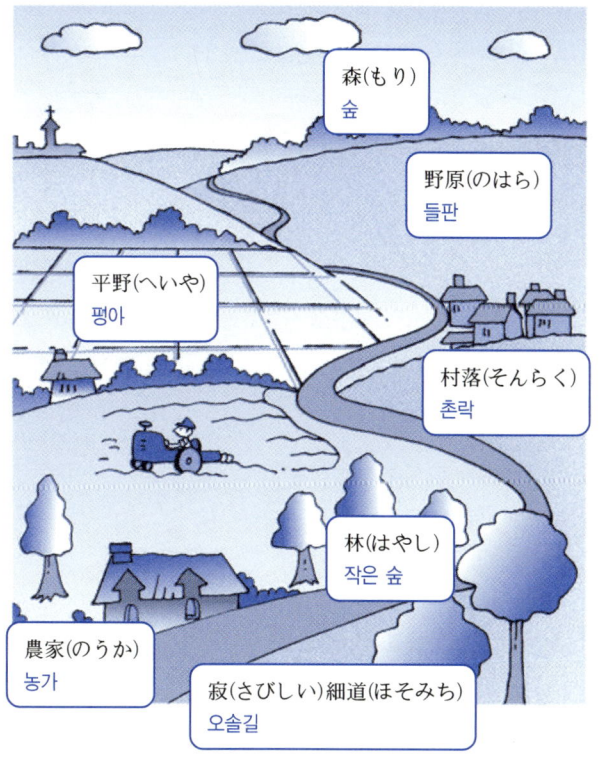

森(もり)
숲

野原(のはら)
들판

平野(へいや)
평야

村落(そんらく)
촌락

林(はやし)
작은 숲

農家(のうか)
농가

寂(さびしい)細道(ほそみち)
오솔길

풀밭	草(くさ)むら
초원	草原(そうげん)
구릉	丘陵(きゅうりょう)
작은 마을	小(ちい)さい村(むら)
촌	村里(むらざと)
마을	村(むら)【部落(ぶらく)】
지역	地域(ちいき)
동네	町(まち)【隣近所(となりきんじょ)】
평원	平原(へいげん)
시골	田舎(いなか)
전원	田園(でんえん)
오솔길	小道【小路】(こみち)

🏠 자연재해

강풍　強風(きょうふう)

폭풍　暴風(ぼうふう)

폭우　暴雨(ぼうう)

폭풍우　暴風雨(ぼうふうう)

홍수　洪水(こうずい)

태풍　台風(たいふう)

회오리　竜巻(たつまき)

산사태　山崩(やまくず)れ

강설　豪雪(ごうせつ)

눈사태　雪崩(なだれ)

지진　地震(じしん)

해일　津波(つなみ)

천둥　雷(かみなり)

벼락　落雷(らくらい)

산불　山火事(やまかじ)

분화　噴火(ふんか)

천재지변　天変地異(てんぺんちい)

불가항력적 사태　不可抗力的事態(ふかこうりょくてきじたい)

38

색깔
色(いろ)

색깔(명사)

빨강 赤(あか)	노랑 黄色(きいろ)
파랑 青(あお)	하양 白(しろ)
회색 灰色(はいいろ)	검정 黒(くろ)
초록 緑(みどり)	주황 橙色(だいだいいろ)
분홍색 桃色(ももいろ)【ピンク(ぴんく)】	갈색 茶色(ちゃいろ)
보라 紫(むらさき)	은색 銀色(ぎんいろ)
금색 金色(きんいろ)	주홍 朱色(しゅいろ)
하늘색 空色(そらいろ)	밤색 栗色(くりいろ)
감색 紺色(こんいろ)	크림색 クリーム色(くりーむいろ)
베이지 ベージュ(べーじゅ)	연두색 黄緑色(きみどりいろ)
적황색 赤黄色(あかきいろ)	자주색 赤紫色(あかむらさきいろ)
청록색 青緑色(あおみどりいろ)	한색 寒色(かんしょく)
적갈색 赤褐色(せきかっしょく)	난색 暖色(だんしょく)

색깔(형용사)

불그스름한 赤(あか)みがかった	푸르스름한 青(あお)みがかった
거무스름한 黒(くろ)みがかった	초록빛이 도는 緑(みどり)がかった
누르스름한 やや黄色(きいろ)い	희끄무레한 ほの白(じろ)い
밝은 明(あか)るい	어두운 暗(くら)い
진한 濃(こ)い	연한 薄(うす)い
뚜렷한 はっきりした	불투명한 ぼやけた
연한 淡(あわ)い	봄 다운 春(はる)らしい
화려한 派手(はで)な	품위 있는 上品(じょうひん)な
상쾌한 爽(さわ)やかな	원색의 原色(げんしょく)の
흑백의 モノクロ(ものくろ)の	
동계 색의 同系色(どうけいしょく)の	
반대 색의 反対色(はんたいしょく)の	
밝은 색조【톤】의 明(あか)るい色調(しきちょう)【トーン(とーん)】の	
어두운 색조【톤】의 暗(くら)い色調(しきちょう)【トーン(とーん)】の	
파스텔컬러【중간색】의 パステルカラー(ぱすてるからー)【中間色(ちゅうかんしょく)】の	
아주 대조적인 とても対照的(たいしょうてき)な	
빛이 나는 つやがある	

황금색(黄金色(こがねいろ)【金色(きんいろ)・ゴールド(ごーるど)】)

① 상징적 의미 : 훌륭함 立派(りっぱ)さ, 고급감 高級感(こうきゅうかん),
　　　　　　　　귀중 貴重(きちょう), 정점 頂点(ちょうてん),
　　　　　　　　승리 勝利(しょうり)
② 좋은 이미지 : 재능 才能(さいのう), 성공 成功(せいこう),
　　　　　　　　풍부함 豊(ゆた)かさ
③ 나쁜 이미지 : 졸부 成金(なりきん), 오만 傲慢(ごうまん)
④ 구체적인 이미지 : 금화 金貨(きんか), 금메달 金メダル(きんめだる),
　　　　　　　　　　왕 王様(おうさま), 금각사 金閣寺(きんかくじ)

빨간색(赤(あか))

① 상징적 의미 : 열정 情熱(じょうねつ), 활발 活発(かっぱつ),
　　　　　　　　행동적 行動的(こうどうてき), 투쟁심 闘争心(とうそうしん),
　　　　　　　　혁명 革命(かくめい), 생명 生命(せいめい), 더위 暑(あつ)さ
② 좋은 이미지 : 용기 勇気(ゆうき), 애정 愛情(あいじょう),
　　　　　　　　승리 勝利(しょうり), 적극적 積極的(せっきょくてき)
③ 나쁜 이미지 : 위험 危険(きけん), 긴장 緊張(きんちょう), 분노 怒(いか)り,
　　　　　　　　싸움 争(あらそ)い
④ 구체적인 이미지 : 태양 太陽(たいよう), 불 火(ひ), 빨간 장미 赤(あか)いバ
　　　　　　　　　　ラ(ばら), 붉은 광장 赤(あか)の広場(ひろば)

노랑색(黄色(きいろ))

① 상징적 의미 : 기쁨 喜(よろこ)び, 경쾌함 軽(かろ)やか,
　　　　　　　　눈에 띄다 目立(めだ)つ, 주의 注意(ちゅうい)
② 좋은 이미지 : 밝다 明(あか)るい, 즐겁다 楽(たの)しい,
　　　　　　　　활발 活発(かっぱつ), 행복 幸福(こうふく)
③ 나쁜 이미지 : 위험 危険(きけん), 긴장 緊張(きんちょう),
　　　　　　　　불안 不安(ふあん), 경솔 軽率(けいそつ)
④ 구체적인 이미지 : 빛 光(ひかり), 달 月(つき), 레몬 レモン(れもん),
　　　　　　　　　　해바라기 向日葵(ひまわり), 병아리 ひよこ,

황사 黄砂(こうさ), 황달 黄疸(おうだん)

🖼 녹색(緑(みどり))

① 상징적 의미 : 평온 平穏(へいおん), 조화 調和(ちょうわ),
　　　　　　　　자연 自然(しぜん), 릴랙스 リラックス(りらっくす),
　　　　　　　　건강 健康(けんこう)
② 좋은 이미지 : 젊음 若(わか)さ, 신선 新鮮(しんせん)
③ 구체적인 이미지 : 신록의 계절 新緑(しんりょく)の季節(きせつ),
　　　　　　　　봄의 도래 春(はる)の到来(とうらい),
　　　　　　　　전원 田園(でんえん), 개구리 蛙(かえる),
　　　　　　　　녹차 緑茶(りょくちゃ)

🖼 파란색(青(あお))

① 상징적 의미 : 상쾌하다 爽(さわ)やか, 청순 清純(せいじゅん),
　　　　　　　　희망 希望(きぼう), 스포티 スポーティ(すぽーてぃ),
　　　　　　　　안식 安息(あんそく), 이성 理性(りせい)
② 좋은 이미지 : 신뢰 信頼(しんらい), 성실 誠実(せいじつ),
　　　　　　　　개방감 開放感(かいほうかん), 지성 知性(ちせい)
③ 나쁜 이미지 : 불안 不安(ふあん), 냉혹 冷酷(れいこく), 슬픔 悲(かな)しみ,
　　　　　　　　허전함 寂(さみ【さび】)しさ
④ 구체적인 이미지 : 하늘 空(そら), 바다 海(うみ), 물 水(みず),
　　　　　　　　진 ジーンズ(じーんず), 풀장 プール(ぷーる),
　　　　　　　　파랑새 青(あお)い鳥(とり),
　　　　　　　　블루컬러(육체노동자) ブルーカラー(ぶるーからー)

🖼 흰색(白(しろ))

① 상징적 의미 : 신뢰 信頼(しんらい), 청결 清潔(せいけつ),
　　　　　　　　신성 神聖(しんせい), 무구 無垢(むく),
　　　　　　　　평등 平等(びょうどう), 시작 始(はじま)り
② 좋은 이미지 : 순결 純潔(じゅんけつ), 평화 平和(へいわ),
　　　　　　　　축복 祝福(しゅくふく)
③ 나쁜 이미지 : 냉담 冷淡(れいたん), 박정 薄情(はくじょう),

공허 空虚(くうきょ), 무미하다 味気(あじけ)ない

④ 구체적인 이미지 : 눈 雪(ゆき), 천사 天使(てんし), 구름 雲(くも),
　　　　　　　　　　날개 羽根(はね), 토끼 兎(うさぎ),
　　　　　　　　　　백악관 ホワイトハウス(ほわいとはうす),
　　　　　　　　　　화이트컬러 ホワイトカラー(ほわいとからー),
　　　　　　　　　　백주(대낮) 白昼(はくちゅう), 백야 白夜(びゃくや)

검정색(黒(くろ))

① 상징적 의미 : 끝 終(お)わり, 암흑 暗黒(あんこく), 음침 陰気(いんき),
　　　　　　　　침묵 沈黙(ちんもく), 극도의 우울함 極度(きょくど)の憂鬱
　　　　　　　　(ゆううつ)さ, 고독 孤独(こどく)
② 좋은 이미지 : 신비 神秘(しんぴ), 고급 高級(こうきゅう),
　　　　　　　　위엄 威厳(いげん), 자신 自信(じしん)
③ 나쁜 이미지 : 공포 恐怖(きょうふ), 절망 絶望(ぜつぼう)
④ 구체적인 이미지 : 까마귀 烏(からす), 묵 墨(すみ), 장례식 葬式(そうしき),
　　　　　　　　　　상복 喪服(もふく), 검은머리 黒髪(くろかみ),
　　　　　　　　　　블랙유머 ブラックユーモア(ぶらっくゆーもあ),
　　　　　　　　　　검은 마술 黒魔術(くろまじゅつ)

분홍색(桃色(ももいろ)【ピンク(ぴんく)】)

① 상징적 의미 : 로맨틱 ロマンチック(ろまんちっく),
　　　　　　　　사랑스러움 愛(あい)らしさ, 여성적 女性的(じょせいてき),
　　　　　　　　에로틱 エロチック(えろちっく)
② 좋은 이미지 : 상냥하다 優(やさ)しい, 행복 幸福(こうふく),
　　　　　　　　애정 愛情(あいじょう), 젊다 若(わか)い,
　　　　　　　　섬세 繊細(せんさい)
③ 나쁜 이미지 : 유치 幼稚(ようち)
④ 구체적인 이미지 : 복숭아 桃(もも), 벚꽃 桜(さくら),
　　　　　　　　　　소녀 少女(しょうじょ), 리본 リボン(りぼん),
　　　　　　　　　　딸기우유 苺ミルク(いちごみるく)

📘 **회색(灰色(はいいろ))**

① 상징적 의미 : 의혹 疑惑(ぎわく), 과거 過去(かこ), 온후 温厚(おんこう)

② 좋은 이미지 : 고상함 上品(じょうひん), 차분함 落(お)ち着(つ)き,
　　　　　　　온화함 穏(おだ)やか, 신뢰 信頼(しんらい)

③ 나쁜 이미지 : 음침 陰気(いんき), 애매 曖昧(あいまい),
　　　　　　　무기력 無気力(むきりょく), 우울 憂鬱(ゆううつ),
　　　　　　　수수하다 地味(じみ)

④ 구체적인 이미지 : 콘크리트 コンクリート(こんくりーと),
　　　　　　　　　겨울 하늘 冬空(ふゆぞら),
　　　　　　　　　도회 都会(とかい), 쥐 鼠(ねずみ),
　　　　　　　　　풀리지 않는 의혹 灰色疑惑(はいいろぎわく),
　　　　　　　　　흔적도 없이 다 타버리다 灰燼(かいじん)に帰(き)す

忍耐力（にんたいりょく）がない
참을성이 없는

根気（こんき）がある
끈기 있는

衝動的（しょうどうてき）な
충동적인

怠慢（たいまん）な
게으른

利口（りこう）な
영리한

ばかな【あほな】
바보스런

頑固一徹（がんこいってつ）の
고집불통의

冷淡（れいたん）な【冷（つめ）たい】
냉담한

慎重(しんちょう)な
신중한

おしゃべりな
수다스런

寡黙(かもく)な
과묵한

大(おお)きい
큰

小(ちい)さい
작은

すらりと【すらっと】
している
날씬한

太(ふと)った
살찐

柔軟(じゅうなん)な
유연한

融通(ゆうずう)の利(き)かない
뻣뻣한(딱딱한 / 융통성 없는)

痩(やせ)た
마른

ふっくらした【ぽっちゃりした】
포동포동한

活動的(かつどうてき)な
활동적인

🏠 얼굴 모양

丸(まる)い
둥근

長(なが)い
긴

角(かく)ばった
각진

타원형의	卵形(たまごがた)の【楕円形(だえんけい)の】
삼각형의	三角形(さんかっけい)の
갸름한	面長(おもなが)の【細長(ほそなが)い】
거무스레한	浅黒(あさぐろ)い
햇볕에 그을린	日焼(ひや)けした

🏠 성격의 특징

🎲 긍정적인 특징 肯定的(こうていてき)な特徴(とくちょう)

정확한	きちんとした	솔직한	率直(そっちょく)な
마음씨 좋은	気立(きだ)てが良(よ)い	근면한	勤勉(きんべん)な
열정적인	エネルギッシュ(えねるぎっしゅ)な	선량한	善良(ぜんりょう)な
진심어린	真心(まごころ)のある	온화한	温和(おんわ)な
친절한	親切(しんせつ)な	명랑한	明朗(めいろう)な
성실한	誠実(せいじつ)な	너그러운	寛大(かんだい)な
청렴한	清廉(せいれん)な	확신에 찬	自信(じしん)に満(み)ちた
교양 있는	教養(きょうよう)がある	사교적인	社交的(しゃこうてき)な
용감한	勇敢(ゆうかん)な	남자다운	男(おとこ)らしい
열렬한	情熱的(じょうねつてき)な	겸손한	謙虚(けんきょ)な【腰(こし)が低(ひく)い】
기쁨에 넘치는	喜(よろこ)びにあふれる	정확한	正確(せいかく)な
신중한	控(ひか)えめな	진취적인	進取(しんしゅ)の気性(きしょう)に富(と)んだ
낙천적인	楽天的(らくてんてき)な	정에 약한	情(じょう)にもろい
낭만적인	ロマンチック(ろまんちっく)な		
애교 있는	愛嬌(あいきょう)のある		

🎲 부정적인 특징 否定的(ひていてき)な特徴(とくちょう)

부주의한	不注意(ふちゅうい)な	위선적인	偽善的(ぎぜんてき)な
경솔한	軽率(けいそつ)な	게으른	怠慢(たいまん)な
소극적인	消極的(しょうきょくてき)な	거짓말 잘 하는	嘘(うそ)つきの
심술맞은	意地悪(いじわる)な	무관심한	無関心(むかんしん)な
잔인한	残忍(ざんにん)な	난폭한	乱暴(らんぼう)な
지루한	退屈(たいくつ)な	인색한	けちな
내성적인	内気(うちき)な		
이해 타산적인	計算高(けいさんだか)い【打算的(ださんてき)な】		
교양 없는	教養(きょうよう)が無(な)い	무뚝뚝한	無愛想(ぶあいそう)な
소심한	気(き)の小(ちい)さい【小心(しょうしん)な】	겁이 많은	怖(こわ)がり【気(き)が弱(よわ)い】
성미가 급한	せっかちな【気(き)が短(みじか)い】	침울한	暗(くら)い
느린	のろい	변덕스러운	気(き)まぐれな
고집이 센	我(が)が強(つよ)い	교활한	ずるい
어리석은	愚(おろ)かな	굼뜬	のろい【鈍(にぶ)い】

🏠 신체 묘사

아주 작다	とても背(せ)が低(ひく)い
작다	低(ひく)い
중간 키다	中背(ちゅうぜい)だ
아주 크다	とても背(せ)が高(たか)い
대단히 크다	ものすごく背(せ)が高(たか)い
크다	背(せ)が高(たか)い
말랐다	やせている
날씬하다	すらっとしている
포동포동하다	ふっくらしている
살쪘다	太(ふと)っている
비만이다	肥満(ひまん)だ

40 수
數(かず)

🏠 기수

0

ゼロ(ぜろ)【零(れい)】

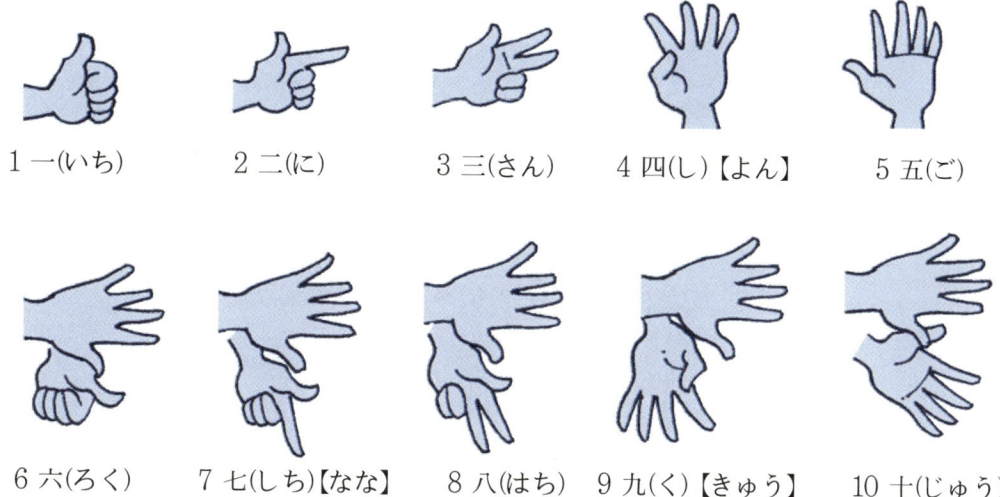

1 一(いち)　　2 二(に)　　3 三(さん)　　4 四(し)【よん】　　5 五(ご)

6 六(ろく)　　7 七(しち)【なな】　　8 八(はち)　　9 九(く)【きゅう】　　10 十(じゅう)

11 十一(じゅういち)	12 十二(じゅうに)
13 十三(じゅうさん)	14 十四(じゅうし)【じゅうよん】
15 十五(じゅうご)	16 十六(じゅうろく)
17 十七(じゅうしち)【じゅうなな】	18 十八(じゅうはち)
19 十九(じゅうく)【じゅうきゅう】	20 二十(にじゅう)
30 三十(さんじゅう)	40 四十(よんじゅう)【しじゅう】
50 五十(ごじゅう)	60 六十(ろくじゅう)
70 七十(ななじゅう)【しちじゅう】	80 八十(はちじゅう)

90	九十(きゅうじゅう)
100	百(ひゃく)
1000	千(せん)
10,000	万(まん)
100,000	十万(じゅうまん)
1,000,000	百万(ひゃくまん)
10,000,000	千万(せんまん)
1,000,000,000	十億(じゅうおく)
1,000,000,000,000	一兆(いっちょう)

- 二人(ふたり)の少年(しょうねん)
  두 명의 소년
- 一人(ひとり)の友(とも)だち
  한 명의 친구
- 三日(みっか)
  삼일
- 時計4個(とけいよんこ)
  시계 네 개
- 三人(さんにん)の大学生(だいがくせい)
  세 명의 대학생
- 彼(かれ)は子供(こども)が三人(さんにん)だ。
  그는 애가 셋이다.
- 私(わたし)には四人(よにん)の友達(ともだち)がいる。
  나에겐 네 명의 친구가 있다.
- 二日間(ふつかかん)行(い)った。
  이틀간 갔다.
- 一(いち)を聞(き)いて十(じゅう)を知(し)る。
  하나를 듣고 열을 안다.

🏠 서수

1	第一(だいいち)【最初(さいしょ)】
2	第二(だいに)
3	第三(だいさん)
4	第四(だいよん)
5	第五(だいご)
6	第六(だいろく)

일본어는 단독 서수는 없다.
~번째 「~番目(ばんめ)」
~회째 「~回目(かいめ)」
~사람째 「~人目(にんめ)」
~위 「~位(い)(순서 順位(じゅんい)」라는 조수사 助数詞(じょすうし)나 제~「第(だい)~」라는 접두사 接頭辞(せっとうじ)를 붙여서 순번·순서 등을 표현한다. 그리고 一(いち)를 「처음/시작 最初(さいしょ)」이라고 하는 경우가 있다.

7	第七(だいなな)
8	第八(だいはち)
9	第九(だいきゅう)
10	第十(だいじゅう)
11	第十一(だいじゅういち)
12	第十二(だいじゅうに)
13	第十三(だいじゅうさん)
14	第十四(だいじゅうよん)
15	第十五(だいじゅうご)
16	第十六(だいじゅうろく)
17	第十七(だいじゅうなな)
18	第十八(だいじゅうはち)
19	第十九(だいじゅうきゅう)
20	第二十(だいにじゅう)
30	第三十(だいさんじゅう)
40	第四十(だいよんじゅう)
50	第五十(だいごじゅう)
60	第六十(だいろくじゅう)
70	第七十(だいななじゅう)
80	第八十(だいはちじゅう)
90	第九十(だいきゅうじゅう)
100	第百(だいひゃく)

🏠 응용 대화

ⓐ 何番(なんばん)のバス(ばす)が東京博物館(とうきょうはくぶつかん)まで行(い)きますか。
몇 번 버스가 도우쿄우 박물관까지 갑니까?

ⓑ 6番(ろくばん)です。
6번이요.

ⓐ 地下鉄(ちかてつ)までどうやって行(い)きますか。
지하철까지 어떻게 가나요?

ⓑ 51番(ごじゅういちばん)の電車(でんしゃ)に乗(の)ります。
51번 전차를 타요.

Ⓐ 子供(こども)が何人(なんにん)ですか。
아이가 몇명 인가요?

Ⓑ 三人(さんにん)です。
세 명입니다.

Ⓐ 今日(きょう)退室(たいしつ)されますか。
오늘 퇴실 하시나요?

Ⓑ いいえ、もう二日(ふつか)延長(えんちょう)したいです。
아니요, 이틀을 더 연장하고 싶습니다.

• エリザベス一世(えりざべすいっせい)
엘리자베스 1세

• 3月8日(さんがつようか)
3월 8일

• 2015年(にせんじゅうごねん)
2015년

• 七番目(ななばんめ)の大陸(たいりく)
7번째 대륙

• 7時(しちじ)半(はん)
일곱시 반

41

수 数（かず）/
도형 図形（ずけい）

偶数（ぐうすう）
짝수

 2 二(に)
 4 四(し)【よん】

 6 六(ろく)
 8 八(はち)

奇数（きすう）
홀수

 1 一(いち)
 3 三(さん)

 5 五(ご)
 7 七(しち)【なな】
 9 九(く)【きゅう】

分数（ぶんすう）
분수

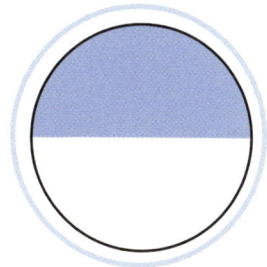

$\frac{1}{2}$ 二分の一(にぶんのいち)

$\frac{1}{3}$ 三分の一(さんぶんのいち)

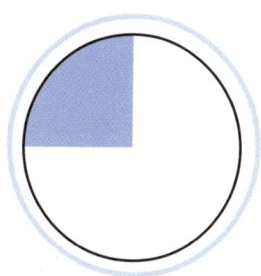

$\frac{1}{4}$ 四分の一(よんぶんのいち)

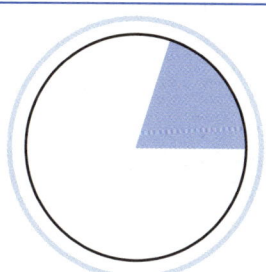

$\frac{1}{5}$ 五分の一(ごぶんのいち)

$\frac{3}{4}$ 四分の三(よんぶんのさん)

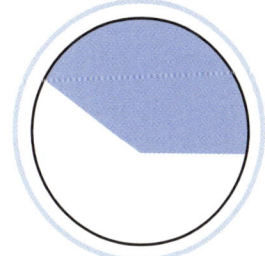

$\frac{2}{5}$ 五分の二(ごぶんのに)

- 足(た)し算(ざん)　더하기
  - 2+5=7　二(に)足(た)す五(ご)は七(なな)
- 足(た)す　더하다
- 引(ひ)き算(ざん)　빼기
  - 9−3=6　九(きゅう)引(ひ)く三(さん)は六(ろく)
- 引(ひ)く　빼다
- 掛(か)け算(ざん)　곱하기
  - 4×5=20　四(よん)掛(か)ける五(ご)は二十(にじゅう)
- 掛(か)ける　곱하다
- 割(わ)り算(ざん)　나누기
  - 16÷2=8　十六(じゅうろく)割(わ)る二(に)は八(はち)
- 割(わ)る　나누다
- 百分率(ひゃくぶんりつ)　백분율
  - 1%　一パーセント(いちぱーせんと)
  - 3%　三パーセント(さんぱーせんと)
  - 5%　五パーセント(ごぱーせんと)
  - 10%　十パーセント(じゅっぱーせんと)
  - 100%　百パーセント(ひゃくぱーせんと)
- 概数(がいすう)【おおよその数(かず)】　어림수
- 正確(せいかく)な数(かず)　정확한 수
- 近似値(きんじち)　근사값
  - 2배　二倍(にばい)
  - 3배　三倍(さんばい)
  - 4배　四倍(よんばい)
  - 1000㎡　千平方メートル(せんへいほうめーとる)
  - 5^3　五の三乗(ごのさんじょう)
  - 0.5　零点五(れいてんご)
  - 3.4　三点四(さんてんよん)
  - 6.89　六点八九(ろくてんはちきゅう)
- 計算(けいさん)する　계산하다

🏠 **수와 관련된 표현들**

- 一瞬(いっしゅん)
  순식간에, 금방

- 第一(だいいち)
  무엇보다 먼저
- 万事(ばんじ)
  모든 것
- 一(いち)か八(ばち)か【乾坤一擲(けんこんいってき)】
  건곤일척(흥하든 망하든)
- 一石二鳥(いっせきにちょう)
  일석이조
- 一(いち)にも二(に)にも
  무엇보다 중요하다
- 一難(いちなん)去(さ)ってまた一難(いちなん)
  산너머 산
- 一日千秋(いちじつせんしゅう)
  일일천추(하루가 천년 같음)
- 三つ子(みつご)の魂(たましい)百(ひゃく)まで
  세살적 버릇이 여든까지 간다
- 四(し)の五(ご)の言う
  이러쿵 저러쿵 말하다
- 七(なな)転(ころ)び八(や)起(お)き
  칠전팔기
- 十中八九(じゅっちゅうはっく)
  십중팔구
- 九死(きゅうし)に一生(いっしょう)を得(え)る
  구사일생
- 四十(しじゅう)にして惑(まど)わず
  사십에 불혹
- 百(ひゃく)も承知(しょうち)
  충분히 알고 있음
- 千里(せんり)の道(みち)も一歩(いっぽ)から
  천리길도 한 걸음부터

🏠 **계산서 작성하기**

부가가치세	付加価値税(ふかかちぜい)
단가	単価(たんか)
면세	免税(めんぜい)
세금 포함가	内税(うちぜい)
원가	原価(げんか)
시가	時価(じか)
지불	支払(しはら)い
지불총액	支払(しはら)い総額(そうがく)

🏠 도형

둥근　丸(まる)い

타원형의　楕円形(だえんけい)の

사각형의　四角形(しかっけい)【しかくけい】の

삼각형의　三角形(さんかっけい)【さんかくけい】の

구　球(きゅう)

입방체　立方体(りっぽうたい)

원추형　円錐形(えんすいけい)

피라미드형　ピラミッド型(ぴらみっどがた)

원통형　円筒形(えんとうけい)

사다리꼴　台形(だいけい)

원　円(えん)

직사각형　長方形(ちょうほうけい)

정사각형　正方形(せいほうけい)

삼각형　三角形(さんかっけい)【さんかくけい】

육각형　六角形(ろっかっけい)【ろっかくけい】

마름모꼴　菱形(ひしがた)

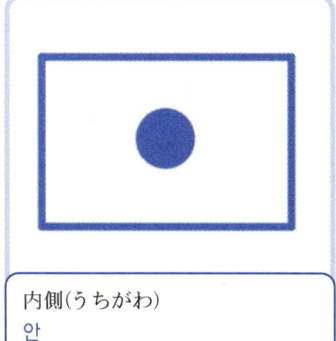

内側 (うちがわ)
안

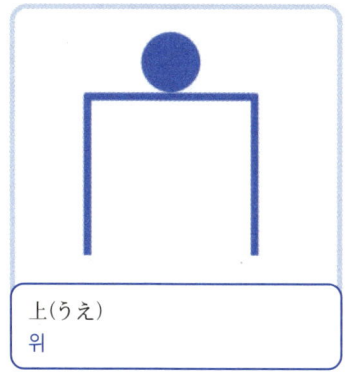

上 (うえ)
위

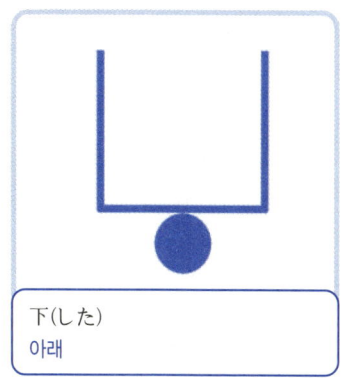

下 (した)
아래

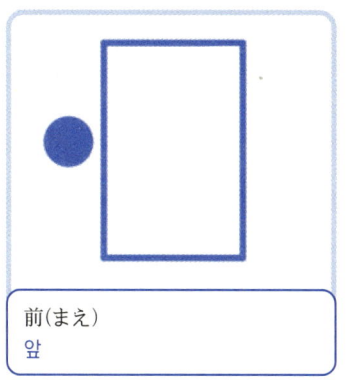

前 (まえ)
앞

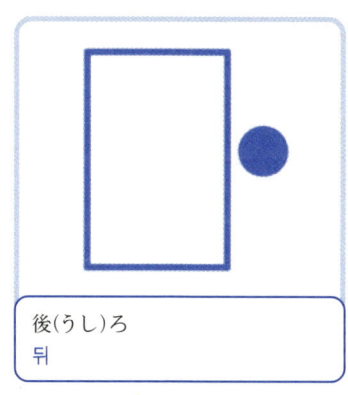

後 (うし) ろ
뒤

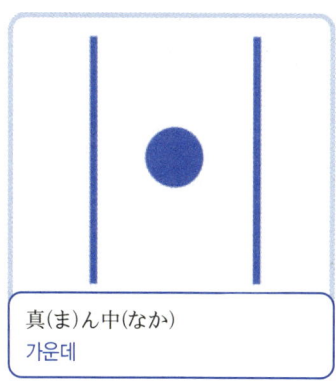

真 (ま) ん中 (なか)
가운데

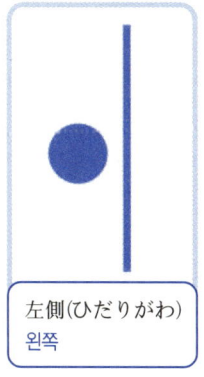

左側 (ひだりがわ)
왼쪽

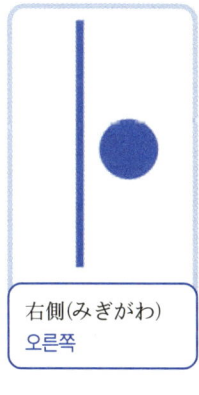

右側 (みぎがわ)
오른쪽

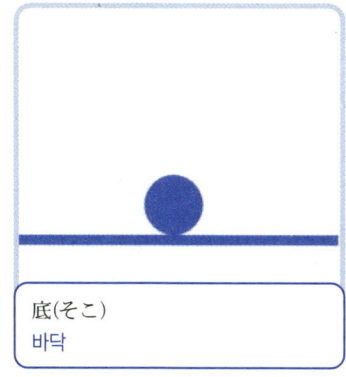

底 (そこ)
바닥

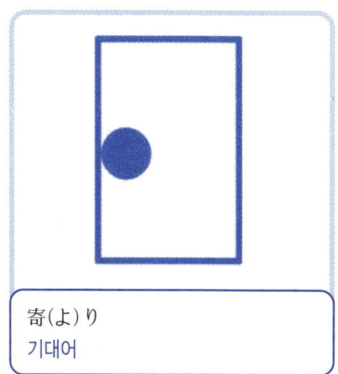

寄 (よ) り
기대어

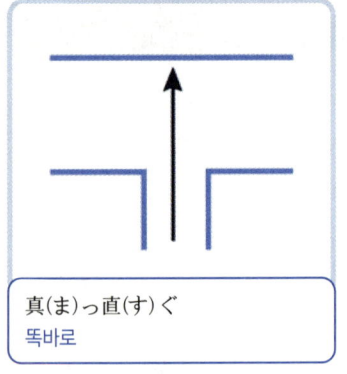

真(ま)っ直(す)ぐ
똑바로

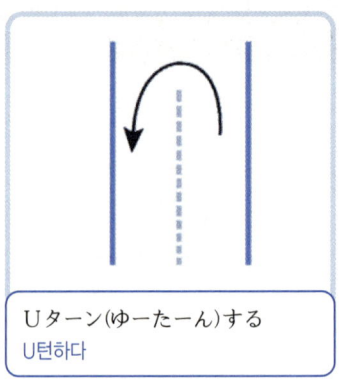

Uターン(ゆーたーん)する
U턴하다

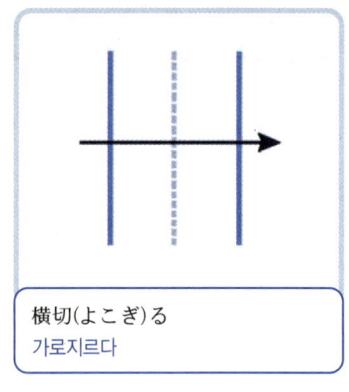

横切(よこぎ)る
가로지르다

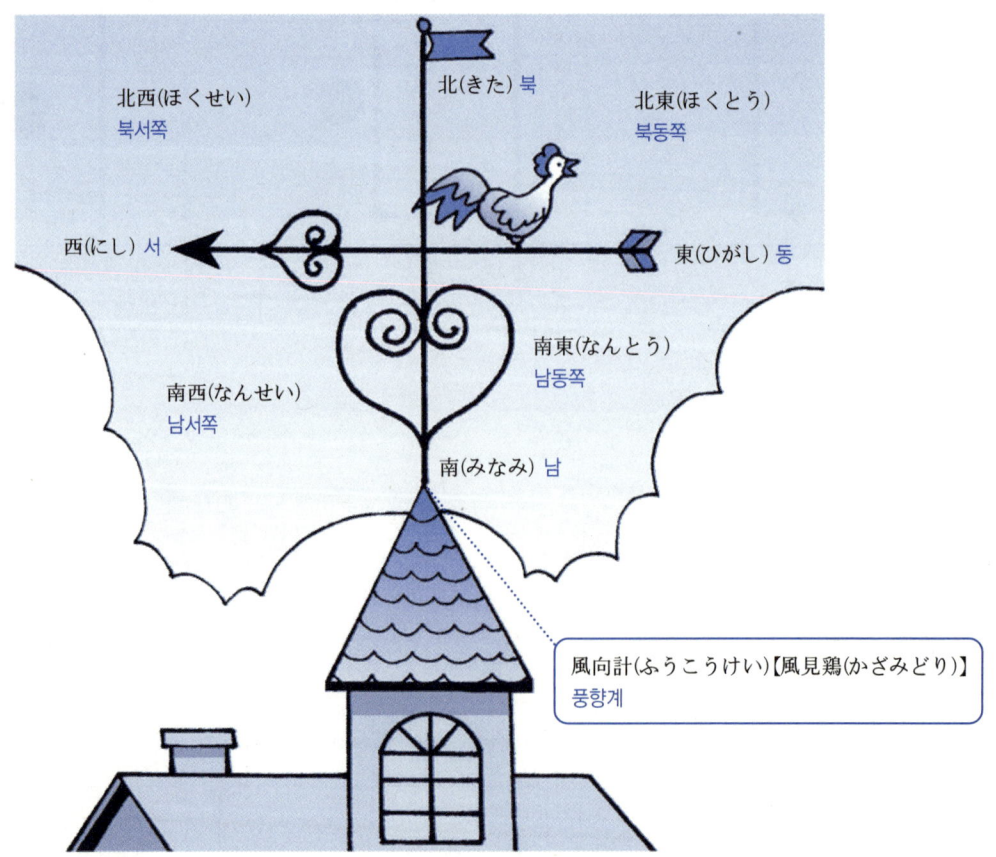

北西(ほくせい)
북서쪽

北(きた) 북

北東(ほくとう)
북동쪽

西(にし) 서

東(ひがし) 동

南西(なんせい)
남서쪽

南東(なんとう)
남동쪽

南(みなみ) 남

風向計(ふうこうけい)【風見鶏(かざみどり)】
풍향계

Ⓐ 私(わたし)のボールペン(ぼーるぺん)はどこにありますか。
내 볼펜이 어디에 있지요?

Ⓑ テーブル(てーぶる)の上(うえ)にあります。
탁자 위에 있어요.

Ⓐ 山田(やまだ)さんの車(くるま)は郵便局(ゆうびんきょく)の後(うし)ろにありますか。
야마다 씨 차는 우체국 뒤에 있어요?

Ⓑ いいえ、郵便局(ゆうびんきょく)の前(まえ)にあります。
아니요, 우체국 앞에 있어요.

Ⓐ 京都博物館(きょうとはくぶつかん)はどこにあるのですか。右側(みぎがわ)に行(い)くんですか。それとも、左側(ひだりがわ)に行(い)くんですか。
교토 박물관이 어디에 있나요? 오른쪽으로 가나요? 아니면 왼쪽으로 가나요?

Ⓑ いいえ。真(ま)っ直(す)ぐ行(い)ってください。
아니에요. 똑바로 가세요.

Ⓐ トイレ(といれ)はどこにありますか。
화장실이 어디 있나요?

Ⓑ 廊下(ろうか)の先(さき)にあります。
복도 끝에 있어요.

Ⓐ この近所(きんじょ)で[お]花屋(はなや)さんはどこにありますか。
이 근처에 꽃집이 어디 있나요?

Ⓑ 左(ひだり)の方(ほう)に行(い)かれると、すぐあります。
왼쪽으로 가시면 바로 있어요.

Ⓐ 郵便局(ゆうびんきょく)に行(い)きたいのですが、この近所(きんじょ)にありますか。
우체국에 가고 싶은데 이 근처에 있나요?

Ⓑ はい、この角(かど)を曲(ま)がれば、薬局(やっきょく)があるんですけど、その建物(たてもの)の一階(いっかい)にあります。
네, 이 모퉁이를 돌면 약국이 있는데요. 그 건물 1층에 있어요.

Ⓐ 世宗百貨店(せじょんひゃっかてん)に行(い)きたいのですが、ここから歩(ある)いて行(い)けますか。
세종백화점에 가고 싶은데 여기서 걸어 갈수 있나요?

Ⓑ 歩(ある)くのには少(すこ)し遠(とお)いですね。ここから105番(ひゃくごばん)のバス(ばす)に乗(の)られて、6番目(ろくばんめ)の停留所(ていりゅうじょ)で降(お)りられると、そこが世宗百貨店(せじょんひゃっかてん)の前(まえ)です。

걷기에는 좀 머네요. 여기서 105번 버스를 타시고 6번째 정거장에서 내리시면 바로 세종백화점 앞이에요.

Ⓐ 上野公園(うえのこうえん)はこちら【こっち】の方(ほう)ですか。
우에노공원은 이쪽인가요?

Ⓑ いいえ。違(ちが)いますよ。あちら【あっち】の道(みち)を10分程(じゅっぷんほど)歩(ある)いて行(い)って、左(ひだり)の方(ほう)に行(い)かなければなりません。
아니요. 잘못 오셨네요. 저쪽 길로 10분 정도 걷다가 왼쪽으로 가셔야 돼요.

43

통행
通行(つうこう)

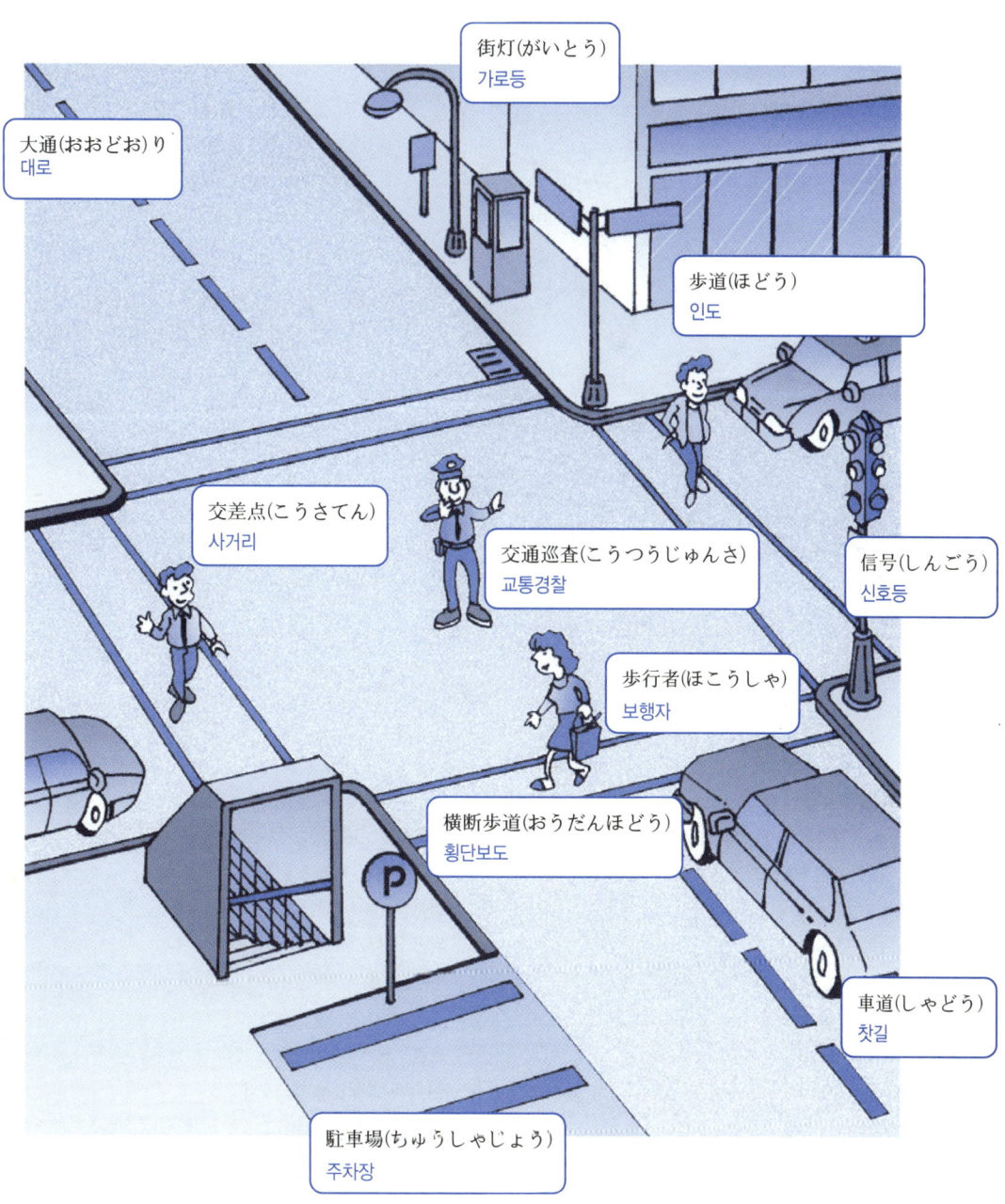

街灯(がいとう)
가로등

大通(おおどお)り
대로

歩道(ほどう)
인도

交差点(こうさてん)
사거리

交通巡査(こうつうじゅんさ)
교통경찰

信号(しんごう)
신호등

歩行者(ほこうしゃ)
보행자

横断歩道(おうだんほどう)
횡단보도

車道(しゃどう)
찻길

駐車場(ちゅうしゃじょう)
주차장

高速道路(こうそくどうろ)
고속도로

料金所ゲート(りょうきんじょげーと)
톨게이트

거리	通(とお)り
보도	歩道(ほどう)
로터리	ロータリー(ろーたりー)
무료	無料(むりょう)
유료	有料(ゆうりょう)
지하 주차장	地下駐車場(ちかちゅうしゃじょう)
주차 요금	駐車料金(ちゅうしゃりょうきん)
차도를 건너다	車道(しゃどう)を渡(わた)る
중앙 분리대	中央分離帯(ちゅうおうぶんりたい)

매표소	料金所(りょうきんじょ)	벌금	罰金(ばっきん)
커브돌기	カーブ(かーぶ)を回(まわ)る	추월하다	追(お)い越(こ)しをする
통행금지	通行禁止(つうこうきんし)	주의	注意(ちゅうい)
일방통행	一方通行(いっぽうつうこう)	위험	危険(きけん)
출구	出口(でぐち)	위반	違反(いはん)
공사중	工事中(こうじちゅう)	주차장	駐車場(ちゅうしゃじょう)
작업 중 표시	作業中標示(さぎょうちゅうひょうじ)		
신호등	信号(しんごう)	트럭	トラック(とらっく)
러시아워〈교통체증〉	ラッシュアワー(らっしゅあわー)【交通渋滞(こうつうじゅうたい】		
멈춤	停止(ていし)	고가도로	高架道路(こうかどうろ)
자전거 도로	自転車道(じてんしゃどう)	교차로	交差点(こうさてん)
유료 고속도로	有料高速道路(ゆうりょうこうそくどうろ)		
우회도로	バイパス道路(ばいぱすどうろ)【迂回路(うかいろ】		
자동요금징수 시스템	自動料金徴収システム(じどうりょうきんちょうしゅうしすてむ)【ＥＴＣ(いーてぃーしー)】		
고속도로 순찰대	高速道路交通警察隊(こうそくどうろこうつうけいさつたい)		
인터체인지	インターチェンジ(いんたーちぇんじ)		

가드레일 ガードレール(がーどれーる)	점선 点線(てんせん)
황색선 黄色線(きいろせん)	흰색선 白線(はくせん)
차선 규제봉 車線規制棒(しゃせんきせいぼう)	
주차부스의 가로대 駐車場(ちゅうしゃじょう)の車止(くるまど)め	
자동자바라 대문 電動シャッター(でんどうしゃったー)	
속도 제한 速度制限(そくどせいげん)	교통혼잡 交通渋滞(こうつうじゅうたい)
우회로 迂回路(うかいろ)	자갈길 砂利道(じゃりみち)
유턴금지 Uターン禁止(ゆーたーんきんし)	주차금지 駐車禁止(ちゅうしゃきんし)
횡단보도 横断歩道(おうだんほどう)	미끄러운 도로 滑(すべ)りやすい道(みち)
입체 주차장 立体駐車場(りったいちゅうしゃじょう)	국도 国道(こくどう)
좁아지는 길 狭(せま)い道(みち)【細道(ほそみち)】	
자동차 전용도로 自動車専用道路(じどうしゃせんようどうろ)	
속도를 늦추세요 減速(げんそく)してください。	
전조등을 켜세요 ヘッドライト(へっどらいと)を点灯(てんとう)してください。	

주유소 ガソリンスタンド(がそりんすたんど)	
운전면허증 運転免許証(うんてんめんきょしょう)	
국제면허증 国際免許証(こくさいめんきょしょう)	
운전학원 自動車教習所(じどうしゃきょうしゅうじょ)	
운전학원 강사 自動車教習所教官(じどうしゃきょうしゅうじょきょうかん)	
실기수업 技能教習(ぎのうきょうしゅう)	
이론수업 学科教習(がっかきょうしゅう)	
주행시험 走行試験(そうこうしけん)	
졸업검정 卒業検定(そつぎょうけんてい)	
운전 면허시험 運転免許試験(うんてんめんきょしけん)	
교통사고 交通事故(こうつうじこ)	좌회전 左折(させつ)
턴하다 ターン(たーん)する	우회전 右折(うせつ)
회전하다 曲(まが)がる	멈추다 停止(ていし)する【止(と)まる】
불법회전 不法ターン(ふほうたーん)	과속 超過速度(ちょうかそくど)
적색신호시 주행 赤信号時(あかしんごうじ)の走行(そうこう)	
신호무시 信号無視(しんごうむし)	외국차 外車(がいしゃ)
정비소 整備所(せいびしょ)	국산차 国産車(こくさんしゃ)
정비공 整備工(せいびこう)	
자동차 정비사 시험 自動車整備士試験(じどうしゃせいびししけん)	
도로교통법 위반 道路交通法違反(どうろこうつうほういはん)	
운전시 운선면허증 미소지 運転免許証不携帯(うんてんめんきょしょうふけいたい)【無免許運転(むめんきょうんてん)】	
음주운전 飲酒運転(いんしゅうんてん)	
도로 순찰차 パトカー(ぱとかー)【パトロールカー(ぱとろーるかー)】	

- Uターン(ゆーたーん)を禁止(きんし)する。
  회전을 금지하다.
- 走行(そうこう)を禁止(きんし)する。
  주행을 금지하다.
- 駐車(ちゅうしゃ)を許可(きょか)する。
  주차를 허가하다.
- 停車(ていしゃ)を許可(きょか)する。
  정차를 허가하다.
- 罰金(ばっきん)を払(はら)う。
  벌금을 내다.
- レンタカー(れんたかー)を借(か)りる。
  차를 렌트하다.
- スピード違反金(すぴーどいはんきん)を払(はら)う。
  과속으로 벌금을 내다.
- 赤信号無視(あかしんごうむし)で反則金(はんそくきん)を払(はら)う。
  적색 신호 무시 주행으로 벌금을 내다.
- 運転免許証(うんてんめんきょしょう)を所持(しょじ)する。
  운전면허증을 소지하다.
- 運転免許証(うんてんめんきょしょう)を発給(はっきゅう)【交付(こうふ)】
  する。
  운전면허증을 발급받다.
- 運転免許症(うんてんめんきょしょう)を無(な)くす。
  운전면허증을 잃어버리다.
- 運転免許証(うんてんめんきょしょう)の期限(きげん)が満了(まんりょう)
  する。
  운전면허증의 기한이 만료되다.
- 運転免許証(うんてんめんきょしょう)を更新(こうしん)する。
  운전면허증을 갱신하다.
- 道路交通法(どうろこうつうほう))を守(まも)る。
  도로교통법을 준수하다.
- 道路交通法(どうろこうつうほう)に違反(いはん)する。
  도로교통법을 위반하다.
- 交通事故(こうつうじこ)に遭(あ)う。
  교통사고를 당하다.
- あなたの免許証(めんきょしょう)は有効(ゆうこう)ではありません。
  당신의 면허증은 유효하지 않습니다.
- スピード(すぴーど)の出(だ)し過(す)ぎです。
  과속하셨습니다.
- 気(き)をつけて運転(うんてん)して下(くだ)さい。
  주의해서 운전하세요.

• 高速道路(こうそくどうろ)で、覆面パトカー(ふくめんぱとかー)に捕(つ
か)まり、スピード違反(すぴーどいはん)で免許停止(めんきょていし)に
なりました。
고속도로에서 잠복 중인 순찰차에 붙잡혀 속도 위반으로 면허 정지가 되었습니다.

• 気(き)をつけて下(くだ)さい、道(みち)が滑(すべ)りやすいです。
조심하세요, 길이 미끄러워요!

🏠 응용 대화 1

ⓐ どこにガソリンスタンド(がそりんすたんど)がありますか。 ガソリン
(がそりん)がなくなりました。
어디에 주유소가 있나요? 휘발유가 떨어졌어요.

ⓑ 国道一号線(こくどういちごうせん)の近(ちか)くにガソリンスタンド
(がそりんすたんど)が一か所(いっかしょ)あります。 でも、そこには
行(い)っていないのですね。
국도 1호선 가까이에 주유소가 하나 있어요. 그런데 그리로 가고 있지 않네요.

ⓐ そうですか。
그렇습니까?

ⓑ Uターン(ゆーたーん)されて路地(ろじ)の端(はし)まで行(い)かなけれ
ばなりません。 さらに、信号(しんごう)を右折(うせつ)して二(ふた)つ
目(め)の信号(しんごう)まで行(い)ってください。
유턴하셔서 골목 끝까지 가셔야 해요. 신호등에서 우회전 하셔서 두 번째 신호등까지
더 가세요.

ⓐ そこにガソリンスタンド(がそりんすたんど)があるのですか。
거기에 주유소가 있나요?

ⓑ いいえ。 橋(はし)を過(す)ぎてから左折(させつ)されれば角(かど)にガ
ソリンスタンド(がそりんすたんど)が見(み)えるはずです。
私(わたし)の記憶(きおく)では、そのガソリンスタンド(がそりんすた
んど)は24時間営業(にじゅうよじかんえいぎょう)です。
아니요. 다리를 지나간 다음 좌회전하시면 모퉁이에 주유소가 보이실 겁니다. 제 생각
에 그 주유소는 24시간 영업합니다.

ⓐ ありがとうございます。
고맙습니다.

Ⓐ 身分証(みぶんしょう)を見(み)せてください。
신분증 보여주세요.

Ⓑ 今(いま)お見(み)せします。 これが免許証(めんきょしょう)です。 これはパスポート(ぱすぽーと)ですよ。何事(なにごと)ですか?
지금 드리죠. 여기 면허증입니다. 이건 여권이고요. 무슨 일이죠?

Ⓐ ここは左折(させつ)が禁止(きんし)されています。 標識(ひょうしき)を見(み)られなかったのですね。
이곳은 좌회전이 금지되어 있습니다. 표지판을 못 보셨나요?

Ⓑ はい、見(み)えませんでした。
네, 못봤습니다.

Ⓐ そうですか。 右左折違反(うさせついはん)は 7,000円(えん)の反則金(はんそくきん)を払(はら)わなければなりませんよ。
그렇군요. 불법회전은 7000엔의 벌금을 내야 합니다.

Ⓑ ここでお金(かね)を受(う)け取(と)ってください。
여기서 돈을 받으세요.

Ⓐ 納付書(のうふしょ)をお渡(わた)ししますので、金融機関(きんゆうきかん)でお支払(しはら)いください。
납부서를 건네 드릴테니 금융 기관에서 지불하세요.

Ⓐ 免停(めんてい)【免許停止処分(めんきょていししょぶん)】になった。 もう公共(こうきょう)交通(こうつう)で通(かよ)わなければならないよ。
면허증을 뺏겼어. 이제 대중교통을 타고 다녀야 해.

Ⓑ どうしたの?
무슨 일이야?

Ⓐ スピード(すぴーど)を出(だ)し過(す)ぎて車(くるま)を止(と)められて。 18000円(いちまんはっせんえん)の罰金(ばっきん)を出(だ)さなければならなくなって。 その次(つぎ)に、免許証(めんきょしょう)の期限(きげん)が切(き)れているというんだよ。 免許(めんきょ)が即刻(そっこく)停止(ていし)になって、更新(こうしん)する為(ため)に警察(けいさつ)に行(い)かなければならないんだって。
과속이라고 차를 세우더라고. 18000엔의 벌금을 내야만 했어. 그런 다음 면허증이 만료되었다는 거야. 면허증은 그 즉시 뺏겼고, 갱신하기 위해 경찰에 가야 한다고 하더군.

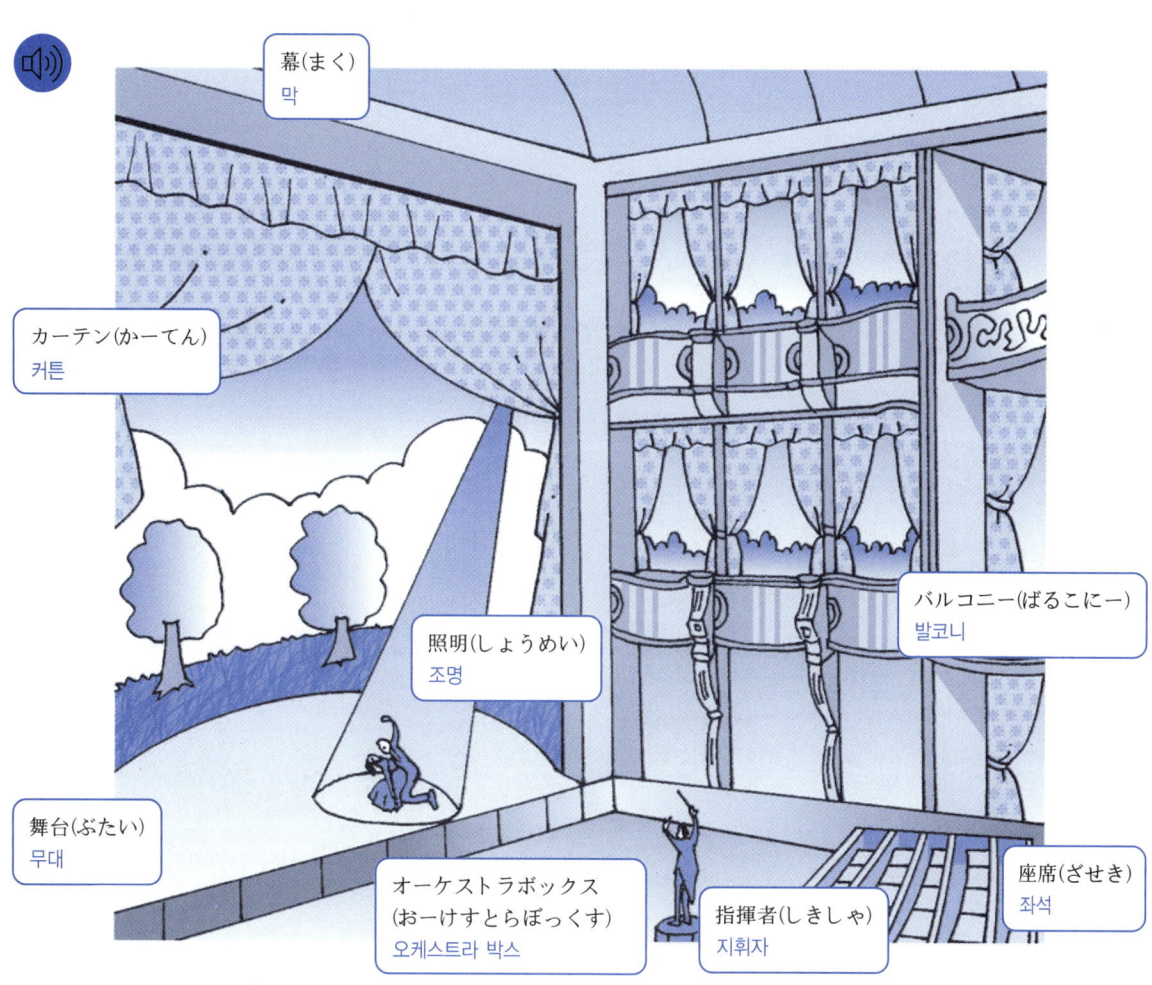

幕(まく)
막

カーテン(かーてん)
커튼

バルコニー(ばるこにー)
발코니

照明(しょうめい)
조명

舞台(ぶたい)
무대

オーケストラボックス
(おーけすとらぼっくす)
오케스트라 박스

指揮者(しきしゃ)
지휘자

座席(ざせき)
좌석

🏠 극장

흥행물 興行物(こうぎょうぶつ)		예술 芸術(げいじゅつ)	
예능 芸能(げいのう)		상연 上演(じょうえん)【公演(こうえん)】	
연극 演劇(えんげき)		무도 舞踏(ぶとう)	
오페라 オペラ(おぺら)		발레 バレエ(ばれえ)	
콘서트 コンサート(こんさーと)		뮤지컬 ミュージカル(みゅーじかる)	
가부키 歌舞伎(かぶき)		인형극 人形浄瑠璃(にんぎょうじょうるり)	
노 能(のう)		교겐 狂言(きょうげん)	
영화 映画(えいが)		무대막 緞帳(どんちょう)【幕(まく)】	

관객석 観客席(かんきゃくせき)	무대뒤 舞台裏(ぶたいうら)
분장실 楽屋(がくや)	무대장치 舞台装置(ぶたいそうち)
회전무대 回(まわ)り舞台(ぶたい)	무대 밑의 지하실 奈落(ならく)
관람석에 만든 통로 花道(はなみち)	오른쪽(무대를 향해서) 上手(かみて)
왼쪽(무대를 향해서) 下手(しもて)	무대 기구 舞台機構(ぶたいきこう)
무대 조명 舞台照明(ぶたいしょうめい)	무대 음향 舞台音響(ぶたいおんきょう)
무대 미술 舞台美術(ぶたいびじゅつ)	
무대 장치 大道具(おおどうぐ)【舞台装置(ぶたいそうち)】	
소품 小道具(こどうぐ)	액자 모양의 무대 額縁舞台(がくぶちぶたい)
원형극장 円形劇場(えんけいげきじょう)	콘서트홀 コンサートホール(こんさーとほーる)
대형홀 大ホール(だいほーる)	소형홀 小ホール(しょうほーる)
오케스트라 オーケストラ(おーけすとら)	필하모니 フィルハーモニー(ふぃるはーもにー)
오페라극장 オペラ劇場(おぺらげきじょう)	전문극장 専門劇場(せんもんげきじょう)
가부키극장 歌舞伎座(かぶきざ)	분라쿠극장 文楽劇場(ぶんらくげきじょう)
노악당(극장) 能楽堂(のうがくどう)	영화관 映画館(えいがかん)
경연극 극장 軽演劇劇場(けいえんげきげきじょう)【大衆演芸場(たいしゅうえんげいじょう)】	
소극장 小劇場(しょうげきじょう)【芝居小屋(しばいごや)】	
성인용 공연 成人向(せいじんむ)け公演(こうえん)	
어린이용 공연 子供向(こどもむ)け公演(こうえん)	
희곡작가 戯曲作家(ぎきょくさっか)	
무대감독 舞台監督(ぶたいかんとく)	연출가 演出家(えんしゅつか)
무대장치가 舞台装置家(ぶたいそうちか)【大道具方(おおどうぐかた)】	
의상담당자 衣装担当者(いしょうたんとうしゃ)【衣装方(いしょうかた)】	
청중 聴衆(ちょうしゅう)	관객 観客(かんきゃく)
주연 主演(しゅえん)	조연 助演(じょえん)
등장인물 登場人物(とうじょうじんぶつ)	발레 연출가 バレエ演出家(ばれええんしゅつか)
발레리노 男性(だんせい)バレエダンサー(ばれえだんさー)	
발레리나 バレリーナ(ばれりーな)	합창대 合唱隊(がっしょうたい)
매표소 チケット売(ちけっとう)り場(ば)	예약 予約(よやく)
프로그램 책자 プログラム(ぷろぐらむ)	로비 ロビー(ろびー)
옷맡기는 곳 クローク(くろーく)	매점 売店(ばいてん)
포스터 ポスター(ぽすたー)	카페 カフェ(かふぇ)
레스토랑 レストラン(れすとらん)	표 검사원 切符検査員(きっぷけんさいん)
반권(입장시 표를 잘라내는 부분) 半券(はんけん)	
자리 안내하는 사람 座席案内係(ざせきあんないがかり)	
좌석의 열 座席(ざせき)の列(れつ)	좌석 번호 座席番号(ざせきばんごう)
특별석 特別席(とくべつせき)	맨 앞줄 最前列(さいぜんれつ)
가운데 좌석 中間席(ちゅうかんせき)	측면 자리 側面座席(そくめんざせき)
아래층 보통석 下(した)の階(かい)普通席(ふつうせき)	2층 좌석 2階席(にかいせき)
반원형식 관람석 半円形観覧席(はんえんけいかんらんせき)	
칸막이 좌석 ボックス席(ぼっくすせき)	맨꼭대기 좌석 最後部座席(さいこうぶざせき)

보조의자 補助席(ほじょせき)	층 フロア【階(かい)】
비극 悲劇(ひげき)	희곡 喜劇(きげき)
막 幕(まく)	장 場(ば)【場面】(ばめん)】
의상 衣装(いしょう)	리허설 リハーサル(りはーさる)
오페라 글라스 オペラグラス(おぺらぐらす)	
상영 上演(じょうえん)	상영시간 上演時間(じょうえんじかん)
초연 初演(しょえん)	막간 幕間(まくあい)
중간 휴식시간 中休(なかやす)み	박수갈채 拍手喝采(はくしゅかっさい)
기립박수 スタンディングオベーション(すたんでぃんぐおべーしょん)	
앙코르 アンコール(あんこーる)	
커튼코르 カーテンコール(かーてんこーる)	
꽃을 가져오다 花(はな)を持(も)って来(く)る	
사인을 받다 サイン(さいん)をもらう	
휴관일 休館日(きゅうかんび)	
3막으로 이루어진 공연 3幕(さんまく)から成(な)る公演(こうえん)	
우레와 같은 박수를 보내다 嵐(あらし)のような拍手(はくしゅ)をおくる	

🏠 박물관과 전람회

전람회 展覧会(てんらんかい)	전시회 展示会(てんじかい)
사진 전시회 写真展示会(しゃしんてんじかい)	특별 전람회 特別展示会(とくべつてんじかい)
박물관 博物館(はくぶつかん)	생가 박물관 生家博物館(せいかはくぶつかん)
저택 박물관 邸宅博物館(ていたくはくぶつかん)	화랑, 갤러리 画廊(がろう)、ギャラリー(ぎゃらりー)
견학 참가자 見学参加者(けんがくさんかしゃ)	가이드 ガイド(がいど)
기념비, 동상 記念碑(きねんひ)、銅像(どうぞう)	
작품 作品(さくひん)	창작 創作(そうさく)
걸작 傑作(けっさく)	대가 大家(たいか)
예술가 芸術家(げいじゅつか)【アーティスト(あーてぃすと)】	
화가 画家(がか)	예술평론가 芸術評論家(げいじゅつひょうろんか)
회화 絵画(かいが)	일본화 日本画(にほんが)
수목화 水墨画(すいぼくが)	우키요에 浮世絵(うきよえ)
초상화 肖像画(しょうぞうが)	풍경화 風景画(ふうけいが)
정물화 静物画(せいぶつが)	성상화 聖像画(せいぞうが)
프레스코화 フレスコ画(ふれすこが)	조각가 彫刻家(ちょうこくか)
조각품 彫刻品(ちょうこくひん)	조각의 장식 彫刻(ちょうこく)の装飾(そうしょく)
불상조각 仏像彫刻(ぶつぞうちょうこく)	도예 陶芸(とうげい)
서예가 書道家(しょどうか)	유리 세공가 ガラス工芸家(がらすこうげいか)
수공예품 手工芸品(しゅこうげいひん)	시각예술 視覚芸術(しかくげいじゅつ)
그래픽아트 グラフィックアート(ぐらふぃっくあーと)	

수공예품 手作(てづく)り工芸品(こうげいひん)【民芸品(みんげいひん)】	
전시품 展示品(てんじひん)	수집 収集(しゅうしゅう)
콜렉션 コレクション(これくしょん)	삽화 挿絵(さしえ)
그림 絵(え)	

🏠 영화

영화관 映画館(えいがかん)	영화제작사 映画制作社(えいがせいさくしゃ)
비디오방 ビデオボックス(びでおぼっくす)【個室ビデオ(こしつびでお)】	
영화 제목 映画(えいが)の題名(だいめい)	감독 監督(かんとく)
촬영감독 撮影監督(さつえいかんとく)	시나리오작가 シナリオ作家(しなりおさっか)
프로듀서 プロデューサー(ぷろでゅーさー)	영화 촬영기사 映画撮影技師(えいがさつえいぎし)
영화 스타 映画スター(えいがすたー)	영화마니아 映画マニア(えいがまにあ)
영화 애호가 映画愛好家(えいがあいこうか)	
남배우 男優(だんゆう)	여배우 女優(じょゆう)
관객 観客(かんきゃく)	영화 필름 映画フィルム(えいがふぃるむ)
촬영용 필름 撮影用フィルム(さつえいようふぃるむ)	
촬영 撮影(さつえい)	장면 場面(ばめん)
일본어 더빙 日本語(にほんご)吹(ふ)き替(か)え	자막있는 원어판 字幕(じまく)のある原語版(げんごばん)
일본영화 日本映画(にほんえいが)	더빙 吹(ふ)き替(か)え
예술영화 芸術映画(げいじゅつえいが)	외국영화 外国映画(がいこくえいが)
기록영화 記録映画(きろくえいが)	만화영화 アニメ映画(あにめえいが)
컬러영화 カラー映画(からーえいが)	
흑백영화 モノクロ映画(ものくろえいが)【白黒映画(しろくろえいが)】	
장편영화 長編映画(ちょうへんえいが)	단편영화 短編映画(たんぺんえいが)
뉴스영화 ニュース映画(にゅーすえいが)	멜로영화 ロマンス映画(ろまんすえいが)
모험영화 冒険映画(ぼうけんえいが)	
추리영화 推理映画(すいりえいが)【ミステリー映画(みすてりーえいが)】	
공포영화 恐怖映画(きょうふえいが)	환타지영화 ファンタジー映画(ふぁんたじーえいが)
코미디영화 コメディー映画(こめでぃーえいが)	서부영화 西部劇(せいぶげき)
액션영화 アクション映画(あくしょんえいが)	스릴러극 スリラー劇(すりらーげき)
미스터리극 ミステリー映画(みすてりーえいが)	수상 受賞(じゅしょう)
평가 評価(ひょうか)	등장인물 登場人物(とうじょうじんぶつ)
상영시간 上映時間(じょうえいじかん)	줄거리 あらすじ
내용 内容(ないよう)	시대 時代(じだい)
아침상영 朝上映(あさじょうえい)	낮상영 昼上映(ひるじょうえい)
저녁상영 夜上映(よるじょうえい)	스크린 スクリーン(すくりーん)
와이드스크린 ワイドスクリーン(わいどすくりーん)	영화예술 映画芸術(えいがげいじゅつ)
영화잡지 映画雑誌(えいがざっし)	

1, 2부로 이루어진 영화	1、2部(いち、にぶ)から成(な)る映画(えいが)
칸느영화제	カンヌ映画祭(かんぬえいがさい)
베니스영화제	ヴェネツィア国際映画祭(ぶぇねつぃあこくさいえいがさい)
올해 최고의 영화	今年(ことし)最高(さいこう)の映画(えいが)
올해 최고의 외국영화	今年(ことし)最高(さいこう)の外国映画(がいこくえいが)

🏠 감상평

🔷 긍정적인 평가 肯定的(こうていてき)な評価(ひょうか)

웅장한	壮大(そうだい)な
훌륭한	素晴(すば)らしい
흥미로운	興味(きょうみ)深(ぶか)い
마음을 끄는	心(こころ)を引(ひ)き付(つ)ける
감동적인	感動的(かんどうてき)な
흐뭇한	心温(こころあたた)まる

🔷 부정적인 평가 否定的(ひていてき)な評価(ひょうか)

그다지 재미 있지 않은	それ程(ほど)面白(おもしろ)くない
나쁜	悪(わる)い
지루한	退屈(たいくつ)な
평범한	平凡(へいぼん)な

・何(なに)に興味(きょうみ)がありますか。
무엇에 흥미가 있나요?

・今日(きょう)国立劇場(こくりつげきじょう)で何(なに)をしますか。
오늘 국립 극장에서 뭐를 하나요?

・誰(だれ)がハムレット役(はむれっとやく)をしますか。
누가 햄릿역을 하죠?

・これはどんな公演(こうえん)ですか。
이건 어떤 공연인가요?

・私(わたし)の席(せき)はどこですか。
우리 자리가 어디죠?

・プログラム(ぷろぐらむ)をひとつ下(くだ)さい。
프로그램을 하나 주세요.

・公演(こうえん)が気(き)に入(い)りましたか。
공연이 마음에 들었습니까?

• 残(のこ)っているチケット(ちけっと)はありませんか?
남는 표 없나요?

응용 대화 1

Ⓐ すみませんが、私(わたし)たちの席(せき)が見(み)つかりません。 教(おし)えて下(くだ)さいますか?
죄송합니다만, 우리 자리를 찾을 수가 없네요. 좀 도와주시겠어요?

Ⓑ チケット(ちけっと)を見(み)せて下(くだ)さい。 あ! あなたは観覧席左側(かんらんせきひだりがわ)に行(い)かれなければなりませんが、ここは右側(みぎがわ)です。
표를 보여주세요. 아, 당신은 관람석 왼편으로 가셔야 하는데, 여기는 오른편이에요.

Ⓐ そうなんですか! どちら側(がわ)か気(き)にしていませんでした。 なぜ私(わたし)の席(せき)に人(ひと)が座(すわ)っているのかと驚(おどろ)きました。
그렇군요! 어떤 쪽인지는 몰랐네요. 왜 우리 자리에 사람이 앉아 있나 놀랐어요.

Ⓑ お入(はい)りください。 お急(いそ)ぎください。 3分後(さんぷんご)に明(あ)かりが消(き)えて公演(こうえん)が始(はじ)まります。
들어가세요. 서두르셔야 해요. 3분 뒤 불이 꺼지고 공연이 시작됩니다.

응용 대화 2

Ⓐ こんにちは、花子(はなこ)さん!
안녕, 하나코 씨!

Ⓑ こんにちは、一郎(いちろう)君(くん)! やっと会(あ)えたね! 有名(ゆうめい)な小沢征爾(おざわせいじ)のコンサートチケット(こんさーとちけっと)をどうやって手(て)に入(い)れたの?
안녕, 이치로 씨! 드디어 만났네! 유명한 오자와 이치로의 콘서트 표를 어떻게 구했어?

Ⓐ 僕(ぼく)はコンサートホール(こんさーとほーる)の大ホール(だいほーる)の年間会員券(ねんかんかいいんけん)があるんだよ。
난 콘서트홀의 대공연장의 연간 회원권이 있어.

Ⓑ それなら、よくコンサートホール(こんさーとほーる)に行(い)くの?
그렇담, 자주 콘서트홀에 가니?

Ⓐ うん、僕(ぼく)はクラシック音楽(くらしっくおんがく)がすごく好(す)きなんだ。
응, 난 클래식 음악을 아주 좋아해.

Ⓑ コンサート(こんさーと)はどうだった？よかった？
콘서트는 어땠니? 마음에 들었어?

Ⓐ ものすごく熱狂(ねっきょう)したよ！
완전 열광했지!

🏠 **응용 대화 3**

Ⓐ すみませんが、残(のこ)っているチケット(ちけっと)はありますか？
죄송한데, 남은 표가 있나요?

Ⓑ ご覧(らん)の通(とお)り、私(わたし)は友(とも)だちを待(ま)っているんですけど、ここでコンサート(こんさーと)が始(はじ)まる30分前(さんじゅっぷんまえ)に会(あ)おうと約束(やくそく)したのですが、まだその友(とも)だちが来(き)ていません。万一(まんいち)友(とも)だちが来(こ)なければ、このチケット(ちけっと) をあなたに売(う)ります。もう5分(ごふん)だけ待(ま)ってみます。
보시다시피 제가 친구를 기다리고 있는데요. 우리는 여기서 콘서트가 시작하기 30분 전에 만나기로 약속을 했습니다만, 아직 그 친구가 안 오고 있네요. 만일 친구가 안 오면 이 표를 당신께 팔게요. 그럼 5분만 더 기다려 볼게요.

Ⓐ ありがとうございます。それでは私(わたし)は今日(きょう)のコンサート(こんさーと)を見(み)る機会(きかい)があるということですね。私(わたし)は東京(とうきょう)に計4日出張(けいよっかしゅっちょう)で来(き)ました。ちょうどこの時(とき)に、コンサートホール(こんさーとほーる)の大ホール(だいほーる)で〈東京(とうきょう)の名手達(めいしゅたち)〉のコンサート(こんさーと)をしてるなんて、私(わたし)は本当(ほんとう)に運(うん)が良(よ)くないですか。
고맙습니다. 그럼 제게 오늘 콘서트를 볼 기회가 있는 거로군요. 전 도우쿄우에 4일 출장으로 왔어요. 마침 이 때 콘서트홀의 대공연장에서 〈도우쿄우의 명인들〉 콘서트를 하네요. 정말 전 운이 좋지 않아요?

Ⓑ そうですね、運(うん)が良(い)いと思(おも)ってください。5分(ごふん)過(す)ぎましたが、私(わたし)の友達(ともだち)が来(き)ませんね。コンサート(こんさーと)に遅(おく)れたらだめでしょう。行(い)きましょう。さあ、このチケット(ちけっと)を受(う)け取(と)って下(くだ)さい。
그렇네요. 운이 좋다고 생각하세요. 5분이 지났는데, 제 친구가 안 오네요. 콘서트에 늦으면 안되죠. 가십시다. 자, 이 표를 받으시죠.

Ⓐ 美奈(みな)、今日(きょう)の夕方忙(ゆうがたいそが)しい。
미나야, 오늘 저녁에 바쁘니?

Ⓑ ううん、でもなぜ。
아니, 근데 왜?

Ⓐ 美奈(みな)を劇場(げきじょう)に誘(さそ)いたいんだ。 国立劇場(こくりつげきじょう)の初演公演(しょえんこうえん)のチケット(ちけっと)が2枚(にまい)あるんだよ。
미나를 극장에 초대하고 싶어. 국립 극장의 초연 공연표 두 장이 있거든.

Ⓑ 日本中(にほんじゅう)が騒(さわ)ぎ立(た)ててる、その最後(さいご)の公演(こうえん)のことなの?
일본이 온통 떠들어대는 그 마지막 공연 말하는 거니?

Ⓐ うん、まさにその公演(こうえん)だよ。
응, 바로 그 공연이야.

Ⓑ もちろん喜(よろこ)んで行(い)くよ。 誘(さそ)ってくれて本当(ほんとう)にありがとう。
물론 나야 기꺼이 가지, 초대해 주어 정말로 고마워.

45

책 本(ほん)/
도서관 図書館(としょかん)

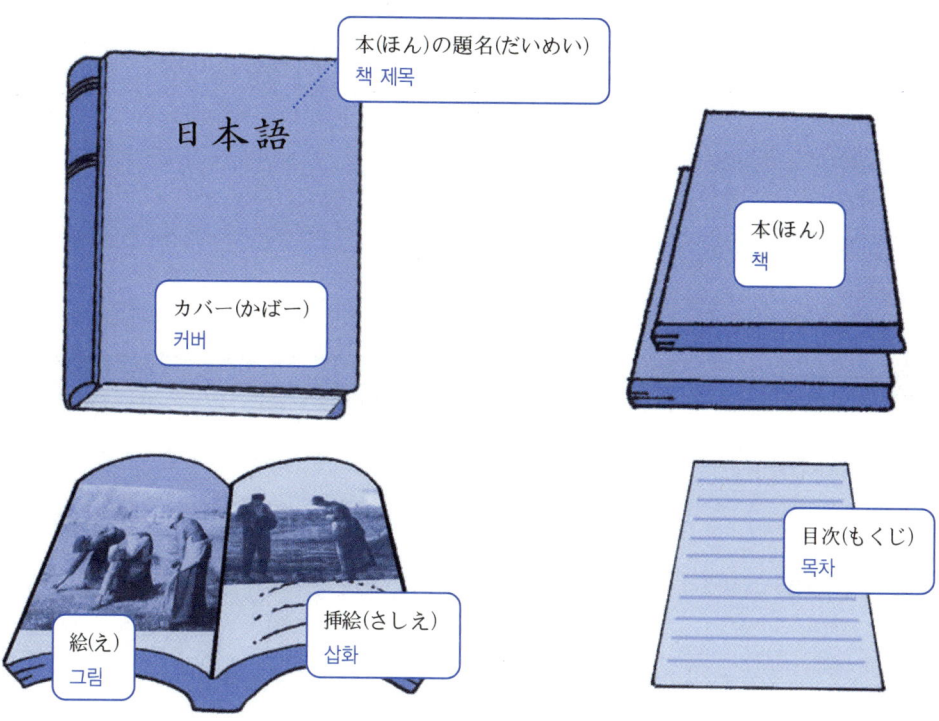

本(ほん)の題名(だいめい)
책 제목

本(ほん)
책

カバー(かばー)
커버

目次(もくじ)
목차

絵(え)
그림

挿絵(さしえ)
삽화

정기 간행물 定期刊行物(ていきかんこうぶつ)	순차 간행물 逐次刊行物(ちくじかんこうぶつ)
저작물 著作物(ちょさくぶつ)	장정본 装丁本(そうていぼん)
권 冊(さつ)	부 部(ぶ)
종이 紙(かみ)	페이지 ページ(ぺーじ)
속표지 中表紙(なかびょうし)	목차 目次(もくじ)
징 章(しょう)	개정판 改訂版(かいていばん)
잡지 雑誌(ざっし)	어린이 잡지 子供雑誌(こどもざっし)
잡지를 정기 구독하다 雑誌(ざっし)を定期購読(ていきこうどく)する	
관보 官報(かんぽう)	헌정 献呈(けんてい)
헌사 献辞(けんじ)	월간지 月刊誌(げっかんし)
계간지 季刊誌(きかんし)	주간지(잡지) 週刊誌(しゅうかんし)
일간지 日刊紙(にっかんし)	조간 朝刊(ちょうかん)
석간 夕刊(ゆうかん)	삽화 挿絵(さしえ)【イラスト(いらすと)】
장편소설 長編小説(ちょうへんしょうせつ)	중편소설 中編小説(ちゅうへんしょうせつ)
단편소설 短編小説(たんぺんしょうせつ)	소설 小説(しょうせつ)
탐정소설 探偵小説(たんていしょうせつ)	대하소설 大河小説(たいがしょうせつ)

공상 과학소설 空想科学小説(くうそうかがくしょうせつ)	
시 詩(し)	시집 詩集(ししゅう)
역사책 歴史本(れきしぼん)	자서전 自叙伝(じじょでん)
위인전 偉人伝(いじんでん)	동화 童話(どうわ)
관광가이드 観光ガイド(かんこうがいど)	에세이 エッセー(えっせー)
요리책 料理本(りょうりぼん)	만화책 漫画本(まんがぼん)
사전 辞典(じてん)	절판본 絶版本(ぜっぱんぼん)
논문집 論文集(ろんぶんしゅう)	전문서적 専門書籍(せんもんしょせき)
예술서적 芸術書籍(げいじゅつしょせき)	서점 書店(しょてん)
책방 本屋(ほんや)	고서점 古書店(こしょてん)【古本屋(ふるほんや)】

⌂ 도서관

도서관 이용자 図書館利用者(としょかんりようしゃ)	
열람실 閲覧室(えつらんしつ)	
문헌정보실 文献情報室(ぶんけんじょうほうしつ)	
정기간행물 코너 定期刊行物コーナー(ていきかんこうぶつこーなー)	
도서관 카드 図書館カード(としょかんかーど)【貸出カード(かしだしかーど)】	
학생증 学生証(がくせいしょう)	
출입증 入館証(にゅうかんしょう)	
신분증 身分証(みぶんしょう)	
신청서 申請書(しんせいしょ)【申込書(もうしこみしょ)】	
도서목록 図書目録(としょもくろく)	
서적정리 번호 書籍整理番号(しょせきせいりばんごう)	
사서 司書(ししょ)	복사실 コピー室(こぴーしつ)
복사 コピー(こぴー)	복사기 コピー機(こぴーき)
견본 見本(みほん)	레포트 レポート(れぽーと)
발표문 発表文(はっぴょうぶん)	소논문 小論文(しょうろんぶん)
학위논문 学位論文(がくいろんぶん)	
학위논문 요약본 学位論文(がくいろんぶん)要約本(ようやくぼん)	
참고문헌 参考文献(さんこうぶんけん)	자료 資料(しりょう)
데이터 자료 データ資料(でーたしりょう)	전자정보 電子情報(でんしじょうほう)
출력(프린팅) 印刷(いんさつ)	스캔 スキャン(すきゃん)
코팅 コーティング(こーてぃんぐ)【ラミネート加工(らみねーとかこう)】	
제본 製本(せいほん)	
하드커버 제본 ハードカバー製本(はーどかばーせいほん)	
스프링 제본 スプリング製本(すぷりんぐせいほん)	
스크랩 スクラップ(すくらっぷ)	

- 登録(とうろく)する
  등록하다
- 注釈(ちゅうしゃく)をつける
  주석을 달다
- 本(ほん)を探(さが)す
  책을 찾다
- 本(ほん)を申請(しんせい)【リクエスト(りくえすと)】する
  책을 신청하다
- 本(ほん)を借(か)りる
  책을 빌리다
- 本(ほん)を返(かえ)す【返却(へんきゃく)する】
  책을 반납하다
- コピー(こぴー)を申請(しんせい)する【申(もう)し込(こ)む】
  복사를 신청하다
- コピー(こぴー)する
  복사하다
- 図書館所蔵資料(としょかんしょぞうしりょう)を利用(りよう)する
  도서관 소장자료들을 이용하다
- 申込書(もうしこみしょ)に記入(きにゅう)する
  요청 양식을 기입하다
- いつ本(ほん)を返(かえ)さなければなりませんか。
  언제 책을 돌려줘야 하나요?
- この本(ほん)は、家(いえ)に持(も)ち帰(かえ)れますか。
  이 책은 집으로 가져갈 수 있나요?

- 図書館(としょかん)に登録(とうろく)したいです。
  도서관에 등록하고 싶습니다.
- ▶ この用紙(ようし)に記入(きにゅう)してください。
  이 서식용지에 기입하세요.
- どのように書(か)いたらいいのですか。
  어떻게 쓰면 되나요?
- ▶ ここに見本(みほん)があります。
  여기 견본이 있습니다.

- 日本語(にほんご)の教材(きょうざい)はありますか。
  일본어 교재가 있습니까?
- 誰(だれ)が著者(ちょしゃ)か、わかりますか。
  누가 저자인지 아나요?
- この空欄(くうらん)に日(ひ)にちと名字(みょうじ)を書(か)いてください。
  여기 빈칸에 날짜와 성을 적으세요.
- 〈新世界(しんせかい)〉誌(し)はありますか。
  〈신세계〉지는 있나요?

• 何号(なんごう)ですか。
　몇 호이죠?

▶ 7号(ななごう)です。
　7호입니다.

• 教材(きょうざい)は1学期間(いちがっきかん)、貸出可能(かしだしかのう)です。
　교재는 한 학기 동안 대출 가능합니다.

• いつ本(ほん)を返(かえ)さなければなりませんか。
　언제 책을 돌려주어야 하나요?

• 日本語(にほんご)の教材(きょうざい)はありますか?
　일본어 교재가 있나요?

• 図書館利用カード(としょかんりようかーど)は、どうしたら受(う)け取(と)れますか?
　도서관 이용 카드는 어떻게 받을 수 있나요?

• この欄(らん)に日(ひ)にちと名字(みょうじ)を書(か)いてください。
　이 칸에 날짜와 성을 써 주세요.

• 雑誌(ざっし)の何号(なんごう)が必要(ひつよう)ですか?
　잡지 몇 호가 필요하세요?

・朝食(ちょうしょく)【朝ご飯(あさごはん)】	아침식사
・昼食(ちゅうしょく)【昼ご飯(ひるごはん)】	점심식사
・夕食(ゆうしょく)【晩ご飯(ばんごはん)】	저녁식사

🏠 일본 요리

🧊 전채 前菜(ぜんさい)

・付(つ)き出(だ)し	츠키다시
・先付(さきづ)け	사키즈케
・お通(とお)し	오토우시

🧊 국 汁物(しるもの)

・吸(す)い物(もの)	맑은국
白身魚(しろみざかな)	흰살 생선국
蛤(はまぐり)	대합국
・若竹汁(わかたけじる)	여린 죽순국
・かきたま汁(じる)	계란국
・味噌汁(みそしる)	된장국
あさり	바지락국
豆腐(とうふ)とわかめ	두부와 미역국
・鯛(たい)の赤(あか)だし	도미의 빨간 된장국
・豚汁(とんじる)	돼지고기국
・粕汁(かすじる)	술지게미를 넣은 된장국
・けんちん汁(じる)	켄친국

🧊 조림 煮物(にもの)

・煮魚(にざかな)	생선조림
鰈(かれい)の煮(に)つけ	가자미조림
鯛(たい)のあら炊(だ)き	도미조림

鰯(いわし)の生姜煮(しょうがに)	정어리 생강조림
鯖(さば)の味噌煮(みそに)	고등어 된장조림

• 野菜(やさい)の煮物(にもの)	야채조림
筍(たけのこ)とふき	죽순과 머위조림
五目豆(ごもくまめ)	고모쿠콩조림
南瓜(かぼちゃ)	단호박조림
里芋(さといも)	토란조림
ひじきの煮物(にもの)	톳 조림
肉(にく)じゃが	소고기 감자조림
きんぴらごぼう	근야채조림

• 肉の煮物(にくのにもの)	고기조림
牛肉(ぎゅうにく)の時雨煮(しぐれに)	소고기조림
豚(ぶた)の角煮(かくに)	돼지고기조림

🔲 구이 焼(や)き物(もの)

秋刀魚(さんま) 꽁치구이, 鰺(あじ)の塩焼(しおや)き 전갱이 소금구이,
鯛(たい)の姿焼(すがたや)き 도미통구이, さざえのつぼ焼(や)き 소라구이,
塩鮭(しおじゃけ) 절인 연어구이, 鰻(うなぎ)の蒲焼(かばやき) 장어구이

🔲 회 刺身(さしみ)

鮪(まぐろ) 참치, いか 오징어, 鯛(たい) 도미, はまち 방어, 鰹(かつお)のたた
き 가다랑어의 다타키, しめ鯖(さば) 고등어

🔲 초무침 酢(す)の物(もの)

わかめと胡瓜(きゅうり) 미역과 오이, 蛸(たこ)の辛子酢味噌(からしすみそ)
낙지 겨자초 된장무침, なます 야채 초무침

🔲 튀김 揚(あ)げ物(もの)

天(てん)ぷら 덴푸라, 鯖(さば)の竜田揚(たつたあ)げ 고등어튀김, かれいのか
ら揚(あ)げ 가자미튀김, 鶏(とり)のから揚(あ)げ 닭고기튀김, 手羽先(てばさ
き) 닭날개튀김, 豚カツ(とんかつ) 돈카츠, かきフライ(ふらい) 굴튀김

찜 蒸(む)し物(もの)

茶(ちゃ)わん蒸(む)し 계란찜
松茸(まつたけ)の土瓶蒸(どびんむ)し 송이버섯찜

밥 ご飯物(はんもの)

[お]赤飯(せきはん) 팥밥, 炊(た)き込(こ)みご飯(はん) 다키코미밥, 混(ま)ぜご飯(はん) 비빔밥, おにぎり 삼각김밥, お茶漬(ちゃづ)け 차즈케, おかゆ 죽, 雑炊(ぞうすい) 잡탕죽

초밥 寿司(すし)

握(にぎ)り寿司(ずし) 니기리즈시, いなり寿司(ずし) 유부초밥, ちらし寿司(ずし) 치라시초밥, 巻(ま)き寿司(ずし) 마키초밥, 押(お)し寿司(ずし) 오시즈시

사발 丼(どんぶり)

親子丼(おやこどん) 닭고기 달걀덮밥, カツ丼(かつどん) 카츠덮밥, 天丼(てんどん) 튀김덮밥, 牛丼(ぎゅうどん) 소고기덮밥, うな丼(どん) 장어덮밥

면류 めんるい

蕎麦(そば) 메밀국수, うどん 우동, 素麺(そうめん) 국수, ラーメン(らーめん) 라면, 焼(や)きそば 야키소바

냄비요리 鍋料理(なべりょうり)

すき焼(や)き 스키야키, しゃぶしゃぶ 샤브샤브, 寄(よ)せ鍋(なべ) 모듬냄비, 鶏(とり)の水炊(みずた)き 닭백숙, 湯豆腐(ゆどうふ) 두부탕, ちゃんこ鍋(なべ) 짱코나베

장아찌 漬け物(つけもの)

浅漬(あさづ)け 겉절이, 古漬(ふるづ)け 묵은지, 沢庵漬(たくあんづ)け 단무지

■ 기타 その他(た)

焼肉(やきにく) 불고기, だし巻(ま)き卵(たまご) 달걀말이, 白和(しらあ)え 깨무침, おでん 오뎅, お好(この)み焼(や)き 오코노미야키, たこ焼(や)き 다코야키

■ 양식요리 洋風(ようふう)の料理(りょうり)

カレーライス(かれーらいす) 카레라이스, ハヤシライス(はやしらいす) 하야시라이스, シチュー(しちゅー) 스튜, ロールキャベツ(ろーるきゃべつ) 롤양배추, ハンバーグ(はんばーぐ) 햄버그, オムレツ(おむれつ) 오믈릿, パスタ(ぱすた) 파스타, サラダ(さらだ) 샐러드, スープ(すーぷ) 수프, コロッケ(ころっけ) 고로케

■ 화과자 和菓子(わがし)

蓬餅(よもぎもち) 쑥떡, 雛(ひな)あられ 히나아라레, 桜餅(さくらもち) 사쿠라모치, 柏餅(かしわもち) 가시와모치, 大福(だいふく) 다이후쿠, おはぎ【ぼた餅(もち)】 팥소를 묻힌 떡, ちまき 찌마키, 羊羹(ようかん) 양갱, 水羊羹(みずようかん) 물양갱, 月見団子(つきみだんご) 츠키미경단

🏠 일본 음료

■ 일본차 日本茶(にほんちゃ)

- 緑茶(りょくちゃ) 녹차
  - ① 玉露(ぎょくろ) 옥로
  - ② 煎茶(せんちゃ) 센차
  - ③ 番茶(ばんちゃ) 방차

- ほうじ茶(ちゃ) 호우지차
- 抹茶(まっちゃ) 분말차

■ 알코올 음료 アルコール飲料(あるこーるいんりょう)

日本酒(にほんしゅ)【清酒(せいしゅ)】　　　　청주
焼酎(しょうちゅう)　　　　　　　　　　소주

📗 소프트드링크 ソフトドリンク(そふとどりんく)

麦茶(むぎちゃ)	보리차	玄米茶(げんまいちゃ)	현미차
甘茶(あまちゃ)	감차	甘酒(あまざけ)	단술
葛湯(くずゆ)	갈분탕	桜湯(さくらゆ)	사쿠라유
生姜湯(しょうがゆ)	생강탕	豆乳(とうにゅう)	두유

📗 커피 コーヒー(こーひー)

コーヒー(こーひー)【ブレンド(ぶれんど)】	커피
アメリカン(あめりかん)	아메리카노
カフェオーレ(かふぇおーれ)	카페오레
カフェラテ(かふぇらて)	카페라테
エスプレッソ(えすぷれっそ)	에스프레스
マキアート(まきあーと)	마키아토
カプチーノ(かぷちーの)	캅치노
ブルーマウンテン(ぶるーまうんてん)【ブルマン(ぶるまん)】	블루마운틴
モカ(もか)	모카
キリマンジャロ(きりまんじじゃろ)	킬리만자로
ブラジル(ぶらじる)	브라질
アイスコーヒー(あいすこーひー)	아이스 커피

📗 홍차 紅茶(こうちゃ)

紅茶(こうちゃ)【ストレートティー(すとれーとてぃー)】	홍차
レモンティー(れもんてぃー)	레몬티
ミルクティー(みるくてぃー)	밀크티
アイスティー(あいすてぃー)	아이스티

📗 그 외의 음료 その他(た)の飲料(いんりょう)

ハーブティー(はーぶてぃー)	허브티
牛乳(ぎゅうにゅう)【ミルク(みるく)】	우유
ホットミルク(ほっとみるく)	핫밀크
ココア(ここあ)	코코아
ホットチョコレート(ほっとちょこれーと)	핫초코

📷 알코올 음료 アルコール飲料(あるこーるいんりょう)

ビール(びーる) 맥주 　　　　黒ビール(くろびーる) 흑맥주
赤ワイン(あかわいん) 적포도주 　白ワイン(しろわいん) 백포도주
ロゼ(ろぜ) 로제 　　　　　　辛口ワイン(からくちわいん) 드라이와인
甘口ワイン(あまくちわいん) 스위트와인
シャンパン(しゃんぱん) 샴페인 　ウイスキー(ういすきー) 위스키
リキュール(りきゅーる) 리쾨르 　カクテル(かくてる) 칵테일
缶チューハイ(かんちゅーはい)」 캔츄하이
ノンアルコールビール(のんあるこーるびーる) 무알코올 맥주

🏠 **일식의 매너**

📷 **젓가락 箸(はし)**

- 上(うえ)の箸(はし)だけを動(うご)かし、箸先(はしさき)を使(つか)うようにする。
  젓가락 윗부분만 움직여 끝 부분을 사용한다.
- 箸(はし)は右手(みぎて)に、お茶碗(ちゃわん)を左手(ひだりて)に持(も)つ。
  젓가락은 오른 손에, 공기는 왼손에 든다.

📷 **젓가락 쓸 때 금기 箸使(はしづか)いのタブー(たぶー)**

- 移(うつ)り箸(ばし) 우츠리바시
  ▶ 箸(はし)を付(つ)けた料理(りょうり)を取(と)らずに別(べつ)の料理(りょうり)を取(と)る。
    젓가락을 댄 요리를 가져 오지 않고 다른 요리를 가져 오는 것
- 迷(まよ)い箸(ばし) 마요이바시
  ▶ どれにしようかと、箸(はし)をあちこち動(うご)かす。
    무엇을 먹을까 하고 젓가락을 이리저리 움직이는 것
- 渡(わた)し箸(ばし) 와타시바시
  ▶ 器(うつわ)の上(うえ)に箸(はし)を置(お)く。箸(はし)は、箸置(はしお)きに置(お)く。
    그릇 위에 젓가락을 올려 두는 것. 젓가락은 젓가락 놓는 곳에 둔다.
- 探(さぐ)り箸(ばし) 사구리바시
  ▶ 器(うつわ)や鍋(なべ)の中(なか)の食(た)べ物(もの)を探(さが)すように奥(おく)の物(もの)を取(と)る。
    그릇이나 냄비 속의 음식을 찾듯이 안에 있는 것을 휘저어 꺼내는 것.

- 寄(よ)せ箸(ばし) 요세바시
  - ▸ 箸(はし)を使(つか)って器(うつわ)を動(うご)かす。
    젓가락을 이용해서 그릇을 움직인다.
- 刺(さ)し箸(ばし) 사시바시
  - ▸ つかみ難(にく)い料理(りょうり)を刺(さ)して食(た)べる。
    잡기 어려운 요리를 찍어 먹는다.
- ねぶり箸(ばし) 네부리바시
  - ▸ 箸(はし)の汚(よご)れを取(と)るために舐(な)める。
    젓가락의 더러움을 제거하기 위해 핥는다.

손에 들고 먹는 그릇 手(て)に持(も)って食(た)べる器(うつわ)

お茶碗(ちゃわん) 밥그릇, お椀(わん) 공기, 小皿(こざら) 작은 접시,
小鉢(こばち) 종지, 重箱(じゅうばこ) 찬합, 丼(どんぶり) 사발,
醤油(しょうゆ)の小皿(こざら) 간장용의 작은 접시

요리의 위치 料理(りょうり)を並(なら)べる時(とき)の定位置(ていいち)

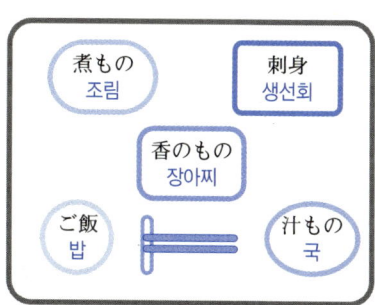

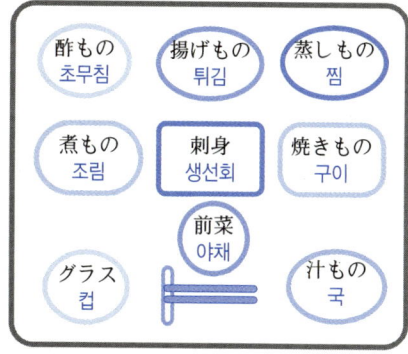

기본적인 배식   술자리 등의 배식 기본
基本的(きほんてき)な配膳(はいぜ   酒席(しゅせき)などで配膳(はいぜん)
ん)   する時(とき)の基本(きほん)

- ご飯(はん)は手前左(てまえひだり)
  밥은 왼쪽 앞
- 汁物(しるもの)は手前右(てまえみぎ)
  국은 오른쪽 앞
- 真中(まんなか)に香(こう)の物(もの)【漬物(つけもの)】
  가운데에 장아찌

- 左奥(ひだりおく)が煮物(にもの)
  왼쪽 뒤가 조림
- 右奥(みぎおく)が刺身(さしみ)
  오른쪽 뒤가 생선회
- 最(もっと)も向(む)こう側(がわ)に焼(や)き物(もの)
  가장 뒤쪽에 구이
- お酒(さけ)の席(せき)では、ご飯(はん)は後(あと)から出(で)てくるので一緒(いっしょ)に並(なら)べない。
  술자리에서는 밥은 맨 나중에 나오니 같이 늘어놓지 않는다.

🏠 생선 담는 법과 먹는 법

- 盛(も)り付(つ)けは、必(かなら)ず頭(あたま)が左(ひだり)。
  담을 때는 반드시 머리가 왼쪽.
- 切(き)り身(み)の場合(ばあい)は、皮(かわ)が付(つ)いている方(ほう)が表(おもて)。
  토막의 경우는 껍질이 윗쪽.
- 刺身(さしみ) 생선회
  ▶ わさびは刺身(さしみ)に乗(の)せ醤油(しょうゆ)をつけて食(た)べる。
    고추냉이는 회 위에 놓고 간장을 찍어서 먹는다.
- 焼(や)き魚(ざかな) 생선구이
  ▶ 中骨(なかぼね)に沿(そ)って箸(はし)を入(い)れ、上半分(うえはんぶん)を食(た)べてから下半分(したはんぶん)の順(じゅん)で食(た)べる。頭(あたま)と骨(ほね)は身(み)の向(む)こう側(がわ)に置(お)き、残(のこ)った身(み)も同(おな)じように食(た)べる。
    가운데 뼈에 따라 젓가락으로 위 절반을 먹은 후아래 절반의 순서로 먹는다. 머리와 뼈는 살의 뒤쪽에 두고 남은 살도 같은 방법으로 먹는다.
  ▶ 魚(さかな)をひっくり返(かえ)してはいけない。
    생선을 뒤집어서는 안 된다.

🏠 식사할 때의 좌석 순서

- 出口(でぐち)から遠(とお))いほど、上座(かみざ)
  출구에서 멀수록 상좌.
- 床(とこ)の間(ま)に近(ちか)い席(せき)が一番(いちばん)良(よ)い席(せき)。
  도코노마에 가까운 자리가 가정 좋은 좌석.

🏠 일본에서 잘 먹는 외국요리

中華料理(ちゅうかりょうり)　　　　중국요리

フランス料理(ふらんすりょうり)　　프랑스요리

イタリア料理(いたりありょうり)　　이탈리아요리

韓国料理(かんこくりょうり)　　　　한국요리

インド料理(いんどりょうり)　　　　인도요리

タイ料理(たいりょうり)　　　　　　태국요리

ベトナム料理(べとなむりょうり)　　베트남요리

🏠 응용 대화

Ⓐ スープ(すーぷ)は何(なに)にする。

　　수프 요리는 무엇으로 할까?

Ⓑ 私(わたし)はきのこスープ(すーぷ)にするけど、あなたにもおすすめよ。

　　난 버섯 수프를 할 건데 너에게도 권해주고 싶어.

Ⓐ いいね。私(わたし)もきのこスープ(すーぷ)にするわ。メイン料理(めいんりょうり)は何(なに)にする。

　　좋아, 나도 버섯 수프로 할게. 메인 요리는 무엇으로 할까?

Ⓑ 私(わたし)はビーフステーキ(びーふすてーき)にしようかな。すみません! ビーフステーキ(びーふすてーき)をお願(ねが)いします。

　　나는 비프스테이크로 하고 싶어. 여기요! 비프스테이크 주세요.

Ⓐ 私(わたし)はカツレツ(かつれつ)をお願(ねが)いします。

　　전 커틀렛을 주세요.

Ⓒ サイドメニュー(さいどめにゅー)は何(なに)になさいますか。フレンチフライ(ふれんちふらい)、ご飯(はん)、そばがあります。

　　사이드 메뉴는 무엇으로 하시겠습니까? 후렌치 후라이드, 밥, 메밀이 있습니다.

Ⓐ ご飯(はん)をください。

　　밥으로 주세요.

Ⓒ わかりました。デザート(でざーと)は何(なに)になさいますか。

　　알겠습니다. 디저트는 무엇으로 하시겠습니까?

Ⓑ フルーツジュース(ふるーつじゅーす)を二(ふた)つ下(くだ)さい。

　　과일 음료 두 잔 주세요.

47 음식점
飲食店(いんしょくてん)

食堂(しょくどう)
식당

レストラン(れすとらん)
레스토랑

喫茶店(きっさてん)
카페

カレー専門店(かれーせんもんてん)
카레 전문점

ビアガーデン(びあがーでん)
맥주바

ファーストフード店(ふぁーすとふーどてん)
패스트푸드점

飲(の)み屋(や)【居酒屋(いざかや)】
술집

일본 요리점 日本料理店(にほんりょうりてん)【割烹(かっぽう)】	
초밥집 寿司屋(すしや)	라면집 ラーメン屋(らーめんや)
요정 料亭(りょうてい)	양식점 洋食店(ようしょくてん)
오코노미야키집 お好(この)み焼(や)き屋(や)	
패밀리 레스토랑 ファミリーレストラン(ふぁみりーれすとらん)【ファミレス(ふぁみれす)】	
커피 전문점 コーヒー専門店(こーひーせんもんてん)【カフェ(かふぇ)】	
피자집 宅配ピザ店(たくはいぴざてん)	
서서 먹는 메밀국수, 우동집 立(た)ち食(ぐ)い蕎麦(そば)・うどん店(てん)	
프랑스 요리점 フランス料理店(ふらんすりょうりてん)	
이탈리아 요리점 イタリア料理店(いたりありょうりてん)	
한국 요리점 韓国料理店(かんこくりょうりてん)	
중국 요리점 中華料理店(ちゅうかりょうりてん)	

🏠 일본 요리점

메뉴판 お品書(しなが)き	여주인 女将(おかみ)[さん]
여종업원 仲居(なかい)[さん]	요리사 板前(いたまえ)
가이세키 요리 懐石料理(かいせきりょうり)	다다미 객실 座敷(ざしき)
따끈한 술(청주) 熱燗(あつかん)	미지근한 술 温燗(ぬるかん)
찬술 冷酒(れいしゅ)	

🏠 양식점, 레스토랑

메뉴판 メニュー(めにゅー)	점원 店員(てんいん)
웨이터 ウェイター(うぇいたー)	여종업원 ウェイトレス(うぇいとれす)
요리사 コック(こっく)【料理人(りょうりにん)】	정식 定食(ていしょく)
포도주 감별사 ソムリエ(そむりえ)	포도주 메뉴판 ワインリスト(わいんりすと)
테라스 テラス(てらす)	미식가 グルメ(ぐるめ)

🏠 고기 익힘 정도

아주 약간 익힘 レア(れあ)	중간 정도 익힘 ミディアム(みでぃあむ)
살짝 익힘 ミディアムレア(みでぃあむれあ)	아주 잘 익힘 ウェルダン(うぇるだん)

🏠 음식의 상태

(빵이)바싹 마른　パサパサ(ぱさぱさ)に乾(かわ)いた	
(고기가)부드러운　やわらかい	질긴　硬(かた)い
딱딱한 단단한　かちかち【硬い(かたい)】	진한　濃(こ)い
적당한　適度(てきど)な【丁度(ちょうど)いい】	연한　薄(うす)い

🏠 맛

단　甘い(あまい)【甘味(かんみ)・甘み(あまみ)】	신　すっぱい(すっぱい)【酸味(さんみ)】
짠　塩辛(しおから)い【しょっぱい【塩味(しおあじ)】	
쓴　苦い(にがい)【苦(にが)み】	맛있는 맛　旨(うま)み
매운　辛(から)い【辛(から)み】	떫은　渋(しぶ)い【渋(しぶ)み】
맛 있는　美味(おい)しい	맛 없는　まずい
싱거운　水(みず)ぽい【味(あじ)が薄(うす)い】	무미한　風味(ふうみ)がない【味(あじ)わいがない】
담백한　淡白(たんぱく)な【あっさりした】	진한　濃厚(のうこう)な

🏠 음료

녹차　緑茶(りょくちゃ)	볶아서 달인 차　ほうじ茶(ちゃ)
커피　コーヒー(こーひー)【ブレンド(ぶれんど)】	아메리카노 커피　アメリカン(あめりかん)
카페오레　カフェオーレ(かふぇおーれ)	카페라테　カフェラテ(かふぇらて)
에스프레소　エスプレッソ(えすぷれっそ)	마키야토　マキアート(まきあーと)
카푸치노　カプチーノ(かぷちーの)	모카　モカ(もか)
홍차　紅茶(こうちゃ)【ストレートティー(すとれーとてぃー)】	
레몬티　レモンティー(れもんてぃー)	밀크티　ミルクティー(みるくてぃー)
허브티　ハーブティー(はーぶてぃー)	코코아　ココア(ここあ)
핫초코　ホットチョコレート(ほっとちょこれーと)	
핫밀크　ホットミルク(ほっとみるく)【牛乳(ぎゅうにゅう)】	
우롱차　烏龍茶(うーろんちゃ)	물　水(みず)【お冷(ひや)】
과일주스　果物ジュース(くだものじゅーす)【フルーツジュース(ふるーつじゅーす)】	
야채주스　野菜ジュース(やさいじゅーす)	아이스티　アイスティー(あいすてぃー)
아이스커피　アイスコーヒー(あいすこーひー)	소다수　ソーダ(そーだ)
콜라　コーラ(こーら)	크림소다　クリームソーダ(くりーむそーだ)
래몬스퀴시　レモンスッカシュ(れもんすかっしゅ)	래모네이드　レモネード(れもねーど)
생강청량음료　ジンジャーエール(じんじゃーえーる)	얼음이 든　氷入(こおりいり)

물수건 おしぼり	젓가락 箸(はし)
젓가락 놓는 것 箸置(はしおき)	밥공기 ご飯茶碗(はんちゃわん)
나무로 만든 공기 椀(わん)	접시 皿(さら)
작은 주발 小鉢(こばち)	작은 접시 小皿(こざら)
사발 丼(どんぶり)	찻잔 湯呑(ゆのみ)
사기 주전자 急須(きゅうす)	술병 徳利(とっくり)
술잔 お猪口(ちょこ)	숟가락 スプーン(すぷーん)
포크 フォーク(ふぉーく)	나이프 ナイフ(ないふ)
찻숟가락 ティースプーン(てぃーすぷーん)	유리컵 ガラスコップ(がらすこっぷ)
와인잔 ワイングラス(わいんぐらす)	찻잔 ティーカップ(てぃーかっぷ)
찻잔 받침 ソーサー(そーさー)	머그잔 マグカップ(まぐかっぷ)
냅킨 ナプキン(なぷきん)	이쑤시개 つまようじ
식탁보 テーブルクロス(てーぶるくろす)	소금 塩(しお)
후추 胡椒(こしょう)	간장 醤油(しょうゆ)
소스 ソース(そーす)	설탕 砂糖(さとう)
계산서 伝票(でんぴょう)	봉사료 サービス料(さーびすりょう)
카드 カード(かーど)	현금 現金(げんきん)

식전술 食前酒(しょくぜんしゅ)	안주 おつまみ
숙취 二日酔い(ふつかよい)	해장술 迎(むか)え酒(ざけ)
주문하다 注文(ちゅうもん)する	주문받다 注文(ちゅうもん)を受(う)ける

- 今日(きょう)の夕方(ゆうがた)、5名予約(ごめいよやく)をしたいです。
  오늘 저녁 5명을 예약하고 싶습니다.
- こちらへどうぞ。
  이리 오세요.
- ついて来(き)てください。
  따라오세요.
- お掛(か)けください。
  앉으세요.
- ここに座(すわ)ってもいいですか。
  여기 앉아도 될까요?
- すみませんが、この席(せき)は予約席(よやくせき)です。
  죄송하지만 이 자리는 예약이 되어 있습니다.
- メニュ (めにゅー)をください。
  메뉴를 보여 주세요.
- 英語(えいご)のメニュー(めにゅー)はありますか。
  영어로 된 메뉴판은 있습니까?
- 特選料理(とくせんりょうり)は何(なん)ですか。
  특선 요리는 무엇입니까?

- 注文(ちゅうもん)されますか。
  주문하시겠어요?
- 同(おな)じものをください。
  같은 걸로 주세요.
- これにします。
  이걸로 할게요.
- おすすめの料理(りょうり)は何(なん)ですか。
  추천할 만한 요리는 무엇입니까?
- 人気(にんき)のメニュー(めにゅー)を教(おし)えてください。
  인기 메뉴를 가르쳐 주세요.
- ミディアム(みでぃあむ)でお願(ねが)いします。
  미디엄으로 익혀주세요.
- よく焼(や)いてください。
  잘 구워주세요.
- パン(ぱん)のおかわりをください。
  빵 좀 더 주세요.
- 水(みず)を一杯(いっぱい)ください。
  물 한 잔 주세요.
- 注文(ちゅうもん)したものがまだ来(き)ません。
  아직 주문한 것이 안 나왔어요.
- どれくらい待(ま)たなければなりませんか。
  얼마나 더 기다려야 합니까?
- 前菜(ぜんさい)/ メイン料理(めいんりょうり)/ デザート(でざーと)は/
  何(なに)になさいますか。
  전채요리 / 주요리 / 디저트로 무엇을 드시겠어요?
- 美味(おい)しかったです。本当(ほんとう)にありがとうございました。
  맛 있었어요. 대단히 감사합니다.
- どうぞお召(め)し上(あ)がりください。
  맛 있게 드세요.
- お会計(かいけい)【お勘定(かんじょう)】をお願(ねが)いします。
  계산서 부탁합니다.
- サービス料(さーびすりょう)は含(ふく)まれています。
  봉사료 포함입니다.

🏠 응용 대화 1

Ⓐ どこで昼(ひる)ご飯(ごはん)を食(た)べようか。
　어디에서 점심할까?
Ⓑ いつもみたいに学食(がくしょく)に行(い)こうよ。
　평소처럼 구내 식당으로 가자.

Ⓐ 売店(ばいてん)に行(い)って簡単(かんたん)に急(いそ)いで食(た)べて来(く)るのはどう。 そこにはいつもコーヒー(こーひー)、紅茶(こうちゃ)、サンドウィッチ(さんどうぃっち)、サラダ(さらだ)があるじゃない。

매점에 가서 간단하게 빨리 먹고 오면 어떨까? 그곳엔 항상 커피, 차, 샌드위치와 샐러드가 있잖아.

Ⓑ いや、私(わたし)は学食(がくしょく)へ行(い)くよ。学食(がくしょく)はちゃんとした食事(しょくじ)が出(で)て来(く)るし、それに授業(じゅぎょう)が始(はじ)まるまで一時間(いちじかん)もあるじゃない。 時間(じかん)はあるよ。

아니 난 구내 식당으로 갈래. 구내 식당은 제대로 된 식사인 데다 아주 잘 나오거든. 게다가 우리 수업 시작 전까지 한 시간이나 있잖아. 시간이 많아.

Ⓐ じゃあ、いいよ。 そうしよう。 学校(がっこう)の食堂(しょくどう)へ行(い)こう。

그럼 좋아. 그러자. 학교 식당으로 가자.

🏠 응용 대화 2

Ⓐ こんばんは! 二名(にめい)、空(あ)いてますか。
안녕하세요. 두 사람이 앉을 자리 있어요?

Ⓒ いらっしゃいませ! 窓側(まどがわ)の席(せき)にお座(すわ)りください。メニュー(めにゅー)です。
어서 오십시오. 창가 쪽 자리에 앉으세요. 메뉴는 여기 있습니다.

Ⓐ 何(なに)を注文(ちゅうもん)しようか。
무엇을 주문할까?

Ⓑ トマトサラダ(とまとさらだ)とカツカレー(かつかれー)にしよう。 ここはカツカレー(かつかれー)が美味(おい)しいんだ。
토마토 샐러드와 가스카레으로 하자. 여기는 가츠카레를 아주 잘 하거든.

Ⓐ じゃあデザート(でざーと)は何(なん)にする。 僕(ぼく)はアイスクリーム(あいすくりーむ)とコーヒー(こーひー)にするけど。
그럼 디저트는 무엇으로 할까? 난 아이스크림과 커피로 할건데.

Ⓑ 私(わたし)はブラックコーヒー(ぶらっくこーひー)だけにする。
난 블랙 커피만 하겠어.

Ⓐ すみません。 注文(ちゅうもん)をお願(ねが)いします。 トマトサラダ(とまとさらだ)二(ふた)つとカツカレー(かつかれー)二人前(ににんまえ)、アイスクリーム(あいすくりーむ)一(ひと)つとコーヒー(こーひー)を二(ふた)つお願(ねが)いします。
여기요 주문 받으세요. 토마토 샐러드 둘, 가스카레 2인분, 아이스크림 하나, 커피 두 잔이요.

Ⓐ こんにちは。土曜日(どようび)の夕方(ゆうがた)、席(せき)を予約(よやく)したいです。
안녕하세요? 토요일 저녁, 자리를 예약하고 싶어요.

Ⓑ ありがとうございます。何人様(なんにんさま)で何時(なんじ)のご予約(よやく)ですか。
감사합니다. 몇 분이, 몇 시 예약을 원하시나요?

Ⓐ 6時(ろくじ)で4名(よんめい)です。
6시고요, 네 명이에요.

Ⓑ はい、わかりました。お名前(なまえ)をお願(ねが)いします。
네 알겠습니다. 성함이 어떻게 되시나요?

Ⓐ 佐藤(さとう)です。
사토우입니다.

Ⓑ 佐藤様(さとうさま)のご予約(よやく)を承(うけたまわ)りました。土曜日(どようび)の夕方(ゆうがた)、6時(ろくじ)にお待(ま)ちしております。素敵(すてき)な夕食(ゆうしょく)を楽(たの)しんでいただけましたら幸(さいわ)いです。
사토우님 성함으로 예약되었습니다. 토요일 저녁 6시에 기다리고 있겠습니다. 저희 레스토랑에서 좋은 저녁을 보내시기 바랍니다.

Ⓐ ありがとう。よろしくお願(ねが)いします。
고맙습니다. 안녕히 계세요.

🏠 이발소, 미용실

미용실, 뷰티샵　美容室、ビューティーサロン（びようしつ/びゅーてぃーさろん）

미용사　美容師（びようし）

미용 전문가　美容専門家（びようせんもんか）

이발사　理髪師（りはつし）【理容師（りようし）】

손님　お客様（きゃくさま）	머리카락　髪（かみ）の毛（け）
가발　かつら【ウイッグ（ういっぐ）】	커트　カット（かっと）【散髪（さんぱつ）】
퍼머　パーマ（ぱーま）	셋팅　セット（せっと）
샴푸　シャンプー（しゃんぷー）	린스　リンス（りんす）

트리트먼트　トリートメント（とりーとめんと）

드라이어로 매만짐　ブロー（ぶろー）

염색　ヘアカラー（へあからー）【カラーリング（からーりんぐ）】

메이크업　メイク（めいく）

기모노 매무새（법식에 따라 입혀 줌）　着付（きつ）け

매니큐어　マニキュア（まにきゅあ）	패티큐어　ペティキュア（ぺてぃきゅあ）
마사지　マッサージ（まっさーじ）	드라이기　ドライヤー（どらいやー）
스프레이　スプレー（すぷれー）	젤　ジェル（じぇる）

웨이브, 컬　ウェーブ、カール（うぇーぶ、かーる）

콧수염　口髭（くちひげ）	턱수염　あご髭（ひげ）
면도하다　髭（ひげ）を剃（そ）る	바르다　塗（ぬ）る
이발하다　散髪（さんぱつ）する	염색하다　染（そ）める

다듬다　手入（てい）れをする、揃（そろ）える

최고 미용사　トップスタイリスト（とっぷすたいりすと）
　　　　【カリスマ美容師（かりすまびようし）】

🏠 머리 모양

가르마　分（わ）け目（め）	옆 가르마　横分（よこわ）け
묶은 머리　ポニーテール（ぽにーてーる）	단발 머리　おかっぱ
땋은 머리　三（み）つ編（あ）み	긴 머리　ロング（ろんぐ）
짧은 머리　ショート（しょーと）	
중간 정도 길이의 머리　セミロング（せみろんぐ）	
생머리　ストレートヘア（すとれーとへあ）	
봅　ボブ（ぼぶ）	

레이어드 커트	レイヤーカット(れいやーかっと)		
소바즈	ソバージュ(そばーじゅ)	빡빡 밀기	丸刈(まるが)り
장발	長髪(ちょうはつ)	직모	直毛(ちょくもう)
숱이 많은	髪(かみ)の毛(け)が多(おお)い		
곱슬 머리의	くせ毛(げ)の		
웨이브가 있는	ウェーブ(うぇーぶ)がある		
타고난 곱슬머리	天然パーマ(てんねんぱーま)		

🏠 이발소, 미용실에서

- 髪(かみ)を切(き)りたいです。
  머리를 자르고 싶습니다.
- 髭剃(ひげそ)りになさいますか。散髪(さんぱつ)になさいますか。
  면도를 해드릴까요? 머리를 잘라 드릴까요?
- お座(すわ)りください。 オーデコロン(おーでころん)をお付(つ)けしましょうか。
  앉으세요. 오데코롱을 뿌려 드릴까요?
- どんな髪型(かみがた)がお好(す)きですか。
  어떤 머리 스타일을 선호하십니까?
- あまり短(みじか)くしないでください。
  너무 짧게 하지는 마세요.
- 横(よこ)の髪(かみ)を短(みじか)く切(き)ってください。
  옆 머리를 짧게 잘라 주세요.
- 中央(ちゅうおう)で分(わ)け目(め)をつけてください。
  가운데 가르마를 타 주세요.
- パーマ(ぱーま)をかけてください。
  퍼머를 해 주세요.
- ドライヤー(どらいやー)をあててください。
  드라이를 해 주세요.
- 髭剃(ひげそ)りをしたいです。
  면도를 하고 싶습니다.
- 髪(かみ)を洗(あら)ってください。
  머리를 감겨주세요.
- 髪(かみ)を染(そ)めたいです。
  머리를 염색하고 싶습니다.
- 後(うし)ろ髪(がみ)を少(すこ)し切(き)ってください。
  뒷머리를 약간 쳐 주세요.
- 前髪(まえがみ)を少(すこ)し切(き)ってください。
  앞머리를 약간 잘라 주세요.

- 後(うし)ろ髪(がみ)を短(みじか)く、前髪(まえがみ)は長(なが)くしてください。
  뒷머리를 짧게, 앞머리는 길게 해주세요.
- 横(よこ)をもっと短(みじか)く切(き)れますか。
  옆을 더 짧게 쳐 줄 수 있을까요?

🏠 세탁소

고객 顧客(こきゃく)	손님 お客様(きゃくさま)
세탁물 洗濯物(せんたくもの)	얼룩 빼기 染(し)み抜(ぬ)き
완성된 세탁물　出来上(できあ)がり品(ひん)	
세탁을 맡기다　クリーニング(くりーにんぐ)に出(だ)す	
(세탁 맡길 때)수속하다　手続(てつづ)きをする	
집으로 배달　家(いえ)へ配達(はいたつ)	
초고속 드라이클리닝　超高速ドライクリーニング(ちょうこうそくどらいくりーにんぐ)	
일반 드라이클리닝　一般ドライクリーニング(いっぱんどらいくりーにんぐ)	
빨래방　コインランドリー(こいんらんどりー)	

🏠 세탁소에서

- 冬(ふゆ)のコート(こーと)を超高速[ドライ]クリーニング(ちょうこうそく[どらい]くりーにんぐ)できますか。
  겨울 외투 초고속 드라이클리닝 됩니까?
- 革製品(かわせいひん)を[ドライ]クリーニング([どらい]くりーにんぐ)することが出来(でき)ますか。
  가죽 제품을 드라이클리닝 할 수 있을까요?
- この服(ふく)を[ドライ]クリーニング([どらい]くりーにんぐ)したいです。
  이 옷들을 드라이클리닝하고 싶습니다.
- このシャツ(しゃつ)をアイロン(あいろん)がけ【プレス(ぷれす)】したいです。
  이 셔츠를 다림질하고 싶습니다.
- 洋服(ようふく)を洗濯(せんたく)してアイロン(あいろん)をお掛(か)けしましょうか?
  양복을 세탁하고 다려드릴까요?

- いつ出来上(できあ)がりますか。
  언제 될까요?

▶すぐ、致(いた)します。
바로 해 드리겠습니다.

🏠 응용 대화

Ⓐ いらっしゃいませ。 お入(はい)りになってお掛(か)けください。 どう
いたしましょうか。
안녕하세요! 들어 오셔서 앉으세요. 무엇을 해 드릴까요?

Ⓑ 流行(りゅうこう)の短(みじか)いカット(かっと)をしたいです。
유행하는 짧은 커트를 하고 싶습니다.

Ⓐ この雑誌(ざっし)の写真(しゃしん)をご覧(らん)ください。 この髪型
(かみがた)がお気(き)に召(め)されたんですね。 よくお似合(にあ)いだ
と思(おも)いますよ。
여기 잡지에 있는 사진을 봐주세요. 이 머리 모양이 마음에 드시나요? 제 생각에는 잘
어울리실 것 같은데요.

Ⓑ 私(わたし)もそう思(おも)って。
저도 그럴 것 같은데.

Ⓐ パーマ(ぱーま)を希望(きぼう)されますか。
퍼머를 원하십니까?

Ⓑ いいえ、すみませんが、セット(せっと)だけしてください。
아니오, 죄송하지만 드라이(셋팅)만 해 주세요.

Ⓐ それではセット(せっと)だけ致(いた)します。 いかがですか。 お気(き)
に召(め)されましたか。
그럼 지금 드라이(셋팅)를 해드리지요. 어떠십니까, 마음에 드세요?

Ⓑ はい、とても気(き)に入(い)りました。
네, 아주 마음에 들어요.

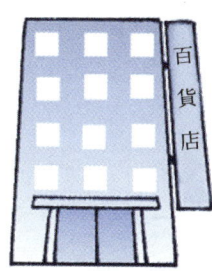

百貨店（ひゃっかてん）【デパート（でぱーと）】
백화점

ショッピングモール（しょぴんぐもーる）
【大規模商店街（だいきぼしょうてんがい）】
대형 상점가

スーパーマーケット（すーぱーまーけっと）
슈퍼마켓

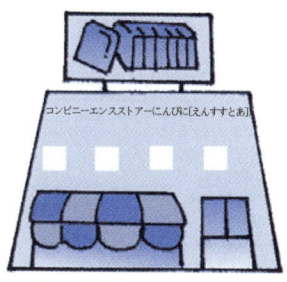

コンビニ［エンスストア］（こんびに［えんすすとあ］）
편의점

食料品店（しょくりょうひんてん）
식료품가게

精肉店（せいにくてん）
정육점

ケーキ屋（けーきや）【製菓店（せいかてん）】
제과점

パン屋(ぱんや)
빵집

美容室(びようしつ)
미용실

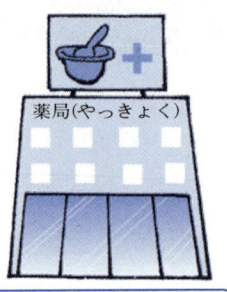

薬局(やっきょく)
약국

クリーニング屋【店】(くりーにんぐや【てん】)
세탁소

文房具屋【店】(ぶんぼうぐや【てん】)
문방구점

書店(しょてん)【本屋(ほんや)】
서점

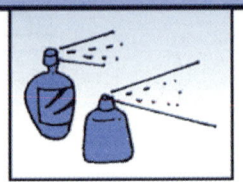

魚屋(さかなや)
생선가게

化粧品店(けしょうひんてん)
화장품가게

宝石店(ほうせきてん)
보석가게

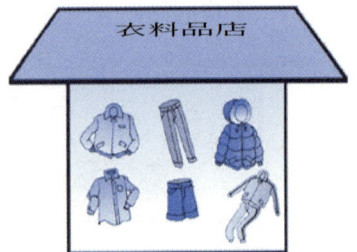

衣料品店(いりょうひんてん)【洋服店(ようふくてん)】
옷가게

街頭販売(がいとうはんばい)
가두 판매점

가게 이름이 「~屋(や)」일 경우, 보통 일본인들은 「~屋(や)さん」이라고 「さん」을 붙여 말한다.

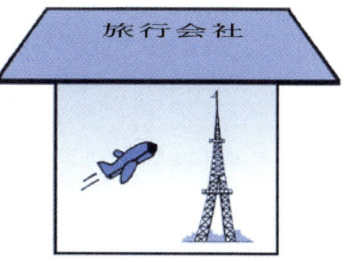

旅行会社

旅行会社(りょこうがいしゃ)
여행사

乳製品販売店

乳製品販売店(にゅうせいひんはんばいてん)
유제품 판매점

🏠 가게들

가정용품점　ホームセンター(ほーむせんたー)【家庭用品店(かていようひんてん)】	
꽃가게　花屋(はなや)	
재래시장　在来市場(ざいらいいちば)	장터, 장　市場(いちば)
대형마트　大型マート(おおがたまーと)	식료 잡화점　食料雑貨店(しょくりょうざっかてん)
건강식품점　健康食品店(けんこうしょくひんてん)	주류점　酒屋(さかや)【リカーショップ(りかーしょっぷ)】
일본 과자 가게　和菓子屋(わがしや)	잡화점　雑貨店(ざっかてん)
백엔샵　百円ショップ(ひゃくえんしょっぷ)【百均(ひゃっきん)】	
대형 의류품점　大型衣料品店(おおがたいりょうひんてん)	
스포츠 용품점　スポーツ用品店(すぽーつようひんてん)	
아웃도어 용품점　アウトドア用品店(あうとどあようひんてん)	
가방 가게　カバン屋【店】(かばんや【てん】)	구두 가게　靴屋(くつや)
가죽잡화점　皮革製品店(ひかくせいひんてん)	안경점　眼鏡店【屋】(めがねてん【や】)
시계점　時計店【屋】(とけいてん【や】)	
전자 제품점　電化製品店(でんかせいひんてん)【電気屋(でんきや)】	
대형 전자 제품점　家電量販店(かでんりょうはんてん)	
휴대전화 가게　携帯電話ショップ(けいたいでんわしょっぷ)	
자동차 판매점　自動車販売店(じどうしゃはんばいてん)	
오토바이 가게　バイクショップ(ばいくしょっぷ)	
자전거 가게　自転車屋【店】(じてんしゃや【てん】)	악기 상점　楽器店【屋】(がっきてん【や】)
비디오샵　レンタルビデオ(ＤＶＤ))ショップ(れんたるびでおしょっぷ)	
수예점　手芸店【屋】(しゅげいてん【や】)	장난감 가게　おもちゃ屋(や)
포토샵　写真店【屋】(しゃしんてん【や】)【フォトショップ(ふぉとしょっぷ)】	
선물가게　土産物店【屋】(みやげものてん【や】)	골동품점　骨董品店【屋】(こっとうひんてん【や】)
담배가게　タバコ屋【店】(たばこや【てん】)	복덕방　不動産屋(ふどうさんや)
셀프빨래방　コインランドリー(こいんらんどりー)	재생용품점　リサイクルショップ(りさいくるしょっぷ)
벼룩시장　フリーマーケット(ふりーまーけっと)	

세일 セール(せーる)	계산대 レジ(れじ)
진열대 陳列台(ちんれつだい)	점원 店員(てんいん)
계산원 レジ係(れじがかり)	매장직원 販売員(はんばいいん)
할인카드 割引カード(わりびきかーど)	카드리더기 カードリーダー器(かーどりーだーき)
손님 お客様(きゃくさま)	배달 配達(はいたつ)
카트 カート(かーと)	매장 売場(うりば)
코너 コーナー(こーなー)	라벨 ラベル(らべる)
가격표 価格表(かかくひょう)【値札(ねふだ)】	거스름 돈 釣(つ)り銭(せん)
바구니 かご	비닐 봉투 ビニール袋(びにーるぶくろ)
포장 包装(ほうそう)	줄 列(れつ)
판매 販売(はんばい)	스탠드 スタンド(すたんど)
카운터 カウンター(かうんたー)	도매 卸売(おろしうり)
소매 小売(こうり)	

🏠 가격을 묻고 답하기

- お幾(いく)らですか。
  얼마입니까?
- 合計(ごうけい)幾(いく)らですか。
  모두 얼마입니까?
- 安(やす)いですね。
  싸네요.
- とても高(たか)いです。
  너무 비싸요.
- ちょうどいいですね。
  적당하네요.

🏠 계산할 때

- 4500円(よんせんごひゃくえん)でございます。
  4500엔입니다.
- 1万円(いちまんえん)お預(あず)かりします。
  1만엔 받았습니다.
- 5500円(ごせんごひゃくえん)お返(かえ)しでございます。
  5500엔의 거스름 돈입니다.
- お支払(しはら)いは、一括払(いっかつばら)いでよろしいでしょうか。
  지불은 일시불로 괜찮습니까?
- ありがとうございました。またお越(こ)しくださいませ。
  감사합니다. 또 오십시오.

50 | 매장 売場(うりば)/ 포장 包装(ほうそう)

팩 パック(ぱっく) / 페트병 ペットボトル(ぺっとぼとる)

牛乳(ぎゅうにゅう) 우유, ジュース(じゅーす) 쥬스, 豆乳(とうにゅう) 두유,
コーヒー(こーひー) 커피, 紅茶(こうちゃ) 홍차, 緑茶(りょくちゃ) 녹차,
水(みず) 물

병 瓶(びん)

ビール(びーる) 맥주, 日本酒(にほんしゅ) 일본술, 焼酎(しょうちゅう) 소주,
ワイン(わいん) 포도주, ウイスキー(ういすきー) 위스키,
胡麻油(ごまあぶら) 참기름, オリーブ油(おりーぶゆ) 올리브유, 酢(す) 식초,
ポン酢(ぽんず) 폰즈, ドレッシング(どれっしんぐ) 드레싱,
ジャム(じゃむ) 잼, ピクルス(ぴくるす) 피클

캔 缶(かん)

缶詰(かんづめ) 통조림, 缶ビール(かんびーる) 캔맥주,
缶ジュース(かんじゅーす) 캔쥬스, 缶コーヒー(かんこーひー) 캔커피,
クッキー(くっきー) 쿠키

플라스틱용기 プラスチック容器(ぷらすちっくようき)、포장 包装(ほうそう)

マーガリン(まーがりん) 마가린, ヨーグルト(よーぐると) 요구르트,
マヨネーズ(まよねーず) 마요네즈, ケチャップ(けちゃっぷ) 케첩,
食用油(しょくようあぶら) 식용유, 醤油(しょうゆ) 간장,
みりん調味料(ちょうみりょう) 미림조미료, 豆腐(とうふ) 두부,
漬物(つけもの) 장아찌, 肉(にく) 고기, 魚(さかな) 생선, 菓了(かし) 과자,
その他(た)、食品(しょくひん)全般(ぜんぱん) 기타 식품 전반

묶음 束(たば)

蕎麦(そば) 메밀, 素麺(そうめん) 국수, 乾(かん)うどん 말린 우동,

スパゲッティ（すぱげってぃ）스파게티

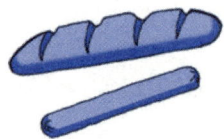

덩어리 塊（かたま）り

食パン（しょくぱん）빵, 1斤（いっきん）
バゲット（ばげっと）바게트, 1本（いっぽん）

곽 箱（はこ）/ 작은 갑 小（ちい）さいケース（けーす）

菓子（かし）과자, ケーキ（けーき）케이크, バター（ばたー）버터,
タバコ（たばこ）담배

통 玉（たま）

キャベツ（きゃべつ）양배추,
白菜（はくさい）배추,
スイカ（すいか）수박

단 束（たば）

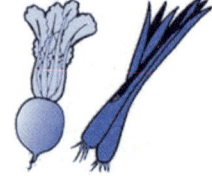

ほうれん草（そう）시금치, パセリ（ぱせり）파슬리, 葱（ねぎ）파

수(개) 数（かず）

個（こ）　　　　りんご 사과, ジャガイモ（じゃがいも）감자 등
本（ほん【ぽん】）　胡瓜（きゅうり）오이, 大根（だいこん）무 등

무게 重（おも）さ/그램 グラム（ぐらむ）

米（こめ）쌀, 肉（にく）고기,
ハム（はむ）、ソーセージ（そーせーじ）類（るい）햄, 소시지류,
コーヒー豆（こーひーまめ）커피콩

🏠 매장, 코너

📁 제과 코너 菓子コーナー(かしこーなー)

飴類(あめるい)【キャンディー(きゃんでぃー)】 사탕류,
チョコレート菓子(ちょこれーとがし) 초콜릿 과자,
クッキー1パック(くっきーひとぱっく) 쿠키 1팩,
ガム(がむ) 껌, スナック菓子(すなっくがし) 스낵과자,
煎餅(せんべい) 납작과자

📁 빵 パン(ぱん)/일본 떡 和菓子(わがし)コーナー(こーなー)

食パン(しょくぱん) 식빵, バターロール(ばたーろーる) 버터롤,
スティックパン(すてぃっくぱん) 스틱빵, メロンパン(めろんぱん) 멜론빵,
マフィン(まふぃん) 머핀, マドレーヌ(まどれーぬ) 마들렌,
大福餅(だいふくもち) 찹쌀떡, 桜餅(さくらもち) 사쿠라떡,
ぼた餅(もち)【おはぎ】 고물 묻힌떡, みたらし団子(だんご) 미타라시 단자

📁 육류 코너 肉類コーナー(にくるいこーなー)

牛肉(ぎゅうにく) 쇠고기, カルビ(かるび) 갈비살, ハラミ(はらみ) 안창살,
せんまい 천엽, レバー(ればー) 간, テール(てーる) 꼬리,
牛タン(ぎゅうたん) 혀, 脂身(あぶらみ) 비계, 豚肉(ぶたにく) 돼지고기,
三枚肉(さんまいにく)【ばら肉(にく)】 삼겹살,
生姜焼(しょうがや)き用(よう) 생강 구이용, ヒレ肉(ひれにく) 등심(소, 돼지),
ロース(ろーす) 안심, 赤身肉(あかみにく) 살코기, 鶏肉(とりにく) 닭고기,
もも肉(にく) 닭다리, 胸肉(とりむねにく) 가슴살, ささみ 사사미,
手羽先(てばさき) 닭 날개 윗쪽 부분, 手羽元(てばもと) 닭날개,
挽肉(ひきにく)【ミンチ(みんち)】 다진 고기,
骨付(ほねつ)き肉(にく) 뼈 있는 고기, しゃぶしゃぶ用(よう) 샤브샤브용,
すき焼(や)き用(よう) 스키야키용, カツレツ用(かつれつよう) 커틀렛용,
ソーセージ(そーせーじ) 소시지, ハム(はむ) 햄, ベーコン(べーこん) 베이컨

📁 육제품 코너 乳製品コーナー(にゅうせいひんこーなー)

牛乳1パック(ぎゅうにゅうひとぱっく) 우유 1팩,
ヨーグルト(よーぐると) 요구르트,

スライスチーズ(すらいすちーず) 슬라이스 치즈,
カマンベールチーズ(かまんべーるちーず) 카멈베르 치즈,
クリームチーズ(くりーむちーず) 크림 치즈,
とろけるチーズ(ちーず) 녹는 치즈, バター(ばたー) 버터,
マーガリン(まーがりん) 마아가린,
生クリーム1パック(なまくりーむひとぱっく) 생크림 1팩,
豆乳(とうにゅう) 두유

주류 코너 酒類コーナー(さけるいこーなー)

ビール(びーる) 맥주, ワイン(わいん) 포도주,
日本酒(にほんしゅ)【清酒(せいしゅ)】청주, 焼酎(しょうちゅう) 소주,
ウイスキー(ういすきー) 위스키, リキュール類(りきゅーるるい) 리큐어류,
ノンアルコールビール(のんあるこーるびーる) 무알코올 맥주

잡화 코너 雑貨コーナー(ざっかこーなー)

ハンカチ(はんかち) 손수건, 靴下(くつした) 양말,
ストッキング(すとっきんぐ) 스타킹, 手袋(てぶくろ) 장갑,
スリッパ(すりっぱ) 슬리퍼, 傘(かさ) 우산

그 밖의 매장들 その他(た【ほか】)の売場(うりば)【売(う)り場(ば)】

果物売場(くだものうりば)	과일 매장
野菜売場(やさいうりば)	야채 매장
海産物売場(かいさんぶつうりば)	해산물 매장
鮮魚売場(せんぎょうりば)	생선 매장
寿司(すし)、惣菜売場(そうざいうりば)	초밥, 반찬 매장
加工食品売場(かこうしょくひんうりば)	가공식품 매장
冷凍食品売場(れいとうしょくひんうりば)	냉동식품 매장
アイスクリーム売場(あいすくりーむうりば)	아이스크림 매장
飲料売場(いんりょううりば)	음료 매장
一般食品売場(いっぱんしょくひんうりば)	식료잡화 매장

🏠 고기 가게에서

- このステーキ肉(すてーきにく)は、一枚(いちまい)、何グラム(なんぐらむ)ですか。
  이 스테이크용 고기는 한 장당 몇 그램이에요?
- 焼(や)き肉用(にくよう)の牛ロース(ぎゅうろーす)を600グラム(ろっぴゃくぐらむ)としゃぶしゃぶ用(よう)、450グラム(よんひゃくごじゅうぐらむ)、お願(ねが)いします。
  야키니쿠 용 안심 300그램과 샤브샤브용 450그램, 부탁해요.
- この薄切(うすぎ)り肉(にく)は、すき焼(や)きに使(つか)えますか。
  이 얇은 고기는 스키야키용으로 쓸 수 있나요?

🏠 빵 가게에서

- 一斤(いっきん)230円(にひゃくさんじゅうえん)の食パン(しょくぱん)をサンドウィッチ用(さんどうぃっちよう)に切(き)ってください。
  한근 230엔인 식빵을 샌드위치 용으로 잘라 주세요.
- いつもの胡桃パン(くるみぱん)は、もう売(う)り切(き)れですか。
  늘 있는 호두 빵은 벌써 다 팔렸나요?

🏠 커피콩 전문점에서

- モカ(もか)を200グラム(にひゃくぐらむ)、挽(ひ)いてください。
  모카를 200그램 갈아 주세요.

🏠 생선 가게에서

- 鰺(あじ)を塩焼(しおや)きにしたいんですが、内臓(ないぞう)と鱗(うろこ)をとってもらえますか。
  전갱이를 소금 구이로 하고 싶은데 내장과 비늘을 제거해 주실래요?
- この鯛(たい)をお刺身(さしみ)にさばいてください。
  이 도미를 회로 처리해 주세요.
- お刺身(さしみ)の盛(も)り合(あ)わせ、1パック(いっぱっく)下(くだ)さい。
  회모듬, 한 팩 주세요.

• そのみかんは、一山(ひとやま)幾(いく)らですか。
  그 귤, 한 무더기 얼마예요?
• キャベツ(きゃべつ)1玉(ひとたま)とほうれん草(そう)1束(ひとたば)そ
  して胡瓜(きゅうり)を2本(にほん)下(くだ)さい。
  양배추 한 통과 시금치 한 단, 그리고 오이 두 개 주세요.

🏠 **반찬 가게에서**

• シーフードサラダ(しーふーどさらだ)を300グラム(さんびゃくぐらむ)
  と、唐揚(からあ)げ500グラム(ごひゃくぐらむ)下(くだ)さい。
  시푸드 샐러드300그램과 치킨 500그램 주세요.
• お客様(きゃくさま)、唐揚(からあ)げは500グラム(ごひゃくぐらむを)を
  少(すこ)しオーバー(おーばー)してもよろしいですか。
  손님, 치킨은 500그램을 조금 오바해도 되겠습니까?
• それなら、一(ひと)つ減(へ)らしてください。
  그럼, 하나 줄이세요.
• 飴(あめ)を一袋(ひとふくろ)ください。
  사탕 한 봉지 주세요.
• 鶏一匹(とりいっぴき)の重(おも)さを測(はか)ってください。
  닭 한 마리의 무게를 재 주세요.
• 挽(ひ)き肉(にく)を半キロ(はんきろ)お願(ねが)いします。
  갈은 고기 반 킬로 주세요.
• 黒パン半分(こくぱんはんぶん)だけください。
  검은 빵 반토막만 주세요.
• 大根1本(だいこんいっぽん)いくらですか?
  무 한 단에 얼마예요?
• 食用油(しょくようあぶら)はどこにあるんですか?
  식용유는 어디 있나요?

🏠 **응용 대화 1**

Ⓐ 菓子コーナー(かしこーなー)で何(なに)を買(か)われたんですか。
  제과 코너에서 뭘 사셨나요?
Ⓑ クッキー(くっきー)1箱(ひとはこ)と飴(あめ) 1袋(ひとふくろ)です。
  쿠키 한 상자와 사탕 1봉지요.

Ⓐ 乳製品コーナー(にゅうせいひんこーなー)では何(なに)を買(か)われたんですか。

유제품 코너에서는 뭘 사셨나요?

Ⓑ 牛乳1パック(ぎゅうにゅうひとぱっく)です。

우유 1팩이요.

Ⓐ それでは、お酒コーナー(さけこーなー)では何(なに)を買(か)われたんですか。

그럼, 주류 코너에서는 뭘 사셨나요?

Ⓑ ワイン(わいん)1本(いっぽん)と缶ビール(かんびーる)2缶(ふたかん)買(か)いました。

와인 1병과 맥주 2캔 샀어요.

🏠 **응용 대화 2**

Ⓐ 真理(まり)ちゃん、お店(みせ)に寄(よ)って食料品(しょくりょうひん)を買(か)って来(き)てね。

마리야, 상점에 들려 식료품 좀 사오렴.

Ⓑ わかったわ、ママ(まま)。何(なに)を買えばいいの。

알겠어요, 엄마. 뭘 사와요?

Ⓐ お肉コーナー(にくこーなー)で鶏肉(とりにく)を買(か)って来(き)てね。それとソーセージ(そーせーじ)一袋(ひとふくろ)と好(す)きなハム(はむ)を300グラム(さんびゃくぐらむ)買(か)って来(き)て。

육류 코너에서 닭고기를 사와. 그리고 소세지 한 봉지와 네가 먹고 싶은 햄으로 300 그램을 사오렴.

Ⓑ 私はロースハム(ろーすはむ)が好(す)きだよ。

난 로스햄이 좋아.

Ⓐ それなら、ロースハム(ろーすはむ)を買(か)って来(き)たらいいよ。そして一般食品コーナー(いっぱんしょくひんこーなー)でインスタントコーヒー(いんすたんとこーひー)1瓶(ひとびん)と砂糖(さとう)1袋(ひとふくろ)も、買(か)って来(き)てね。

그럼담, 로스 햄을 사와. 그리고 일반 식품 코너에서 인스턴트 커피 한 병과 설탕 한 봉지도 사오고.

Ⓑ わかったわ。

알겠어요.